河南大学地学博士文库编委会

名誉主任：孙九林（院士）　许靖华（院士）　王家耀（院士）
主　　任：秦耀辰（教授）
副 主 任：秦明周（教授）　朱连奇（教授）
编委成员：王发曾（教授）　李小建（教授）　苗长虹（教授）
　　　　　秦明周（教授）　朱连奇（教授）　马建华（教授）
　　　　　丁圣彦（教授）　孔云峰（教授）　秦　奋（教授）
　　　　　乔家君（教授）　傅声雷（教授）　冯兆东（教授）
　　　　　翟秋敏（教授）　刘玉振（教授）　徐晓霞（教授）

基于多重功能网络分析的平原城市开放空间系统研究

——以新乡市主城区为例

毛 达 著

·郑州·

图书在版编目(CIP)数据

基于多重功能网络分析的平原城市开放空间系统研究:以新乡市主城区为例/毛达著. —郑州:河南大学出版社,2018.8
ISBN 978-7-5649-3451-4

Ⅰ.①基… Ⅱ.①毛… Ⅲ.①生产服务－服务业－产业发展－研究－中国 Ⅳ.①F726.9

中国版本图书馆CIP数据核字(2018)第210083号

责任编辑　董庆超
责任校对　薛建立
封面设计　马　龙

出　版	河南大学出版社
	地址:郑州市郑东新区商务外环中华大厦2401号　邮编:450046
	电话:0371－86059701(营销部)　网址:www.hupress.com
排　版	郑州市今日文教印制有限公司
印　刷	开封智圣印务有限公司
版　次	2018年10月第1版
开　本	787mm×1092mm　1/16
字　数	296千字
印　次	2018年10月第1次印刷
印　张	19.25
定　价	48.00元

(本书如有印装质量问题,请与河南大学出版社营销部联系调换)

序

　　地理学是河南大学开办最早的学科之一。20世纪初,我国高等地学教育创建伊始,杰出的地质地貌学家、中国科学院院士冯景兰教授在中州大学开拓了自然地理研究的新方向。1953年,全国院系调整,河南大学地理系被国家高教部确定为中南地区重点建设的两个地理系科之一。当时的湖南大学、武昌中华大学、新乡师范学院、郑州大学等高校的地理专业人才合并到本系,使河南大学地理系成为实力强大的院系之一。1978年后,地理系逐步建起了现代地理学的本科生、硕士研究生人才培养体系以及相邻配套学科专业。1998年地理系更名为环境与规划学院。进入21世纪之后实现跨越式发展,逐步走向学科前列,建成了本、硕、博到博士后完整的人才培养体系。经过几代地理人的奋力拼搏,环境与规划学院在地理学科基础上,逐渐壮大为以地理学为主体,包括环境与生态科学、遥感与测绘科学、区域经济与城市科学等交叉融合的综合研究型学院。

　　面临全球气候变暖、经济全球化的发展机遇与挑战,地处快速发展的中原地区的河南大学地理学人勇敢地走向人地关系研究的主战场,围绕黄河中下游地区、中原经济区、中原城市群、大数据试验区等区域战略需求,开展了一系列基础与应用研究,不仅丰富了新时期中国地理学的理论研究,而且为政府决策咨询提供了智力和技术支撑。同时,注重国际同行交流,与世界一流的美国环境系统研究所(ESRI)、德克萨斯州立大学(UTD)、迈阿密大学(UM)、全球华人地理信息科学协会(CPGIS)等机构开展联合培养、合作交流。以地理学为核心,已经建成了教育部、河南省级重点和国际联合实验室8个,提供了高层级的人才成长平台,培养出了学术基础扎实、视野宽阔、品质优秀的本硕博毕业生,这些毕业生遍及全国各地,乃至美国、澳大利亚等许多国家。地理学在教学科研、学科建设、人才培养、社会服务等方面取得了突出的成绩,得到社会各界的一致赞誉。2006年6月,学院党总支被授予"全国先进基层党组织"荣誉称号。2009年4月,国家副主席习近平在河南省委书记徐光春等的陪同下来学院视察。2017年在教育部学科评估中心的全国学科评估中,河南大学地理学科并列第7。地理学优异的成绩获得了社会高度认可,先后被评为国家特色专业、河南省重点学科等。在创建双一流大学学科中,连续获得河南省人民政府"河南省优势特色学科建设经费"的支持,河南大学也入选双一流学科建设高校。

  本次出版"河南大学地学博士文库",旨在展示地理学人才培养的成绩,支持地理学特色优势学科建设。希望这套文库的出版能够为我校双一流学科建设作出更大贡献,祝愿我们的地理学未来更辉煌、明天更美好。

编委会
2017年11月16日

目　　录

摘要 ……………………………………………………………（ 1 ）

ABSTRACT …………………………………………………（ 5 ）

1 绪论 ………………………………………………………（ 11 ）

　1.1 研究背景与研究意义 ……………………………………（ 11 ）

　　1.1.1 研究背景 ……………………………………………（ 11 ）

　　1.1.2 研究意义 ……………………………………………（ 15 ）

　1.2 研究案例 …………………………………………………（ 19 ）

　　1.2.1 案例区的选择 ………………………………………（ 19 ）

　　1.2.2 案例区的空间界定 …………………………………（ 21 ）

　　1.2.3 案例区的区域基础 …………………………………（ 23 ）

　1.3 研究内容与论文框架 ……………………………………（ 27 ）

　　1.3.1 研究内容 ……………………………………………（ 27 ）

　　1.3.2 论文框架 ……………………………………………（ 27 ）

　1.4 主要数据来源、主要研究方法及技术路线 ……………（ 29 ）

　　1.4.1 主要数据来源 ………………………………………（ 29 ）

　　1.4.2 主要研究方法 ………………………………………（ 30 ）

　　1.4.3 技术路线 ……………………………………………（ 32 ）

2 城市开放空间的概念辨析及研究进展 …………………（ 34 ）

　2.1 城市开放空间的概念辨析 ………………………………（ 34 ）

　　2.1.1 开放空间与开敞空间 ………………………………（ 34 ）

　　2.1.2 开放空间与公共空间、公共开放空间 ……………（ 36 ）

　　2.1.3 开放空间与外部空间、游憩空间、非建设用地 …（ 36 ）

  2.1.4 开放空间概念在政策规划层面的定义及发展……………（38）
 2.2 国外研究进展……………………………………………………（40）
  2.2.1 国外开放空间期刊文献……………………………………（40）
  2.2.2 国外开放空间的图书文献…………………………………（43）
 2.3 国内研究进展……………………………………………………（53）
  2.3.1 国内开放空间的研究现状…………………………………（53）
  2.3.2 国内开放空间期刊文献……………………………………（56）
  2.3.3 国内开放空间的图书文献…………………………………（61）
  2.3.4 国内开放空间的硕博学位论文及基金项目………………（63）
 2.4 评价与启示………………………………………………………（67）
  2.4.1 国内外研究对比……………………………………………（67）
  2.4.2 研究趋势……………………………………………………（69）
 2.5 本章小结…………………………………………………………（71）

3 对城市开放空间系统的再认识……………………………………（73）
 3.1 对城市开放空间系统的内涵再认识……………………………（73）
  3.1.1 开放空间的狭义与广义……………………………………（73）
  3.1.2 城市开放空间系统的狭义与广义…………………………（75）
 3.2 对城市开放空间系统分类的再认识……………………………（75）
  3.2.1 "绿—灰"两分法……………………………………………（75）
  3.2.2 "绿—灰—蓝"三分法………………………………………（77）
  3.2.3 两分法与三分法存在的问题………………………………（77）
  3.2.4 四分法、六分法及其细分…………………………………（78）
 3.3 对系统功能的再认识……………………………………………（84）
  3.3.1 功能的划分…………………………………………………（84）
  3.3.2 主要功能……………………………………………………（86）
 3.4 对空间结构再认识………………………………………………（87）
  3.4.1 城市开放空间系统的圈层结构……………………………（87）
  3.4.2 城市开放空间系统的网络结构……………………………（89）
 3.5 多重功能网络的方法论…………………………………………（91）

目录

  3.5.1 多重功能网络分析的本质问题 …………………………… (91)
  3.5.2 多重功能网络分析的基本方法 …………………………… (92)
  3.5.3 多重功能网络研究的关键技术 …………………………… (95)
  3.5.4 多重功能网络空间单元的确定 …………………………… (97)
  3.5.5 开放空间系统中多重功能网络 …………………………… (104)
 3.6 本章小结 ……………………………………………………………… (105)

4 新乡市主城区及其开放空间系统演变 ……………………………… (106)
 4.1 历史脉络 ……………………………………………………………… (106)
  4.1.1 数据说明 …………………………………………………… (106)
  4.1.2 封建时期:围城而治(618—1903 年) ………………… (107)
  4.1.3 发展初期:交通兴城(1904—1949 年) ……………… (110)
  4.1.4 跃进时期:空间拓展(1950—1966 年) ……………… (112)
  4.1.5 无序时期:降速蔓延(1967—1981 年) ……………… (114)
  4.1.6 改革开放初期:跨越突破(1982—1993 年) ………… (116)
  4.1.7 快速时期:迅猛发展(1994—2008 年) ……………… (118)
 4.2 现实存在基础 ………………………………………………………… (120)
  4.2.1 空间拓展特征(2008 年至今) ………………………… (120)
  4.2.2 区域意义 …………………………………………………… (123)
  4.2.3 关注要点 …………………………………………………… (125)
 4.3 本章小结 ……………………………………………………………… (126)

5 新乡市主城区开放空间系统的交通功能网络 ……………………… (127)
 5.1 路网密度 ……………………………………………………………… (127)
 5.2 道路拓扑度 …………………………………………………………… (132)
  5.2.1 道路拓扑度的量化方法 …………………………………… (132)
  5.2.2 道路连接度 ………………………………………………… (133)
  5.2.3 道路控制度 ………………………………………………… (135)
  5.2.4 道路集成度 ………………………………………………… (135)
 5.3 交通成本 ……………………………………………………………… (137)

5.3.1 成本分析方法 ………………………………………………… (137)
　　5.3.2 历史各时期交通成本 ………………………………………… (138)
　　5.3.3 重点观察时期的交通成本 …………………………………… (141)
　5.4 交通承载 ……………………………………………………………… (143)
　　5.4.1 交通流动承载值 ……………………………………………… (143)
　　5.4.2 交通驻停承载值 ……………………………………………… (144)
　5.5 人群拥挤度 …………………………………………………………… (146)
　5.6 交通功能网络评价 …………………………………………………… (154)
　5.7 本章小结 ……………………………………………………………… (157)

6 新乡市主城区开放空间系统的生态功能网络 ……………………… (159)
　6.1 数据说明 ……………………………………………………………… (159)
　　6.1.1 宏观尺度 ……………………………………………………… (159)
　　6.1.2 中微观尺度及概况分析 ……………………………………… (161)
　6.2 景观生态格局 ………………………………………………………… (164)
　　6.2.1 整体格局 ……………………………………………………… (164)
　　6.2.2 斑块密度 ……………………………………………………… (166)
　　6.2.3 景观形状指数 ………………………………………………… (167)
　　6.2.4 蔓延度 ………………………………………………………… (168)
　　6.2.5 斑块丰富度 …………………………………………………… (169)
　　6.2.6 香农多样性指数 ……………………………………………… (169)
　6.3 绿色斑块 ……………………………………………………………… (170)
　　6.3.1 绿色斑块基本情况 …………………………………………… (170)
　　6.3.2 绿色斑块相关指标 …………………………………………… (173)
　6.4 蓝色斑块 ……………………………………………………………… (175)
　　6.4.1 蓝色斑块基本情况 …………………………………………… (175)
　　6.4.2 蓝色斑块相关指标 …………………………………………… (177)
　6.5 棕色斑块 ……………………………………………………………… (179)
　　6.5.1 棕色斑块基本情况 …………………………………………… (179)
　　6.5.2 棕色斑块与其他斑块转换情况 ……………………………… (181)

6.5.3 棕色斑块相关指标 ……………………………………………… (183)
6.6 生态功能网络评价 ……………………………………………………… (185)
　6.6.1 加权面积评价 …………………………………………………… (185)
　6.6.2 熵权指标法评价 ………………………………………………… (186)
6.7 本章小结 ………………………………………………………………… (190)

7 新乡市主城区开放空间系统的社会功能网络 ……………………… (192)
7.1 数据说明 ………………………………………………………………… (192)
　7.1.1 调查数据来源 …………………………………………………… (192)
　7.1.2 调查基本情况 …………………………………………………… (193)
7.2 空间满意度 ……………………………………………………………… (196)
　7.2.1 格网单元本地满意度 …………………………………………… (196)
　7.2.2 格网单元主城区满意度 ………………………………………… (198)
　7.2.3 格网单元满意度差值 …………………………………………… (200)
7.3 空间活动人群行为习惯 ………………………………………………… (201)
　7.3.1 出行距离 ………………………………………………………… (201)
　7.3.2 活动时长 ………………………………………………………… (203)
7.4 格网单元的关系半径 …………………………………………………… (205)
7.5 空间活动人群的丰富度 ………………………………………………… (206)
　7.5.1 年龄丰富度 ……………………………………………………… (206)
　7.5.2 活动目的丰富度 ………………………………………………… (207)
　7.5.3 经济状况丰富度 ………………………………………………… (208)
　7.5.4 交通方式丰富度 ………………………………………………… (209)
7.6 社会功能网络评价 ……………………………………………………… (210)
7.7 本章小结 ………………………………………………………………… (213)

8 开放空间系统的多重功能网络叠加评价与优化 ……………………… (214)
8.1 多重功能网络叠加评价 ………………………………………………… (214)
　8.1.1 综合评价 ………………………………………………………… (214)
　8.1.2 分类组合评价 …………………………………………………… (217)

8.2 解读与思考 …………………………………………………… (222)
　　8.2.1 空间单元网络分级 ………………………………………… (222)
　　8.2.2 大型公共开放空间的分布 ………………………………… (226)
8.3 优化建议 ……………………………………………………… (230)
　　8.3.1 主城区交通功能网络的拓展式优化 ……………………… (230)
　　8.3.2 主城区生态功能网络的修复式优化 ……………………… (232)
　　8.3.3 主城区社会功能网络的引导式优化 ……………………… (233)
　　8.3.4 主城区开放空间系统多重功能网络的综合修补式优化
　　　　 ……………………………………………………………… (235)
8.4 本章小结 ……………………………………………………… (236)

9 结论与展望 ……………………………………………………… (238)
9.1 研究结论 ……………………………………………………… (238)
9.2 研究的创新与不足 …………………………………………… (240)
　　9.2.1 研究特色与创新之处 ……………………………………… (240)
　　9.2.2 不足之处 …………………………………………………… (241)
9.3 研究展望 ……………………………………………………… (242)

插图清单 ………………………………………………………… (243)

附表清单 ………………………………………………………… (249)

附录 A　新乡市开放空间建设及使用情况调查问卷 …………… (251)

附录 B　新乡市主城区开放空间系统交通功能网络评价表 …… (255)

附录 C　新乡市主城区开放空间系统生态功能网络评价表 …… (259)

附录 D　新乡市主城区开放空间系统社会功能网络评价表 …… (263)

附录 E　新乡市主城区开放空间系统多重功能网络评价表 …… (267)

参考文献 ………………………………………………………… (271)

致谢 ……………………………………………………………… (294)

摘　　要

随着我国城市建设进入新型城镇化的发展阶段,众多城市的发展边界开始趋于固定,城市建设开始从之前边界的盲目扩张转向边界内部的空间发展优化。城市空间的研究也开始更加关注城市生态建设、交通通达以及社会交往等功能方面的内容。城市开放空间系统对整个城市发展所提供的功能、作用和影响日益突出。新乡市作为一个平原城市,新中国成立以来,城区面积扩大了30多倍,至2008年,由4条环路围合的主城区基本成型。60多年的城市建设成绩显著,但也面临很多挑战。本文在梳理了有关开放空间的国内外研究进展的基础上,对城市开放空间系统进行了再思考,并结合新乡市主城区的历史发展,重点观察了新乡市主城区成型后的2008—2016年的发展状况。从多重功能网络的视角,以基础1km格网为分析单元,分别分析了新乡市主城区开放空间系统的交通、生态、社会等功能的网络特征,解读了其演化机理,并提出了基于现状多重功能网络的优化方法与建议。

本书稿分为五部分。第一部分是基础理论研究。该部分包括第1章绪论、第2章相关研究进展、第3章城市开放空间系统的再认识。该部分主要概述课题的研究背景和意义、研究区的选择、研究方法和技术路线、国内外研究进展以及对开放空间系统的再认识。同时,通过对开放空间的再认识界定研究对象和基本概念,梳理支持本研究的理论基础和方法步骤。

第二部分是新乡市主城区空间结构演变研究。该部分为第4章,是该课题研究的一个基础实证部分。通过分析新乡市不同时期主城区的演变,找出新乡市的空间发展脉络,并总结了平原城市及其开放空间系统的发展特征。

第三部分是基于功能网络分析的新乡市主城区开放空间系统的实证研究。该部分包括第5—7章。通过定量和定性的研究方法,在将新乡市主城区网格化的基础上,根据卫星数据与现场问卷调查,实证分析了新乡市主城区城市开放空间系统的交通功能网络、生态功能网络和社会功能网络。具体内容为:第5章为新乡市主城区开放空间系统交通功能网络分析,利用ArcGIS及其插件分析了新乡市主城区路网的密度、道路拓扑度、交通承载度、交通成本以及人群拥挤度,对新乡市主城区开放空间系统的交通功能网络总体状况进行了评价。第6章为新乡市主城区开放空间系统生态功能网络分析,通过分析新乡市主城区格网单元的景观生态格局、绿色斑块、蓝色斑块、棕色斑块等指标,对其开放空间系统的生态功能网络进行了评价。第7章为新乡市主城区开放空间系统社会功能网络分析,利用分格网的问卷调查数据,分析了案例区开放空间系统社会功能网络的满意度、活动行为、关系半径、人群丰富度等指标,并对社会功能网络进行了评价。

第四部分是基于多重功能网络分析的城市开放空间系统的优化研究。该部分为第8章新乡市主城区开放空间系统优化。本章在前文对新乡市开放空间系统不同功能网络分析的基础上,以格网单元为依托,采用综合评价与多重功能网络分级排列相结合的方法,评价了新乡市主城区开放空间系统的综合网络效果和空间格局,对其问题的成因进行了解读,并提了优化建议。

第五部分是结论与展望。该部分为第9章。这部分旨在总结本研究的过程、研究方法和研究成果,概括出最终研究的结论。

研究的主要结论如下:

(1)通过历史地图及规划图,再现了新乡市主城区的空间格局及其演变过程,并在此基础上形成了对平原类城市空间发展格局的新认识。新乡市作为一个平原城市,由新中国成立初期的3.4平方千米的小县城,经过60多年的发展演变,成了一个上百平方千米、市区人口过百万的大城市,其建设历程很好地展现了我国城市建设的阶段性特征,其城市空间发展的典型性值得思考和借鉴。平原城市受其他地理因素制约较少,铁路、公路、河渠是影响平原城市发展边界的重要因素。在进行规划时,应从近期和长远同时考虑城市的增长能力,形成合理有序的建设边界。研究发现,政治、经济的发展能对平原城市产生重要影响,同时平原城市有非常强的建设执行力,要在城市建设的快速时期重视质量的维护和提高。

(2) 新乡市作为平原城市发展的代表,其历史阶段的开放空间发展也具有典型性。城市开放空间是城市发展中战略性的资源和基础设施,不能因为经济利益而暂时搁置开放空间的发展,更不能为了优先发展建设用地而缩减原有的良好的自然式开放空间资源。在建设之前必须做好开放空间系统布局的统筹协调,才能达到良性增长的效果。平原类城市的大型开放空间资源一般在早期存在于城市周边。而随着城市的发展,自然类开放空间(绿色开放空间和蓝色开放空间)最容易被挤压和消减。建设用地使用以后,自然类开放空间已经难以大面积扩展。无论是新城扩建还是旧城改造都要事先规划开放空间资源的分布与利用。

(3) 通过交通功能网络的分析研究,评价了新乡市主城区开放空间系统的路网密度、道路拓扑度、交通承载度、交通成本与人群拥挤度。灰色开放空间中等级道路的密度是城市交通中重要的影响要素。分析空间句法所代表的道路拓扑度等指标发现,新乡市主城区铁路以西区域的交通问题主要是由连接度不够、集中度较低造成的。同时,干道路网密度过低也是其交通功能不足的原因。老城区与城中村内部道路过多影响了交通的整合度。新城区的地块划分过大也影响了交通的可达性。要尽量减少断头路、尽端路,规划建设城市主干路网,提升道路质量。同时根据网络爬虫数据评价了新乡市主城区基础格网内的交通拥挤及需求情况。根据需求在基础格网中找出了交通冷点地区,并提出了相应的优化方案。

(4) 通过生态功能网络的分析研究,基于基础格网分析了新乡市主城区开放空间的绿化覆盖效果、景观生态格局和影响要素。研究发现,新乡市主城区的生态格局呈现严重的脆弱性。一方面,绿色开放空间与蓝色开放空间分布不均衡,老城区、棚户区、城中村的绿化覆盖率极低,是生态发展的重点改造地区。城市边缘区是生态格局变化最快的地区,应该格外引起重视。另一方面,棕色开放空间是影响城市生态环境的重要因素,而且体量不容忽视,加以重视它就可以迅速转变为优良的开放空间资源,如果放任则会对本地生态产生不利的影响。城市建设与规划要能及时监控和治理开放空间的转化过程,为"城市修补"和"生态修复"的"城市双修"服务,提升整体生态品质。

(5) 通过按格网发放调查问卷进行的社会功能网络分析研究,发现新乡市的主城区内对开放空间的满意度存在明显的空间分异,社会交往的需求也不尽相同。通过通勤习惯和活动习惯的调查,得出了城市开放空间系统中的社会功能网络分布格局。通过需求的调查,得到了新乡市主城区的需求和问题。研究发现,人群多样性是影响社会功能网络的重要因素。老城区及城市边缘区的居民有着较为强烈的交往愿望和改善环境的愿望。新城区的社会功能网络同样需要改善。

(6) 根据不同分项的分析结果分别对交通、生态、社会三种功能网络指标体系的建立进行了基于格网的量化评价,并根据结果进行分类。对于多重功能网络的叠加分析方法,提出了优先级别阵列总体优化方案,并据此对新乡市主城区今后的空间发展策略和不同区域的开放空间建设提出了建议。

关键词:开放空间系统,多重功能网络,分析,平原城市,城市规划

ABSTRACT

As the urban construction of our country enters into the development stage of new-type urbanization, the development boundary of many cities begins to be more fixed, and urban construction is transformed from the previous blind expansion of boundary to the spacial development optimization of the internal boundary. The research on urban space also pays more attention to the urban ecological construction, traffic and social interaction and contents of other aspects. The urban open space system provides increasingly prominent function, effect and influence for the development of the whole city. Xinxiang is a plain city. Since the establishment of the nation, the urban area has been expanded for over 30 times, and till 2008, the main urban area surrounded by four ring roads had been basically formed. The achievements of urban construction over 60 years are prominent, but it also faces many challenges. On the basis of organizing the domestic and foreign research progress, this paper rethinks the urban open space system. Throngh sutdying the historical development of main urban area of Xinxiang, this paper emphasically observes the period of 2008 to 2016 after the forming of main urban area of Xinxiang. Through the perspective of multifunctional network, and taking the basic 1 km grid as the analyzing unit, this paper analyzes the traffic, ecology, society and other functional network features of the open space system of main urban area of Xinxiang respectively, and interprets its evolution mechanism and puts forward the optimizing methods and suggestions of multifunctional network based on the current situation.

This paper is divided into five parts. The first part is the basic theoretical research, mainly including the first chapter of introduction, the second chapter of relevant research progress, and the third chapter of the rethought of urban open space. This part mainly states the research background and significance of the subject, the choice of research area, research methods and technical routes, domestic and foreign research progress and the rethought of open space system. At the same time, through the rethought of open space, this part defines the research object and basic concept, and presents the feasible theoretical basis and steps of the research.

The second part is the space structure evolution research on the main urban area of Xinxiang. This part is formed by chapter four, and is a basic empirical part of the research. Through analyzing the evolution of the main urban area of different stages of Xinxiang, it finds out the space development process of Xinxiang and summarizes the development features of plain cities and open space system.

The third part is the empirical research on the open space system of the main urban area of Xinxiang based on the functional network analysis. This part includes chapter five to chapter seven, and it practically analyzes the traffic functional network, ecological functional network and social functional network of the open space system of the main urban area of Xinxiang through the quantitative and qualitative research methods, based on analyzing the meshing of the main urban area of Xinxiang, and according to the satellite data and field questionnaire investigation. Specifically, the chapter five analyzes the traffic functional network analysis of the open space system of the main urban area of Xinxiang. It analyzes the density, the road topological degree, traffic load degree, traffic cost and crowd degree of the road network of main urban area of Xinxiang through the ArcGIS with its plug-in, and evaluates the overall situation of the traffic functional network of the open space system of main urban area of Xinxiang. The chapter six analyzes the ecological functional network of the main urban area of Xinxiang. Through analyzing the landscape ecological structure, green plaque, blue plague, brown plague and other indexes of the grid cell of the main urban area of Xinxiang, it evaluates the ecological functional network of its space open system. The chapter seven is the social functional network analysis of the open space system of main urban area of Xinxiang. Through the questionnaire investigation data of dividing grid, it analyzes the degree of satisfaction, activity behaviors, relation radius, crowd abundance degree and other indexes of the social functional network of open space system of the area, and evaluates the social functional network.

The fourth part is the optimizing research on the urban open space system based on the multifunctional network analysis. This part is presented in chapter eight, the optimizing of the open space system in the main urban area of Xinxiang. Based on the above network analysis of different functions of the open space system of Xinxiang, it adopts the method of combining comprehensive evaluation and multifunctional network hierarchical arrangement with the grid cell as the support, evaluating the comprehensive network effect and space framework of the open space system of main urban area of Xinxiang. It also analyzes the reasons of the problems, and puts forward some optimizing suggestions.

The fifth part is the conclusions and expectations. This part is formed by the chapter nine. It summarizes the process of this research, the research methods and research results, and gets the final research conclusions.

The main conclusions of the research are as follows:

(1) Through the historical map and the planning map, it shows the space framework of the main urban area of Xinxiang and the evolution process again, and forms a new thought to the urban space development framework of plain cities based on that. As a plain city, Xinxiang becomes a big city with hundreds of square kilometers urban area and millions of population from a small county of 3.4 square kilometers in the early years of the new nation. Its construction process shows the stage characteristics of the

urban construction of our country, and its typicality in urban space development is also worth thinking and using for reference. Plain cities are seldom influenced by other geographical limited factors, and the railway, highway, and canal are the important factors to influence the boundary development of plain cities. When we carry on the planning, we should simultaneously consider the growth capacity of the city in the near term and the long term, to form a reasonable and ordered construction boundary. The research finds that the political and economic development can have important influences on plain cities, and at the same time, plain cities have very strong construction execution, so we should pay attention to the maintaining and growth of the quality in the rapid growth period of urban construction.

(2) As the representation of the development of plain cities, it also has typicality in the open space development of historic stage. Urban open space is the strategic resource and infrastructure in urban development, and we cannot temporarily put aside the development of open space due to economic interests, ther can we shorten the original good natural open space resources for the optimizing development of the construction land. Only by doing the work of planning and coordination of layout of open space system well before the construction can it reaches the effect of good growth. The large open space resources of plain cities generally exist around the city in the early period. With the urban development, the natural open space (green open space and blue open space) is the easiest to be squeezed and reduced. Once the construction land is completed, the natural open space cannot be built widely. No matter for the extension of new cities or the transformation of old cities, we should plan the distribution and utilization of open space resources in advance.

(3) Through the analysis and research to the traffic functional network, this paper evaluates the density, the road topological degree, traffic load degree, traffic cost and crowd degree of the road network of the main urban ar-

ea of Xinxiang. In the gray open space, the density of classified road is an important influential factor in urban traffic. Through the road topological degree and other indexes represented by space syntax, we can find that the traffic problems in the west area of the main urban area railway of Xinxiang are mainly caused by the insufficient connectivity and low concentration degree. At the same time, the too low density of road network is also the deficiency of its traffic functional network. The too many inner roads of the old urban area and the urban villages influence the integration degree of the traffic. The large division of parcels also influences the accessibility of the traffic. So we should try our best to decrease end roads, and plan to establish the main road network of the city, to promote the road quality. At the same time, this paper evaluates the traffic jam and demand situation in the basic grid of the main urban area of Xinxiang according to the network crawler data. According to the demand, we find out the traffic cold spot area in the basic grid, and put forward the relevant optimizing planning.

(4) Through the analysis and research of the ecological functional network, this paper analyzes the green covering effect, landscape ecological pattern and influential factors of the open space of main urban area in Xinxiang. It indicates that the ecological pattern of the main urban area of Xinxiang shows its serious fragility. On the one hand, the green open space and blue open space are not equally distributed, and the green covering rate of the old urban area, shanty area and urban villages is very low, and these parts are the key transformation region of ecological development. Th urban fringe area is the area with the fastest change of ecological pattern, which should be extremely valued. On the other hand, the brown open space is an important factor that influences the urban ecological environment, and the mass cannot be ignored. If we value it more, it can be transformed to excellent open space resources rapidly, otherwise it will have unfavorable influence on the local ecology. Urban construction and planning should timely monitor and govern

the transformation process of open space, so as to serve the "urban double restoring": "urban restoring" and "ecological restoring", promoting the whole ecological quality.

(5) Through the social functional network analysis and research by questionnaire investigation according to the grid, this paper finds that the satisfaction degree to the open space of the main urban area of Xinxiang exists distinct space variation, and the demands of social interaction are also different. Through the investigation on commuting habits and activity habits, we gets the social functional network distribution pattern of the open space system of the city. Through the investigation on demands, we finds the demands and problems of the main urban area of Xinxiang. Research manifests that the crowd diversity is the important factor that influences the social functional network. The residents in the old urban area also and the urban fringe have stronger communication desire and the desire of improving the environment. The social functional network in new urban area also needs improving similarly.

(6) According to the analysis results to different items, this paper respectively establishes index system to traffic, ecological and social functional network, so as to have quantitative evaluation based on the grid and classify it according to the results. For the superposition analysis method of multi-functional network, it puts forward that we should prioritize the level matrix to have the whole optimizing planning, and based on that, it puts forward some suggestions for the future space development strategies of the main urban area of Xinxiang and the open space of different regions.

KEY WORDS: open space system, multiple functional network, analysis, plain city, urban planning

1 绪 论

城市开放空间系统是由城市中不同类型与功能的开放空间组成的，是城市空间的重要组成部分。不同的学科对城市开放空间系统有各自的研究侧重，不同的视角对其也会有不同的解读。从空间形态上看，城市开放空间系统是一个连续的整体；从规模上看，城市开放空间系统的正投影面积远远大于城市建筑，在城市空间中占据主要份额；从功能上看，城市开放空间系统承载着交通、生态、社会等不同层面的重要功能，同时也是城市空间组织联系、生态修复、市民经济社会活动的主要平台，具有不可忽视的研究价值。城市开放空间系统能影响市民与自然环境、人工环境和谐共处，也能体现本地社会、经济、自然协调发展的程度。城市开放空间系统在现代城市建设中应受到更多的关注。

1.1 研究背景与研究意义

1.1.1 研究背景

1.1.1.1 社会背景

进入 21 世纪以来，我国的城镇化水平提高迅速。2011 年中国城镇化率已经突破了 50%，城市人口的比重在中国历史上首次超过了农村人口。从国际规律和相关研究来看，"城镇化率达到 50%左右的时期，往往既是经济繁荣期和城镇化的持续发展期，也是城市建设矛盾凸显期和城市病集中爆发阶段，迫切需要发展模式的转变"（李浩，2013）。中国城市的发展亟须应对变化,城市建设面临新的机遇与挑战。在过去30多年的快速城镇化过程中,城市建筑占地面积快速增大,建设用地开发强度不断提高,单位面积开放空间的数量锐减、质量下降,空间系统结构失衡,生态效应减退,城市交通拥堵,集散用地紧张,人文脉络断裂,社会交往缺失等等负面效应不断出现。以往的这些重速度轻质量、重建筑轻环境、重经济轻生态、重单体轻整体的建设思路影响了城市生态、物理、人文等多种功能的发挥,给城市的可持续发展带来巨大挑战。随着中国经济进入"新常态"以及新型城镇化战略的展开,中国经济、社会、建设等各个方面都进入了换挡期,城市发展模式面临转型升级,城市建设由以前的粗犷型的数量扩张向精明型的质量提升转变,而城市开放空间是这一提升转变的主战场。

  城市的发展要预防"城市病"的产生、蔓延和扩大(仇保兴,2003;宁越敏,2012)。当前,很多城市之所以出现交通拥堵、生态环境破坏、人文历史断裂等"城市病",是因为城市中各类功能网络不完善,是快速城镇化过程中不同要素的独立建设与缺乏统筹造成的。对城市的研究呼唤综合的、交叉的、跨领域的、多重目标的复合式研究。城市开放空间作为城市中独特的平台,是交通、生态、社会等"多重关系"的枢纽。充分利用好开放空间,就可以化解目前城市建设中的很多"城市病"。通过城市开放空间系统的优化来加强生态城市建设,进而推动城市的可持续发展,是当前和今后相当长一段时期我国全面建设小康社会的一项重大课题(王发曾,2005)。城市开放空间已经成为城镇化建设的重要关注对象,在改革开放后30多年的快速城镇化进程中有着显著的演化特征,并将在以后的新型城镇化、人居环境、海绵城市、生态城市、智慧城市等建设中起着更加重要的作用。功能发挥不良会导致"城市病",优化功能则可使得城市健康发展。对开放空间系统的研究就是在这一系列的社会背景下展开的。

1.1.1.2 国家战略背景

  面对城市发展新形势,国家在战略层面做出了政策性回应。2014年颁布的《国家新型城镇化规划(2014—2020年)》是未来一段时期我国城镇化建设的纲领性文件。该规划肯定了城镇化对于繁荣经济、完善城镇功能、提升公共服务水平和生态环境质量的引领作用,指出了加强市政基础设施和公共服务设施建设的必要性,同时也对一些城市的空间开发、人口、环境、城市建设及管理服务、交通等出现的问题提出了批评与关注。新型城镇化中的"新",在于强调以人为本,提出把广大城镇建设成为历史底蕴厚重、地方特色鲜明的现代人文魅力空间。这些都对城市开放空间的研究有宏观引领作用。城市建设要减少"建设性"破坏,保护自然和文化的个性。城市的空间结构、基础设施、公共服务和资源环境都亟须改善,以达到和谐宜居、富有特色、充满活力的现代城市目标。城市开放空间归根结底还是城市中人的活动空间,是市民日常游憩和社会交往的重要场所,是提供公共服务的基础平台,是市区内生态联系的决定性场所,是城市空间发展转型不可忽略的阵地。城市开放空间在国家战略层面上呼唤新的研究进展。

2015年12月,时隔37年的中央城市工作会议再度召开。会议从中央层面为城市建设搭建顶层设计,为今后一段时期的城市工作制定了规划蓝图。会议提出:"要认识、尊重、顺应城市发展规律,端正城市发展指导思想。"会议强调:"城市发展要把握好生产空间、生活空间、生态空间的内在联系,实现生产空间集约高效、生活空间宜居适度、生态空间山清水秀。城市工作要把创造优良人居环境作为中心目标,努力把城市建设成为人与人、人与自然和谐共处的美丽家园。要增强城市内部布局的合理性,提升城市的通透性和微循环能力。"同时,会议将市民和社会作为和政府同样重要并列的主体,更加明确了"以人为本"的城市发展核心思想。城市开放空间作为城市空间的重要组成部分兼顾了生活和生态,联系了社会和市民,其相关研究面临前所未有的机遇和挑战。2016年初,中共中央、国务院发布了《关于进一步加强城市规划建设管理工作的若干意见》,提出了"实现城市有序建设、适度开发、高效运行,努力打造和谐宜居、富有活力、各具特色的现代化城市,让人民生活更美好"的总体目标。这一目标的提出为城市规划建设管理工作指明了方向,对生态、人文等各种层面都提出了要求。

1.1.1.3 学科发展背景

城市地理学和人文地理学一直是紧随时代步伐、勇于开拓、不断创新的学科。自改革开放以来，我国学界对城市开放空间的研究开始集中在建筑学、城乡规划学，文献成果也主要集中在针对微观尺度的要素分析和环境美化设计；缺乏结合城市—区域系统，依托城市空间结构背景，并结合当地人文环境的系统论述，更缺乏将宏观与中微观不同尺度层面相结合的详细分析。自 20 世纪 90 年代，地理学开始以广阔的视角对城市开放空间系统进行分析研究。开放空间系统的提出使得开放空间的研究领域大为拓展，也使得开放空间成为众多相关学科交叉创新的平台。面对当前复杂的城市问题，以城市开放空间系统为主要对象的研究需要综合多种学科所长、聚焦具体类型。

一方面，对城市开放空间系统的研究呼唤多重的、基于功能评价的网络思维。广义上的城市开放空间系统是城市范围内建筑以外所有地表以上空间的总和，绿地、广场、道路、水体等重要元素都是城市开放空间的一部分，裸露的地面及荒废的用地也应算在开放空间系统之中。城市开放空间系统可以看作城市这个巨系统中的一个分系统，交织着人、地、物等多重联系，发挥着交通、生态、社会等多重功能，是一个多重功能网络的空间综合体，对其进行较深入的研究探讨必定不是单一学科能够完成的。城市开放空间系统中的各种元素相互交织、不断演化，形成了与时俱进的城市内部各类要素交互辉映的舞台。通过对城市开放空间系统中千丝万缕的联系进行有效分类、提取，对研究对象进行多角度多维度的分析和优化思考，有助于加强城市工作的研究、建设与管理。

另一方面，平原城市的特点适合作为较新的想法与实践的初步研究对象。我国地域辽阔，地貌类型多样，平原地貌是重要的类型之一。由于平原地貌具有类型简单、地面平坦、地形起伏小、坡度和缓等特征，我国以及世界范围内的大中城市也多修建在滨河或沿海的平原地区（穆桂春、谭术魁，1990）。目前，以平原城市为主要对象所进行的研究多集中在防洪、道路、水利、照明灯工程类学科（徐向阳，1998；劢波、洪明，2005；李农、张琳、慎仁重,2007;秦卫锋、张志军,2008;于畅、郝曼秋、高成,等,2014)。而人文地理学、城市地理学更应对平原类城市保持关注和聚焦。工程类的研究较多地反映了针对平原城市而建立的模型特征明显、便于计算、干扰项少等特点。基于多重功能网络的多学科交融的研究也应从平原城市这种基础类型做起。

在时代大潮的推动下,在国家战略政策的引领下,人文地理学科应综合运用多学科、多领域的知识,完善城市开放空间系统的分析、优化研究理论,为城市研究、规划和管理提供学科支持,促进地理学、城乡规划学、生态学、社会学、风景园林学、建筑学等诸多学科的交叉、融合与发展。

1.1.2 研究意义

1.1.2.1 理论意义

对开放空间系统理论的研究不断走向深入。国外从20世纪80年代以来,对开放空间的经济价值、景观美学价值,以及对休闲游憩、古迹保护、城市布局、社会空间的影响等社会功能的关注增多,成为开放空间研究的重点。反观我国,在一段时期有关研究仍然停留在开放空间自然生态、景观美学的认识层面,经济、社会视角的研究刚刚兴起。有关开放空间的研究文献、研究学科种类繁多,但真正成体系的理论却比较少。进入21世纪之后,对开放空间理论的探索开始增多,但仍然比较分散,或聚焦于微观视角的工程建设、美学设计领域,或侧重于城市地理分布研究,能够统筹研究、整合多学科角度、打通学理脉络的理论很少。在城市建设日新月异的今天,开放空间理论的研究亟须突破思维定式,梳理脉络体系,整合多门学科,引进先进技术,做出大胆尝试。在理论体系的梳理整合上,不断有学者做出尝试。从开放空间系统的提出(余琪,1998;陆敏玉,2000;王发曾,2004),以及开放空间系统内涵的不断深化、圈层、功能、颜色要素分类等理论的挖掘(王发曾,2005;王胜男 2010),到各种技术和评价方法的引用(刘静玉、王发曾,2005;李云、杨晓春,2007;李越琼,2009),以及以新视角和新方法为导向的开放空间优化实例探索(洪亮平、刘奇志，2001；王发曾，2004；杨晓春、司马晓、洪涛，2008；王发曾、王胜男，2012；王发曾、邱磊，2015），开放空间系统的理论框架逐渐丰满。尽管如此，开放空间理论仍然需要不断丰富与充实，很多实际问题还有待深入探索。城市开放空间系统理论的不断深化，有助于对城市格局演变及其机制进行解析，有助于推动国内开放空间研究的"人文化"、"计量化"、"社会化"转型，也有利于人文地理学、城乡规划学、城市生态学、城市社会学、风景园林学的理论交叉与协作，进一步扩展开放空间系统的研究视野。

多重功能网络的理论意义也在于为多学科研究提供了主要抓手。网络的本质是组成单元及其联系。多重功能网络作为一种研究思维和方法论，其目的在于将人文地理学、城乡规划学、城市生态学、景观生态学、城市社会学、风景园林学等多学科通过相同尺度的空间节点，分别和汇总分析相关指标的联系程度。本文把多重功能网络与开放空间系统理论相结合，以多重的功能需求作为基本出发点，以多重的功能分析作为基本手段，以多重的结果作为优化的依据，努力争取理论上广阔的创新空间。多重功能网络的尝试也可以作为充实生态城市、海绵城市、健康城市及可持续发展城市等理论的研究基础，作为与城市相关的其他学科的理论参考。

研究平原城市的理论意义在于，这方面的理论可以作为基于多重功能网络分析的城市开放空间系统研究的基础模型。相对于其他地貌类型的城市，平原城市附加条件较少，更利于理论研究初期的研究与探讨。由于多重功能网络分析需要结合的学科和软件较多，从平原城市着手更容易找出基本问题及其解决路径。在技术方法上，我国现已开展的以城市开放空间为对象的研究多以定性分析为主，偏重理论探讨、概念体系的建构。本文期望在一定规模的特征明显的平原城市内，综合运用人文地理学、城乡规划学、城市生态学、景观生态学、城市社会学、风景园林学和建筑学等多学科领域中的研究方法和技术手段（如遥感信息系统、地理信息系统技术、景观生态格局分析、空间句法、社会复杂网络分析、熵权评价等分析方法），通过多种专业软件平台，从市区开放空间系统的交通功能网络、生态功能网络、社会功能网络等多方面入手，定量测度案例区开放空间系统功能的现状。在分析结果的基础上，对案例区开放空间系统的布局结构与功能效应做出客观合理的评价，找出适于案例区发展的积极有效的优化建议和方案。所构建的基于多重功能网络的平原城市开放空间系统研究的方法将丰富城市开放空间研究的技术理论体系。

对城市开放空间系统的研究要聚焦现实问题，要不断拓展创新，要不断综合更多学科的理论和技术，为城市健康、绿色、可持续发展提供相应的理论支撑，进而能够在实践中优化开放空间系统结构，影响城市空间的格局，促进城市生态系统功能的发挥，推进城市建设高效化、系统化、现代化，推进人居环境生态化、人文化、绿色化，探索实现城市空间发展与可持续的理论。伴随信息技术的逐渐成熟和大数据等方法的日益完善，城市开放空间系统相关研究有望得出新规律，开创新局面。

1.1.2.2 实践意义

在城市建设中，开放空间也是重要的关注对象。早在20世纪90年代，上海市管理部门就在《上海市城市规划管理技术规定》中明确有"为社会公众提供开放空间"的规定（上海城市规划管理局，1998）。进入21世纪，深圳市（2006）、杭州市（2007）等城市都在城市规划层面对城市开放空间或城市公共开放空间做出了专项规划或颁布了技术标准（杨晓春、洪涛，2009）。城市开放空间已经是经济发达区域城市规划与管理的重要实践对象。基于多重功能网络分析的平原城市开放空间系统研究可以为以后相关实务指标的选取提供依据。通过对城市开放空间系统格局演变及其机制的研究，能够为城市研究及管理部门对某一时期的开放空间系统进行评价或评估提供参考，为规划部门对开放空间系统进行规划与设计提供数据支撑，还可以引导具体的城市滨水区域、公园、街头绿地、广场等公共基础设施合理布局，优化城市空间结构。良好而健康的城市开放空间系统可以有效缓解城市无限制蔓延的趋势，可根据开放空间格局演变的影响因素、动力机制，提供有针对性的解决策略，保证城市的可持续发展，为政府决策、城市规划及法律法规的制定提供科学的依据。

在实际应用中，众多的城市管理平台也越来越倾向于对城市空间系统化、网络化进行分析管理。从多重功能网络的视角去分析优化开放空间系统更有实际意义。城市开放空间系统与很多空间系统一样,都存在节点、等级、连接等网络特征,从这些特征入手具有实际可操作性。网络分析有很多种方法,既有偏重现实物理空间的网络分析研究,也有偏重人文社会层面的无形的复杂网络研究,还有偏重宏观格局的生态网络研究。开放空间是城市社会活动的重要平台,结合生态、物理、人文等功能网络进行对比分析、优化开放空间应更有意义和创新性。国内外尤其是国外涌现了很多针对城市空间或者网络分析的新的研究方法,但城市开放空间的实例研究还很少。平原型城市的开放空间系统其实是一个很好的实践对象,将这些新方法综合运用在平原型城市的开放空间系统的研究中也有一定的创新价值。

在数据层面,基于多重功能网络的研究所需要的数据基本上需要从卫星影像、规划图纸、调查问卷等初级资源中通过实践动手获取,其工作量远远大于从统计公报或年鉴获取。利用这些数据可以更加实际地解构、分析案例区的空间结构;尤其是调查问卷是现场发放并回收,需要达到一定的数量规模,能够真实地反映开放空间中活动人群的状况。利用这些相交汇合的不同类型的数据分析被调查区域在城市开放空间功能上的需求,可以得出基于多重功能网络分析的评价以及比较切实可行的优化建议。

在规划领域,"多学科综合"、"多规合一"等理念逐渐被大家认可、接受和实践。传统研究认为,多种学科之间的研究难免会有冲突和矛盾的地方,但这些矛盾和冲突之间也有交叉融合的部分,实践的目的也是找出多学科协同配合解决问题的思路和途径。基于多重功能网络分析的平原城市开放空间系统的研究也是一次对多学科综合应用的实践,力求以人文地理学科为主线,以城乡规划学、生态学、社会学等多种学科为辅助,发现城市开放空间系统中空间的横向联系和各尺度、各视角的纵向关联,探索城市交通、生态环境、人文交往的和谐之道。这种研究实践,对提升城市开放空间系统的建设水平,促进经济社会与生态环境协调发展都具有重要意义。

1.2 研究案例

1.2.1 案例区的选择

平原城市不同于山地城市、丘陵城市、滨海城市或跨江城市等类型，一般市区平坦，受自然地形因素干扰较少。平原城市的研究优势就是其制约因素相对较少、模型便于建立等特点。案例区是全文的基本观测分析区域，其选择至关重要，既要有代表性，也要有普遍性，而且要有满足分析和假设的空间条件。基于网络分析的平原城市开放空间系统分析需要一个理想的城区模型，并能在此基础上尽量多地获得翔实可靠的数据资料。案例区的选择主要考虑如下因素：

（1）案例区应具有一定的用地及人口规模，总面积在50平方千米以上，达到100平方千米更佳，所在城市市区人口应在100万人以上。

（2）案例城市边界清晰完整，同时具有较好的方格路网，空间自然约束条件要少，河渠对市区没有严重的分隔。

（3）考虑到要对城市开放空间系统进行各种方位及格局的分析，案例区几何中心附近要有一个较大型的市区级开放空间，以便分析其中心性及影响范围。同时也要求开放空间类型要具有多样性。

基于以上原因，笔者最终选择了河南省新乡市主城区作为研究案例区。其理由及优势如下：

（1）新乡市是中原经济区及中原城市群核心区城市之一，其城市规模在中原城市群中已经居第3位，仅次于郑州市和洛阳市。新乡市市区面积422平方千米，建成区约140平方千米，市区人口140万人。新乡市主城区（4条外环以内）面积101平方千米。按照最新标准（国发〔2014〕51

号）①，仅仅计算主城区，新乡市也属于从中等城市迈入了大城市Ⅱ型的城市，这种城市级别处在全国城镇体系重要的结构"腰部"。市区人口的数量和质量直接决定了城市体系是朝纺锤形、哑铃形、圆柱形还是金字塔形方向发展。在新型城镇化的背景下，新乡市的城市空间和社会经济都面临转型的机遇和挑战。对这个时期的城市开放空间进行研究非常有意义。

（2）新乡市主城区地势平坦（图1-1），市区河渠宽度多在50米以内，除局部湖泊外，市区内水面宽度均不超100米。边界由4条外环快速路组成，清晰完整，市区内交通基本为方格路网，是理想的平原城市模型。

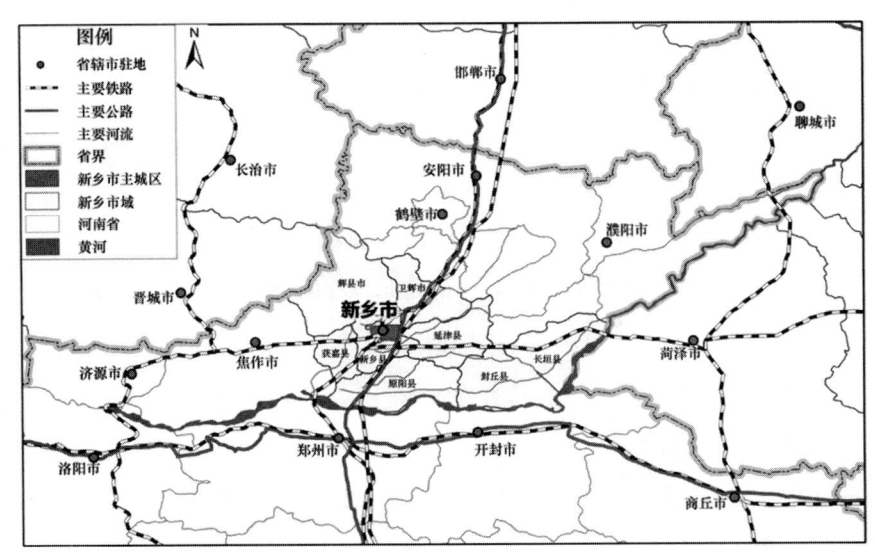

图1-1　新乡市主城区及市域范围

（3）主城区内开放空间资源较为丰富。始建于1958年的新乡市人民公园总面积736亩②，位于新乡市主城区的几何中心，同时也是对新乡市民影响最大的开放空间；另外还有牧野公园、牧野湖公园、卫河公园、平原公园、儿童公园、向阳公园、和谐公园、夏荷公园、植物园、盆景园、铁西

---

① 2014年11月20日，国务院印发《关于调整城市规模划分标准的通知》（国发〔2014〕51号），新标准以城区常住人口为统计口径，将城市划分为五类七档。

② 亩为非法定单位，1公顷=15亩。

公园等多处大中型绿色开放空间资源；还拥有市体育中心、体育场、市政府广场、宝龙生活广场等灰色开放空间资源以及卫河、引黄人民胜利渠、赵定排渠、孟姜女河、牧野湖等蓝色开放空间资源。

1.2.2 案例区的空间界定

如果从历史角度考证，任何一个城市的主城区边界在不同阶段都是存在变化的。本文有关新乡市主城区的边界演化将在第4章进行详细论述，目前确定的主城区边界是基于现状分析得出的。

从国家行政设置上来讲，新乡市下辖4区6县2市，即卫滨区、红旗区、牧野区、凤泉区、新乡县、获嘉县、原阳县、延津县、封丘县、长垣县、辉县市、卫辉市。其中辉县市和卫辉市为县级市，长垣县于2014年起被列为省管县。另外还有平原新区（平原城乡一体化示范区，位于原阳县境内）。按照最新的新乡市城市总体规划（2010—2020年），新乡市区规划区包括市辖的牧野区、卫滨区、红旗区、凤泉区和新乡县以及所属乡镇、村庄等行政辖区的范围，总面积862平方千米。整个市区目前的空间结构为"一中心多组团"（图1-2），即主城区及其附近建设用地作为中心，凤泉区、小店工业区和新乡县县政府所在地小冀镇因分别受到共产主义渠、107国道、新菏铁路等因素的影响，短时间内与主城区在空间上无法全面衔接。

新乡市主城区的界定与新乡市中心城区稍有不同。新乡市中心城区的提法包括了4条环线快速路（北环、东环、南环、西外环）以外的较近的建设用地，但边界不甚清晰。而主城区则是集中在4条环线快速路围合的部分。虽然4条环线外还有一定数量的居民点，但大都用地零碎，没有形成一定规模。从新乡市城市管理的一些实施措施（如入市口限高、单双号限行范围）来看，基本都是针对4条环线以内的主城区实行的。用百度地图在新乡市内搜索关键词"小区"而得到的结果显示（图1-3），整个市区规划区内有小区564个，而仅主城区内就有517个，占91.7%，是名副其实的"主"城区。4条环线快速路内是一个内容完整的城区，是整个新乡

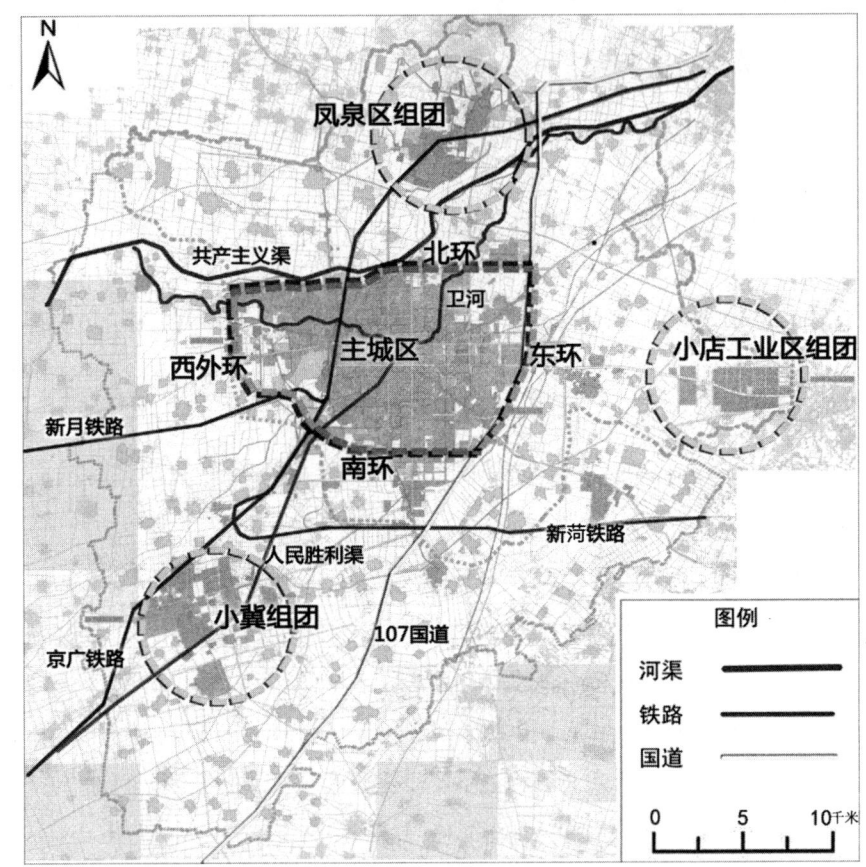

图 1-2 新乡市规划区"一中心多组团"格局及主城区位置

市的城市生活中心。新乡市政府虽然未专门明确主城区的概念,但是多次文件均有涉及。例如,2015、2016 年因雾霾而造成的机动车单双号限行通知中,均把此 4 条环线作为限行边界。主城区形态完整且较规则,东西长 14.1 千米,南北宽 8.7 千米,按 4 条环线的道路中心线计算,主城区面积为 101 平方千米。人口规模上,按照最新城市年鉴和建设用地面积比推算,新乡市主城区应有常住人口 100 万人以上。同时,市人民公园位于整个主城区几何中心附近,主城区内还有不同时期的大中型公园、广场20 余处,是理想的研究案例区。

1 绪论

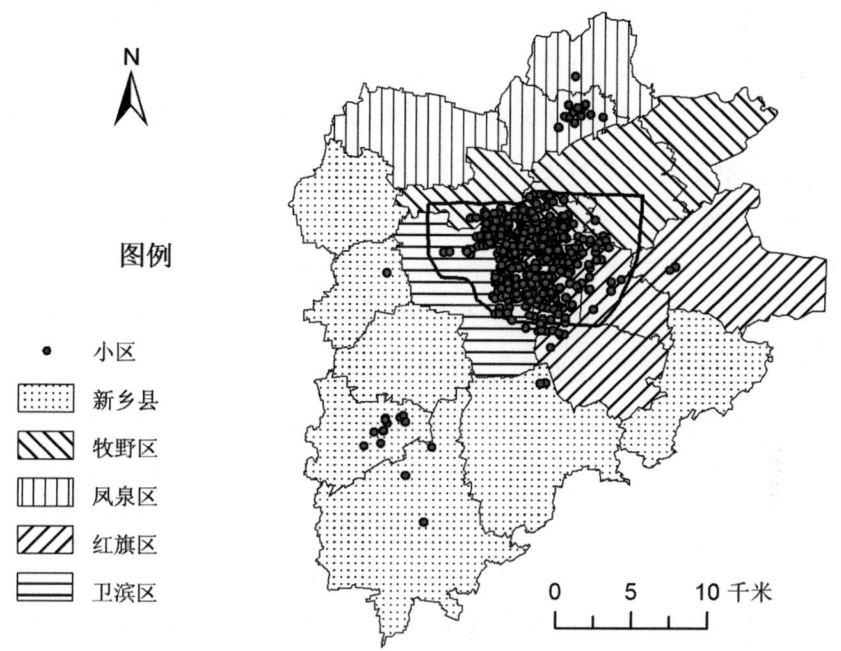

图 1-3　新乡市规划区及主城区城市居民小区分布

1.2.3 案例区的区域基础

1.2.3.1 新乡市域自然地理环境

新乡市位于河南省北部,北纬 35°18′,东经 113°54′。新乡市南临黄河,与省会郑州、古都开封隔河相望;北依太行,与鹤壁、安阳毗邻;西连煤城焦作,与晋东南接壤;东接油城濮阳,与鲁西相连。新乡市域东西长 149.3 千米,南北宽 106.5 千米,总面积 8249 平方千米。新乡市属于四季分明的暖温带大陆性气候,冬寒夏热,秋凉春暖,历年平均气温 14℃。7 月最热,平均气温 27.3℃;1 月最冷,平均气温 0.2℃。无霜期 220 天,全年日照时间约 2400 小时。年平均降水量 573.4 毫米。2014 年末统计显示,全市森林公园面积 10070 公顷,国家级自然保护区面积 9148 公顷,林木覆盖率达 25.3%。

新乡市处于太行山东南缘、黄河冲积平原北缘,北为太行山地,东南属黄河下游平原,山丘少,平原多。山区和丘陵地区,分布于市域西北部的辉县市西部、北部及卫辉市西部、北部,面积约1855平方千米,占市域面积的22.5%。平原区包括获嘉县、新乡县、原阳县、延津县、封丘县、长垣县、卫辉市东南部及辉县市南部,面积6394平方千米,占市域面积的77.5%。主城区地势平坦,坡度均在3度以下。全市最高点凤凰山海拔高程为292.73米,最低点高程为69.83米。市区内地势平坦,海拔高程一般在72米左右。地形自然坡度一般在1/3000—1/2000。卫河以北地势由西北向东南倾斜,卫河以南由西南向东北倾斜。

新乡市域内有黄河、海河两大河流,土地肥沃,平原辽阔,光热充足。黄河流经新乡地区170千米,流域面积4558平方千米。新乡市区属海河流域,主要河流有卫河、共产主义渠、西孟姜女河、东孟姜女河和引黄人民胜利渠等。

新乡市在大地构造上属华北陆台太行隆起的东南缘,位于华北凹陷内汤阴地堑南段西侧,是新华夏系北北东向太行山前断裂带、北西西向新乡—商丘断裂带,以及秦岭系东西向盘古寺—新乡断裂带等三组构造的交会部位。市区范围内,地层出露有古生代奥陶纪马家沟统石灰岩,主要分布在北部山区。新生代、老三纪砾岩、砂岩、泥灰岩、白垩土及黏土,主要分布在凤泉丘陵区。第四纪坡积、冲积、洪积形成的平原地区,由亚黏土、亚砂土和粉、细、中砂土组成,广布其余地区,在市区南部亚黏土厚度可达300米以上。平原地区岩土承载力一般为$1.2-2.0kg/cm^2$,丘陵地区亚黏土、轻亚黏土、泥灰岩承载力为$1.8-5.0kg/cm^2$。

新乡市农业实力强劲,多个区县是中国粮棉主产区、出口基地、高产开发实验区和国家优质小麦生产基地。长垣县的系列绿色食品、辉县市的山楂、卫辉市的蛋鸡、原阳县的大米、封丘县的金银花,以及延津县的无花果、花生等均有着较高的知名度。

新乡的矿产资源也较为丰富,已发现和开采的矿藏达20余种,其中水泥石灰岩储量达到40亿吨,煤储量达84亿吨,大理石储量达20亿立方米,白垩土和黏土矿储量均在2亿立方米以上。

1.2.3.2 新乡市域人文社会环境

新乡市是中原城市群及中原经济区核心发展区的重要城市之一(图1-4),也是豫北的经济、教育、交通、商贸物流中心,城市规模排名河南省第3位。截至2015年末,市域总人口606.87万人,城镇化率为49%。新乡市是国家二级公路交通枢纽,既有京广铁路、新(乡)月(山)铁路、新(乡)菏(泽)铁路在此交会,又有107国道和京港澳、大广、长济高速公路及正在规划建设的新晋、鹤辉高速公路穿境而过。沿京港澳高速公路南行,距新郑国际机场不到100千米。京港澳高速公路这一快速通道使得新乡与新郑航空港之间仅有1小时的车程。因新乡市靠近郑州,影响豫北的独特地理环境在河南省区域发展中有着重要的地位和作用。

新乡市历史悠久。据考古发现,5000年前即有人类在此活动。据统计,新乡已发现历史文物古迹294处,其中国家级文物保护单位9处、省级文物保护单位52处、市级文物保护单位79处、县级文物保护单位154处。新乡境内有丰富的历史文化遗存,其中不乏品位高、影响广的旅游资源。比如,新乡是许多姓氏的发源地,林、吕、姜、卢、娄、师、祝、毛等近70个姓氏的源头与新乡地区有关。新乡市的商周文化、秦汉文化地位突出,境内有比干庙、太公故里、同盟山武王庙、牧野古战场等历史遗迹,还是张良刺秦嬴、毛遂自荐、宋太祖赵匡胤陈桥驿兵变黄袍加身等著名典故的发生地,还有与中国历史上最早有确切文字记载的"共和行政"有关的共城遗址,以及我国保存最好、规模最大的明代藩王陵墓——潞王陵等。

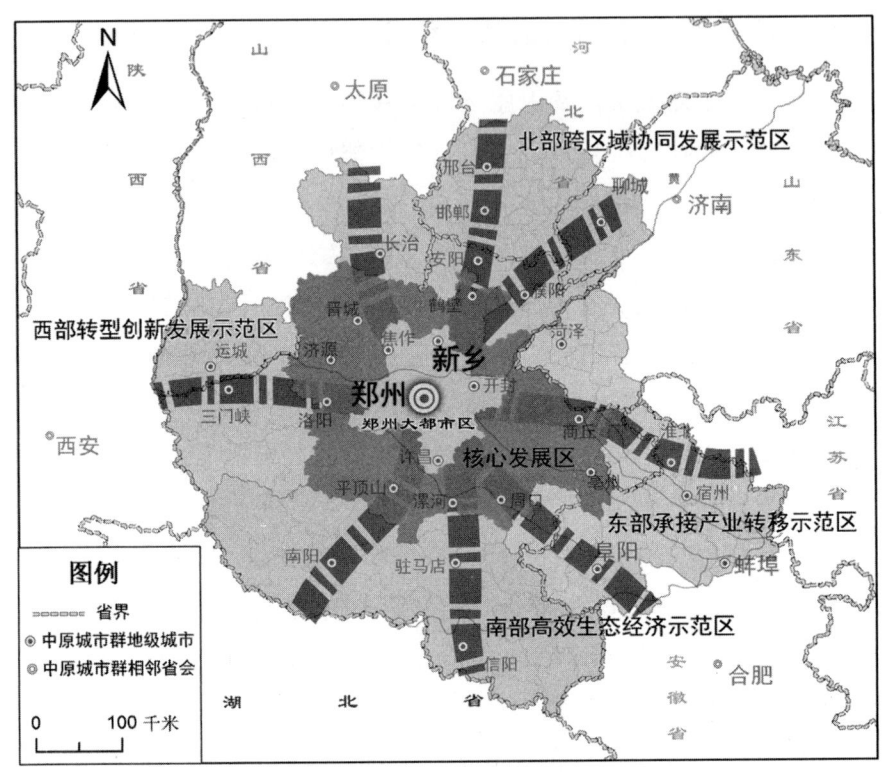

图 1-4　新乡市在中原城市群中的区位

新乡市现拥有科研机构 10 个,其中国家级研究所 3 个,万人拥有科研人员数量高于全省平均水平,科研力量较雄厚。高等院校、职业高中和技工学校的数量在全省仅次于郑州,居第 2 位。目前,新乡市拥有中国优秀旅游城市、国家卫生城市、国家园林城市、国家森林城市、国家知识产权示范城市、中国国家"公交都市"示范城市、国家新能源汽车推广城市、中国最佳商业城市、中国最佳生态宜居城市、中国电池工业之都等多项荣誉头衔。新乡市在与中原城市群其他各城市长期的相互作用过程中,成为综合性区域中心城市,其电子信息、化纤纺织、生物制药、高等教育与人才培训的产业结构特色将更加突出。

1.3 研究内容与论文框架

1.3.1 研究内容

对城市开放空间系统进行多重功能网络分析的研究目的是在理论上揭示城市开放空间系统中景观生态、物理交通、人文社会的单独网络特征,并综合其网络关系,对城市空间单元进行总体评价。在综合多种网络评价的基础上优化城市开放空间布局、选点、建设过程中需要考虑的生态性、可达性、社会性的影响,解决不同类型、不同尺度网络融合的问题,进而探索城市开放空间良性发展引导城市建设宜居、健康、可持续等方面综合发展之路。论文以城市开放空间系统理论及功能网络分析为主线,以因功能受阻而造成的空间问题为出发点,以城市地理学、景观生态学、城市社会学、城乡规划学、风景园林学等学科的相关理论为支撑,采用文献系统分析法、实地调查法、数学模型法、计算机技术方法等,从新的研究视角出发,试图构建城市开放空间系统多重功能网络特征的基本理论框架。在城市开放空间系统网络整合的视角下明晰城市开放空间中的生态基础、物理联系、人文交往等现状的不足与需求,探讨城市开放空间系统不同尺度融合优化的内在机制,探索基于城市开放空间系统功能网络分析引导优化的实现途径,提出新乡市主城区城市开放空间系统优化建设策略。

1.3.2 论文框架

课题的研究内容框架共分为以下几部分:

第一部分是基础理论研究。该部分由第1-3章构成,主要包括绪论、相关研究进展、城市开放空间的再认识等。该部分主要概述课题的研究背景、提出的研究问题、研究的意义、研究内容和思路、研究方法和技术路线等。同时通过对开放空间的再认识界定研究对象和基本概念,梳理支持本研究的理论基础,包括基础理论和核心理论。

第二部分是案例区空间结构演变研究。该部分为第 4 章,是该课题研究的一个基础实证部分。结合新乡市主城区的建设历史和发展脉络,通过研究分析狭义的开放空间系统各指标在时间序列上的特征,得出新乡市主城区公园、广场等狭义开放空间的时空演变格局和网络特征。

第三部分是基于功能网络分析的新乡市主城区开放空间系统的实证研究。该部分包括第 5—7 章。通过定量和定性的研究方法,在将新乡市主城区格网化的基础上,根据卫星数据与现场问卷调查,实证分析新乡市主城区城市开放空间系统的景观生态功能网络、交通功能网络和社会功能网络。具体内容为:第 5 章为新乡市主城区开放空间系统交通功能网络分析。利用 ArcGIS 及其插件分析新乡市主城区路网密度、拓扑度等指标,研究新乡市主城区各区域的交通现状。第 6 章为新乡市主城区生态功能网络。通过量化新乡市主城区开放空间的相关生态性指标,分析新乡市主城区生态功能网络空间格局,并对绿色开放空间、蓝色开放空间、棕色开放空间所代表的绿色斑块、蓝色斑块、棕色斑块分别进行了分析。第 7 章为新乡市主城区开放空间系统的社会功能网络分析。利用分格网的问卷调查数据,分析了新乡市主城区开放空间系统空间满意度格局及社会交往的空间联系状况。

第四部分是基于功能网络分析的城市开放空间系统的优化研究。该部分为第 8 章新乡市主城区开放空间系统优化。此章在前文对新乡市开放空间系统不同功能网络分析的基础上,以格网单元为依托,对新乡市开放空间系统格网进行总体评价,进一步得出不同区域发展的要点,并对其进行论证、判断和辨识,最终给出分项及综合的优化建议。

第五部分是结论与展望。该部分为第 9 章。这部分旨在总结本研究的过程、研究方法和研究成果,概括出最终研究的结论。

1.4 主要数据来源、主要研究方法及技术路线

1.4.1 主要数据来源

本论文撰写所需要的数据资料来源比较丰富,从类型上分为文献资料、统计数据、基础数据、规划资料、调研数据;数据的来源既有学校图书馆、资料室、实验室空间地理数据库,也有政府部门网站、统计公告,还有爬虫软件爬取的各类网上资料数据以及现场问卷调查数据(见表1-1)。

表1-1 研究所需的主要数据来源

数据类型	数据名称		数据来源
文献资料	相关论文、著作	1	学校图书馆、学院资料室、新乡图书馆
		2	国内论文平台(中国知网、万方数据知识平台)
		3	外文论文平台(WOS(科学网数据库)、EI(工程索引数据库))
		4	学术论文搜索网站(百度学术、谷歌学术等)
		5	图书浏览网站(国家图书馆、超星)
统计数据	历年河南省统计年鉴、新乡市统计年鉴、中国城市统计年鉴、中国城市建设统计年鉴、国民经济与社会发展统计公报	6	国家统计局、河南省、新乡市及相关部门官方网站
		7	中国知网中国经济与社会发展统计数据库
基础数据	河南省及新乡市土地利用分类数据、遥感数据、高分辨率卫星照片、网络爬取带坐标网点的数据	8	河南大学黄河中下游数字地理技术重点实验室、河南省高校重点学科数字区域模拟实验室数据库
		9	地理空间数据云(http://www.gscloud.cn)
		10	卫星图片下载软件、爬虫软件

续表

数据类型	数据名称		数据来源
规划资料	新乡市总体规划图件及文本(1981、1996—2010、2010—2020)、新乡城市发展总体规划(2002)、新乡市道路景观规划设计(2003)、新乡市河流景观规划设计(2003)、新乡市海绵城市规划设计(2016)	11	新乡市城乡规划局
		12	新乡市园林局
		13	新乡市规划设计研究院
调研数据	新乡市中心区开放空间要素采样数据	14	现场踏勘定位
	新乡市主城区居民分格网开放空间调查问卷数据(2016)	15	作者组织整理的问卷调查

对不同时期遥感数据、高分辨率卫星照片以及新乡市不同阶段规划图纸校准定位后进行了必要的矢量化处理。

1.4.2 主要研究方法

1.4.2.1 文献系统分析法

利用河南大学图书馆资料以及在国家图书馆、中国知网、百度学术、Web of Science 等网络资源查阅的国内外最新文献资料,以"开放空间"、"open space"等为检索词,系统地收集和整理当前城市开放空间的相关理论和案例研究成果,为本研究综合分析框架奠定基础。同时利用共引网络软件 Citespace 分析文献在年代、引文、关键词、合作作者、国家等方面的相关网络联系。

1.4.2.2 实地调查法

根据地理学科对把握空间概念的要求,实地调查法是最好的调查研究方法之一。通过对案例区进行定点问卷调查,对新乡市主城区调查单元区域的居民有了客观、全面的了解,获取、筛选并统计第一手数据资料,掌握城市开放空间中活动人群的现实情况。同时,在调研中进行了必要的访谈,以便对研究中一些不易定量的社会问题能够获取较为客观的参考。

1.4.2.3 数学模型法

地理学要求对研究对象进行精确的计量分析。为了客观分析研究新乡市主城区城市开放空间系统的多重功能网络特征,必须构建数学模型进行计量,并借助一定的计算机仿真软件来试验模拟功能。本文使用了生态格局分析模型、空间句法模型、空间网络可达性模型、社会功能网络可视化模型、熵权评价模型等各种分析方法展开研究。

1.4.2.4 计算机技术方法

在研究中,注重利用计算机技术的制图和分析功能。本文使用了文献网络分析技术、地理信息系统 ArcGIS(美国环境系统研究所公司地理信息系统软件)软件技术、空间句法相关软件技术、社会网络分析技术、数据计算分析和可视化技术、网络爬虫技术、规划专业制图技术等专门的计算机分析处理技术。其中,地理信息系统 ArcGIS 中的 ArcMap 软件能够为管理和处理空间数据、属性数据提供非常便捷的工具,同时借助其强大的空间分析功能,对研究对象的空间发展状态进行模拟分析。基于 ArcGIS 的插件 Axwoman(空间句法软件)能够在上述基础上进行空间句法的分析。Fragstats(景观格局指数计算)能够对空间栅格文件进行景观生态格局分析。EXCEL(微软办公表格软件)可以对基础数据进行汇总、统计及清理。STATA(统计分析软件)能够对大量的数据进行计算和分析,并在分析的基础上进行可视化制图,形成图文并茂的研究成果。Gephi(复杂网络分析软件)能够对社会复杂网络进行分析和可视化。网络爬虫又叫作网络机器人，也被称为网页追逐者，是一种自动提取网页信息的程序。网络爬虫可以有效地爬取实时网络资源，这在大数据时代显得尤为重要。AutoCAD（欧特总公司电脑辅助设计软件）和 Photoshop 软件（图像处理软件）则为最终优化成果表达服务。

1.4.3 技术路线

本文根据研究内容的框架，通过使用以上罗列出的定性定量研究方法，在计算机分析和制图等技术的辅助下展开研究工作（图1-5）。即本文基于前期的基础研究中的数据和研究方法，进入实证基础研究，分析新乡市城市开放空间系统的演变过程，然后深入实证研究新乡市开放空间的多重功能网络特征，最后提出基于多重功能网络分析的新乡市城市开放空间系统相关评价和优化建议。

1 绪论

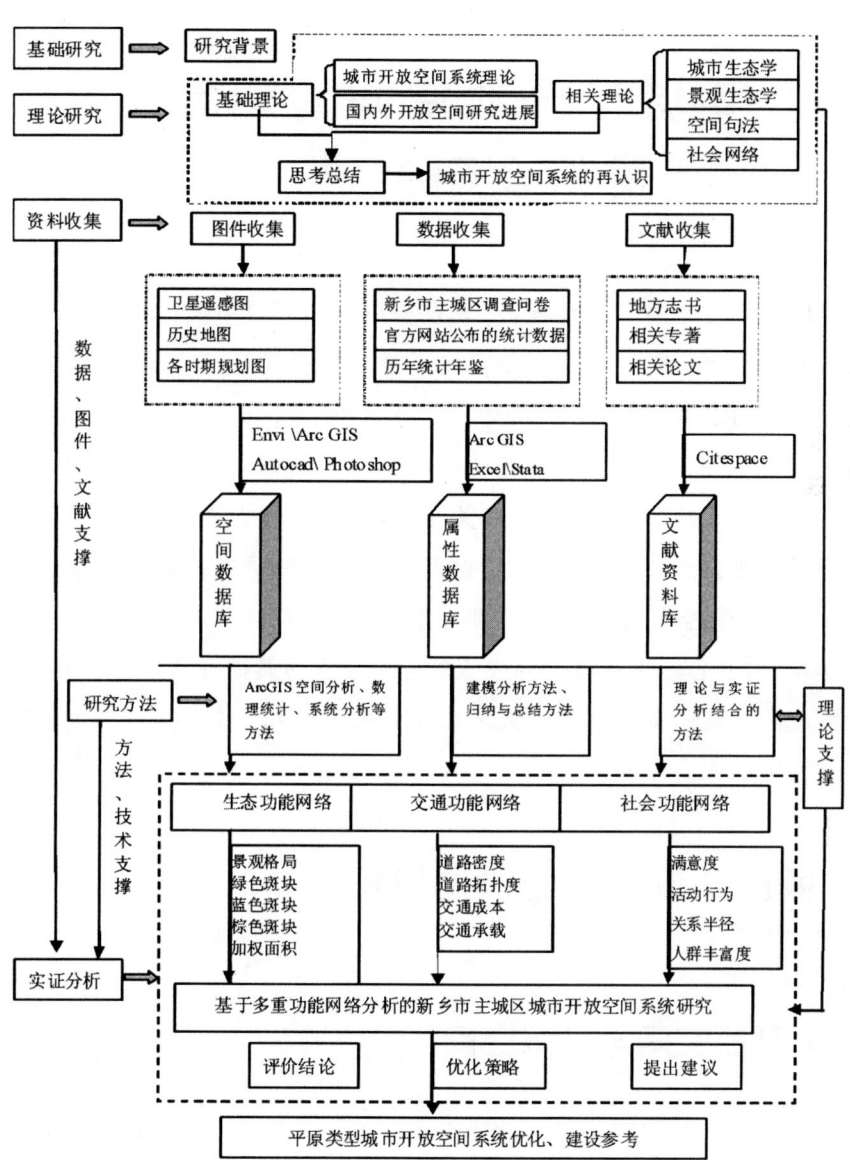

图 1-5 技术路线

2 城市开放空间的概念辨析及研究进展

要研究城市开放空间系统,首先要辨析城市开放空间的概念。当代的城市开放空间研究涉及了大量自然科学和社会科学的交叉内容,并随着信息技术的发展、分析方法的丰富及关注视点的多样化,研究不断深入,进一步呈现出春意盎然、百花待放的势头。一方面表现在,国内外有关开放空间的文献数量激增,学术关注度上升;另一方面表现在,不同学科的介入和综合交叉方向的衍生,也使得本领域的研究内存在概念上的混淆。在对开放空间相关文献整理时发现,研究者对开放空间的理解仍然不尽相同,并容易出现基本出发点的差异。在对其研究进展论述伊始,要清楚地定义其基本概念。在此基础上,对国内外的城市开放空间研究进展进行了评述。

2.1 城市开放空间的概念辨析

2.1.1 开放空间与开敞空间

"开放空间"与"开敞空间"都译自英文"Open Space"。比较来看,"开敞空间"在用词上相对强调单纯的物质空间的空间形态,不如"开放空间"所蕴含的内容丰富。"Open Space"在现代社会不仅仅是城市的一种物质界面,也已经是重要的社会人文交往的平台,所以译为"开放空间"更加准确和简练。从学术使用的广度和深度来看,"开敞空间"的研究基本出自建筑规划类院校,而"开放空间"的研究则来自包括了建筑规划类院校在内的广大高校和科研机构。从已出版的书籍和发表的论文数量上看,题名中含有"开放空间"的也要明显多于"开敞空间"。因此,笔者更倾向于将"Open Space"译为"开放空间",并将其作为研究对象。

"Open Space"一词起源于国外,西方国家早在19世纪就已经把它作为城市研究的重要领域乃至立法对象。1877年,英国伦敦制定了《大都市开放空间法》(*Metropolitan Open Space Act*),1906年修编为《开放空间法》(*Open Space Act*)。其中第20条有对开放空间的明确定义:"任何围合或是不围合的用地,其中没有建筑物,或者少于1/20的用地有建筑物,其余用地作为公园和娱乐场所,或堆放废弃物,或不被利用的区域。"简单来说,城市内一切建筑物以外的空间都可以算在开放空间的范畴。

开放空间在各国的法律规范和学术研究中也有着不同的定义。英国的开放空间的定义为:"所有具有确定的及不受限制的公共通路并能用开敞空间等级制度加以分类而不论其所有权如何的公共公园、共有地、杂草丛生的荒地以及林地。"(London Planning Advistory Committee,1992)美国将开放空间定义为:"城市内一些保持着自然景观的地域。或者自然景观得到恢复的地域,也就是游憩地、保护地、风景区或者为调节城市建设而预留下来的土地。城市中尚未建设的土地并不都是开放空间,开放空间应具有娱乐价值、自然资源保护价值、历史文化价值、风景价值。"(August Heckscher,1984)日本高原荣重把开放空间定义为:"游憩活动、生活环境、保护步行者安全,及整顿市容等具有公共需要的土地、水、大气为主的非建筑用空间且能保证永久性的空间,不论其所有权属个人或集体。"(高原荣重,1983)。塞伯威尼则把开放空间定义为:"所有园林景观、硬质景观、停车场以及城市里的消遣娱乐设施。"(塞伯威尼,1985)亚历山大在《模式语言:城镇建筑结构》中把开放空间定义为:"任何使人感到舒适、具有自然的屏靠,并可以看到更广阔的地方,均可以称为开放空间。"波兰学者认为:"开放空间一方面指比较开阔、较少封闭和空间限定因素较少的空间,另一方面指向大众敞开的为多数民众服务的空间,不仅指公园、绿地这些园林景观,而且城市的街道、广场、巷弄、庭园等都在其内。"(奥斯特罗夫斯基,1986)。

综上所述可以看出,对城市开放空间概念的认识在不同的社会及学科研究者之间会有一定的不同。本文研究的城市开放空间是在一定城市地域边界内,存在于城市地表以上、建筑实体之外的非封闭空间的总称;也可以说城市范围内,地表以上的非建筑空间即为开放空间。有关开放空间及开放空间系统的深入认识将在第 3 章论述。

2.1.2 开放空间与公共空间、公共开放空间

"公共空间"一词来源于"Public Space",其内涵的社会属性比"开放空间"更强一些,但又在物质形态的表述上有所缺失,比如大型的室内商场也属于公共空间的范畴。公共空间与开放空间有交集但并不互相包含。正是由于发现了这一概念上的区别,当前很多研究开始使用"公共开放空间"(Public Open Space)这一概念,其实质是指公园、街头绿地、广场等露天场地,它们既有空间层面的开放属性,又有使用层面的公共属性,是相对"狭义"的开放空间,在研究尺度上偏向于微观,更多地被规划设计类研究所关注。而系统性研究中的开放空间比"公共开放空间"涵盖的空间范围要大。

2.1.3 开放空间与外部空间、游憩空间、非建设用地

外部空间(Out Space)是一个以建筑为中心的概念。虽然外部空间通常也是指建筑实体以外的空间,但其本意强调的是建筑空间与外部环境的搭配协调,从人的视觉感受出发,创造更多积极的人性化空间(常钟隽,1995)。芦原信义则认为外部空间是从大自然中依据一定的法则提取出来的空间,只是不同于浩瀚无边的自然而已。外部空间是一种人为地、有目的地创造出来的外部环境,是一种在自然空间中注入更多含义的空间,并认为尺度和质感是其基本要素。外部空间的概念侧重强调建筑的室外设计,即外部空间不脱离建筑物的小体系,其定义文字还是以建筑为中心的理念范畴图,所以比起开放空间来说比较局限。

游憩空间(Recreation Space)的概念泛指人的消遣、游玩、社交的场所。其规划设计与模式的多样性,也成为衡量一个国家生活质量的标准

之一。在美国,广义的游憩空间包括宾馆(含汽车旅馆)、饭店、运动场、高尔夫球场、网球俱乐部、剧院、音乐厅、文化中心、主题公园、博物馆、游泳池、划船俱乐部、马术场、垂钓园、自然风景、射击场、台球厅、保龄球馆、滑雪场、假日农场、度假牧场、度假宿营地、野炊场所等(马惠娣,2005)。也有学者认为应扩大游憩空间的范围,即游憩空间是由游憩物质空间和游憩行为空间耦合而成的空间体系,表现为游憩景观(秦学,2003)。游憩物质空间是由有形的游憩设施(如公园、广场、宾馆、娱乐城等)及相关建筑设施共同组成的环境空间,充满其中的是各种有形物质形态。游憩行为空间是一种无形但客观存在的形式,是游憩者凭借一定的游憩设施和其他条件(如交通)通过游憩活动在地表空间所留下的投影(邵大伟,2011)。如果按照这种理解,游憩空间的概念也十分宽泛,也包括了私人的(即非公共的)游憩空间,还有过去不是、现在因发生了游憩行为而形成的游憩空间。

非建设用地(Non-development land)的叫法源于城市规划界。从用地属性角度,非建设用地实质上是若干用地分类的集合(程遥、赵民,2011),它与开放空间的内涵差别是很大的。不同学者对于非建设用地具体用地分类与构成有不同的理解。有学者认为非建设用地包括风景名胜区、湿地、水源保护区等生态敏感区,还包括基本农田保护区、地下矿产资源分布区、自然山体和水体及各类城市绿地(邢忠,2006)。也有学者认为非建设用地分为大型的城市绿地、耕地、水域、林地、园地、弃置地、牧草地以及露天矿用地等具体用地类型(郭红雨等,2011)。2012年1月1日起实施的《城市用地分类与规划建设用地标准》(GB50137—2011)中,提出了"城乡用地分类"体系,将城乡用地划分为建设用地(H类)与非建设用地(E类)两大类。在这一分类体系中,非建设用地作为大类出现,包括水域、农林用地及其他非建设用地3个种类。应该说开放空间与建设用地的研究领域有很大的重合部分,但是还有本质的不同。开放空间的城市属性更强并有空间的概念,而且开放空间在某种意义上也是一种建设对象或者建设成果。

综上所述,开放空间概念与公共空间、公共开放空间、游憩空间、外部空间等概念均有区别。它们之间互有相交和重合的部分，但又各有独特内涵。由辨析关系示意图（图2-1）可知，公共空间有建筑空间的内容，而开放空间又不全是公共空间，两者的交集是公共开放空间。公共空间的绝大部分可以划入游憩空间，但游憩空间也非公共的室内外场地。外部空间总体来讲属于开放空间的一部分，同时也具有部分公共空间及游憩空间的内容。几种空间类型错综复杂，但只有开放空间和建筑空间界限分明，便于确认。非建设用地因不是空间的概念，并未包括在图中。

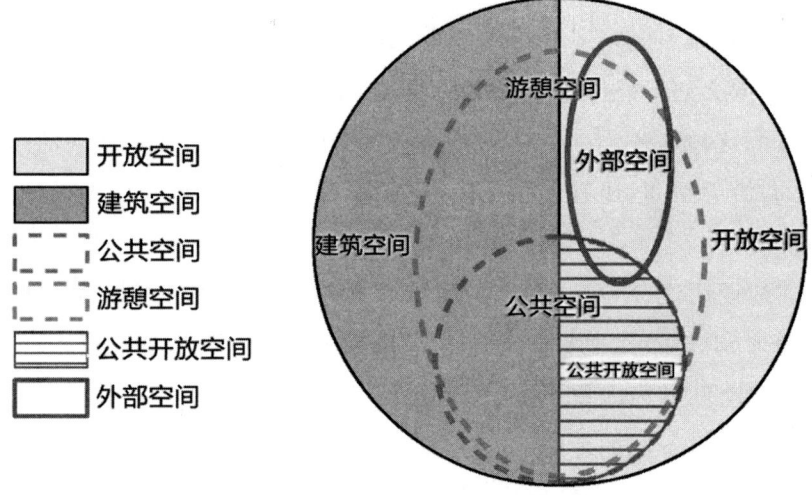

图 2-1　开放空间及相关概念关系辨析

2.1.4　开放空间概念在政策规划层面的定义及发展

1877年，英国伦敦制定的《大都市开放空间法》（*Metropolitan Open Space Act*）被认为是最早在政策法规层面将开放空间纳入管理的重要文件。美国城市开放空间规划既有国家层面的规范指南要求，同时又有州、市层面自己的侧重点和特殊性要求。美国政府问责局（U. S. Government Accountability Office）、美国政府印刷局（U. S. Government Printing Office）、美国环境保护局（U. S. Environmental Protection Agency）等政府部门以及美国国家娱乐与公园协会（NRPA）等具有行业

2 城市开放空间的概念辨析及研究进展

权威性质的民间组织都发布有相关法规和规范。1995年,美国国家娱乐与公园协会发布的《公园游憩开放空间和绿道规划指南》是全美城市开放空间规划的共同指南,包括规划内容、方法、类型和标准等。州级规划指南突出调查评估现有州级别游憩项目和活动需求,明确机构的角色和责任,并为所有游憩项目的策划者、供给者提供发展建议。市级规划指南在公众参与和社区人口构成的基础上进行需求调查和评价,通过管理策略进行协调,满足居民、发展商、当地政府等多方的利益诉求。例如,波士顿城市开放空间规划与我国城市绿地系统规划有明显的不同,主要区别在于前者从本地居民游憩使用角度出发,以城市居民游憩需求调查的量化分析和预测为依据,整合空间资源、社会资源,结合项目策划和供给计划,注重从规划依据的采集、规划制定到实施运营的系统性(方家、吴承照,2015)。

我国在开放空间方面的政策法规较少,而且主要出现在经济较发达的大城市。上海城市规划管理局曾于1998年在《上海市城市规划管理技术规定》中明确有"为社会公众提供开放空间"的规定。深圳市作为我国重要的经济特区和中心城市,领风气之先,在2007年组织编制了《深圳经济特区公共开放空间系统规划》。该专项规划根据用地权属,将公共开放空间分为2类,即独立占地和非独立的土地权属的公共空间;根据表现形式,将公共开放空间分为3类,即绿化空间、广场、运动空间,并将人均公共空间面积和步行可达范围覆盖率计入评估指标体系。之后,杭州、唐山等城市也均有具体实践。近年来,针对地域气候类型特点的区域性开放空间规划设计标准开始出现(冷红,2015),参照国外制定分级、面积、可达性等指标的具体研究也开始探讨(蔚芳、李王鸣、皇甫佳群,2016)。但上升到国家或部委政策或标准层面上的文件相比于国外始终有所欠缺。

2.2 国外研究进展

2.2.1 国外开放空间期刊文献

国外有关开放空间的研究无论从数量上还是从类别上都比国内要多很多，若以百度学术、谷歌学术等网络平台检索，自20世纪50年代至今，"open space"的相关文献浩如烟海，将近10万。最终笔者选择通过查询Web of Science 网站（SCI、SSCI、A&HCI 数据库），运用 Citespace 软件对其数据库内2000年以来的711篇英文期刊论文进行了分析。从关键词网络（图2-2）来看，词频较高的除了"open space"，依次还有"park"（公园）、"physical activity"（体育活动）、"land use"（土地利用）、"model"（模型）、"environment"（环境）、"health"（健康）、"public open space"（公共开放空间）、"system"（系统）、"landscape"（景观）、"green space"（绿色空间）、"residential property value"（住区价值）、"urban open space"（城市开放空间）、"walking"（散步）等。可以看出，相比于国内研究，国外的研究更加贴近经济社会生活。从关键词的时间线网络视图（图2-3）来看，英文的开放空间论文比国内的主题更加发散，住区价值、环境、健康等传统关注点有较强的热度，而绿色空间、大数据、行为等关键词是近年研究的热点。

从论文作者的国籍（图2-4）看，美国以169篇高居榜首，中国以80篇紧随其后，其后依次为英国52篇，澳大利亚43篇，日本40篇，德国39篇，西班牙26篇，印度和加拿大各24篇等。可以看出，中国的开放空间研究在英文期刊论文上已经有了长足的进步，但还需继续努力。从作者的单位（图2-5）来看，高校依然是英文期刊文献的主力。墨尔本大学（Univ. Melbourne）以11篇处于第1位，贝克IDI心脏与糖尿病研究所（Baker IDI Heart & Diabet）、马来西亚科技大学（Univ. Teknol Malaysia）、杜伦大学（Univ. Durham）、东京大学（Univ. Tokyo）等成果较为丰富，而且处于中心位置的研究机构合作关系较多。我国的英文成果中，因与其

2 城市开放空间的概念辨析及研究进展

他单位合作较少(如哈尔滨工业大学、北京理工大学等),处于网络图边缘位置,这也可以看出我国开放空间的研究人员在学科交叉、综合性、机构合作上有所欠缺。

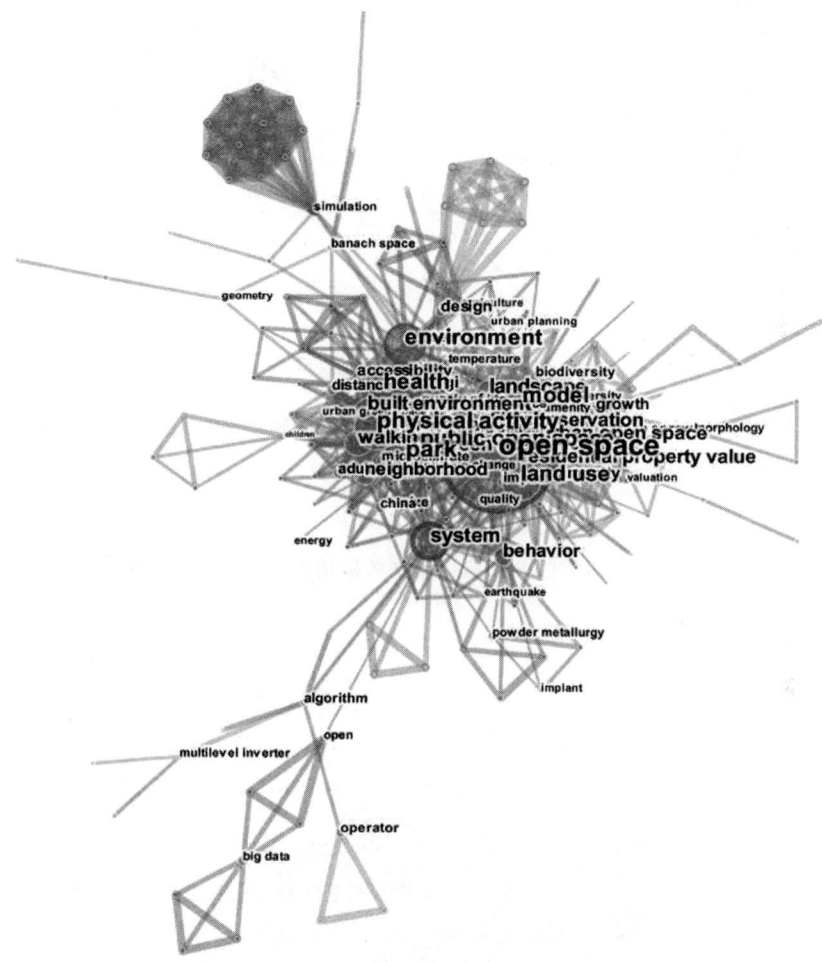

图 2-2　题目含 open space 的 SCI 期刊论文关键词网络(2000—2016 年)

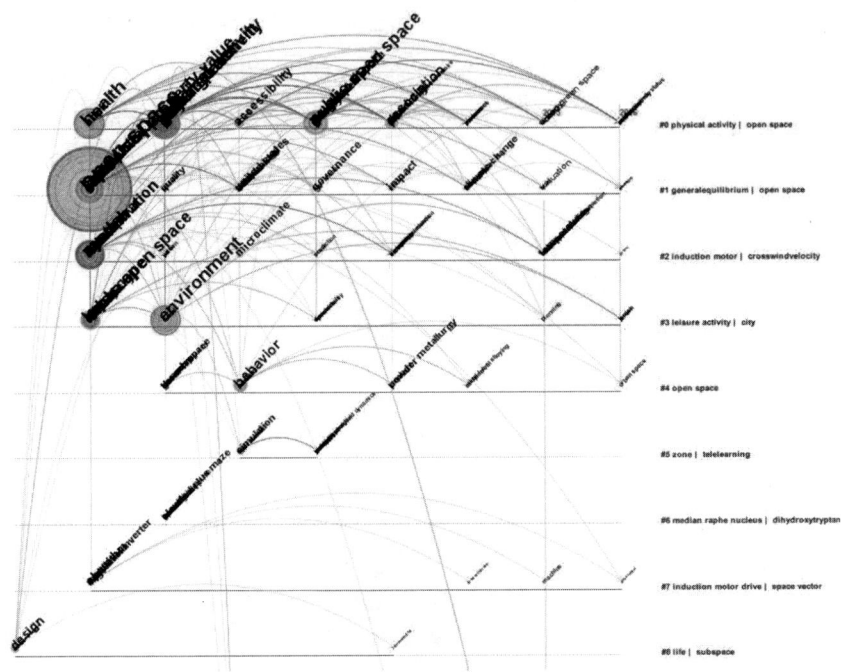

图 2-3　题目含 open space 的 SCI 期刊论文关键词时间线网络（2000—2016 年）

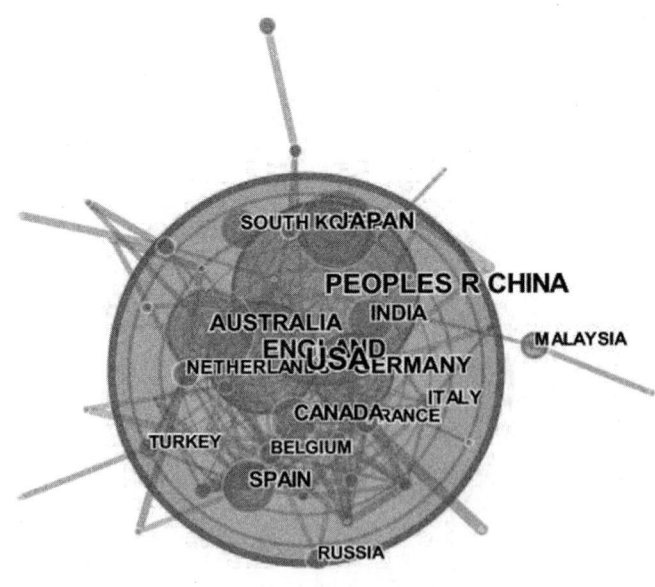

图 2-4　题目含 open space 的 SCI 期刊论文作者国籍网络（2000—2016 年）

2 城市开放空间的概念辨析及研究进展

图 2-5　题目含 open space 的 SCI 期刊论文作者单位网络(2000—2016 年)

2.2.2 国外开放空间的图书文献

国外的开放空间图书和期刊文献一样种类繁多,其中被翻译成中文的大多还是规划设计类著作,且其中很多有关开放空间系统的理论研究并未受到应有的重视。笔者通过图书馆和国外网站查询了自 2000 年以来题目中包含"open space"的英文图书,并将其总结成表(表 2-1)。有关开放空间的国外图书有以下几大特点:

(1) 类型多样。从查询结果可以看出,"open space"在国外是一个使用频率很高的词汇。书名中带有"open space"的既有规划设计类专业书籍,也有学术著作、法律法规、生活用书等,这与我国形成了较鲜明的对比。

(2) 政府部门和社会团体是图书编写的重要力量。与外文期刊文献不同的是,图书作者中有大量的政府部门和社会团体,比如美国政府问责局(U. S. Government Accountability Office)、美国政府印刷局(U. S. Government Printing Office)、美国环境保护局

(U. S. Environmental Protection Agency)等将重要的开放空间法规、规划、文件出版发行,形成了较大的关注度。

(3)地方性研究深入。以波士顿为例,其再改革委员会(Boston Redevelopment Authority)不断组织编写开放空间书籍,内容既有专项规划,也有分区调查评价,地方性成果颇多。

(4)经典图书不断再版。从查询结果来看,有些经典图书每隔几年就会再版一次,很多19世纪的开放空间图书资料都一直有再版的情况,这种做法有利于专业知识的普及和满足研究人员的需要。

表 2-1　国外关于开放空间的主要英文图书(2000—2016 年)

作　者	书　名	出版社	出版时间
Dieter Kienast, Arthur Ruegg, Udo Weilacher, Eric de Jong, Christian Vogt	Open Spaces	Birkhauser Verlag AG; Bilingual	2000.03
Mark Francis	Urban Open Space: Designing For User Needs (Landscape Architecture Foundation Land and Community Design Case)	Island Press	2003.09
David F. Gardner	Preserving Open Space: A Step-By-Step Guide for Volunteers Seeking to Limit Urban Sprawl	Infinity Publishing	2006.02
Jinnie Schiele	Off-Centre Stages: Fringe Theatre at the Open Space	University of Hertfordshire Press	2006.04
Jemima Montagu	Open Space: Art in the Public Realm in London 1995—2005	Arts Council of England	2007.03
Liz Flaherty	Green Places and Open Spaces: Action Literacy (Action Literacy Middle Primary)	ACER Press	2007.07
Catharine Ward Thompson	Open Space: People Space	Taylor & Francis	2007.11
Megan Lewis	From Recreation to Re-creation: New Directions in Parks and Open Space System Planning	APA Planning Advisory Service; Pap/Cdr edition	2008.01
Harrison Owen	Open Space Technology: A User's Guide	Berrett-Koehler; 3rdRevised edition	2008.04
Tom Stoner, Carolyn Rapp, G. Martin Moeller Jr.	Open Spaces Sacred Places: Stories of How Nature Heals and Unifies	TKF Foundation	2008.09
Paul Clayden	The Law of Parks and Open Spaces: A Practical Guide	Shaw & Sons Ltd	2009.01

续表

作　者	书　名	出版社	出版时间
Stephen Trimble	*Bargaining for Eden：The Fight for the Last Open Spaces in America*	University of California Press	2009.09
Md. Anwarul Islam	*Design Principles of Public Open Spaces in the Walled Cities：A Study in the Walled City of Nicosia，Cyprus*	Nil Pasaoglulari Sahin	2009.10
Md. Anwarul Islam	*Environment of Capital Dhaka：Plants Wildlife Gardens Park Open Spaces Air Water Earthquake*	Asiatic Society ofBangladesh	2010
Terry Tempest Williams	*The Open Space of Democracy*	Wipf & Stock Pub	2010.01
Dilli Prasad Poudel	*Open Space as Resource for Livelihood：Livelihood Strategy and Occupational Vulnerability of Street Occupants of Kathmandu，Nepal*	VDM Verlag Dr. MullerAktiengesellschaft & Co.	2010.04
Catharine Ward Thompson，Peter Aspinall	*Innovative Approaches to Researching Landscape and Health：Open Space：People People Spacez*	Taylor & Francis	2010.05
Kris Valdez	*Open Space Preservation*	VDM Verlag Dr. MullerAktiengesellschaft & Co. KG	2010.08
David Glenwinkel	*Outcomes，Practices，and Open Space*	Village Care International	2010.12
United States Congress Senate Committee	**OPEN SPACE AND ENVIRONMENTAL QUALITY**	BiblioGov	2010.12
Lambert M. Surhone，MariamT. Tennoe，Susan F. Henssonow	*Public Open Space*	Beta * Publishing	2011.01
Rajjan Man Chitrakar	*Public Open Spaces in Kathmandu Valley：A Review of Contemporary Problems and Historic Precedents*	LAP LAMBERT Academic Publishing	2011.01

续表

作 者	书 名	出版社	出版时间
Allan A. Schoenherr	*Wild and Beautiful: A Natural History of Open Spaces in Orange County*	Laguna Wilderness Press	2011.01
Jahn Gehl	*Life Between Buildings: Using Public Space; 6th*	Island Press	2011.03
Nicholas Monk	*Open-Space Learning: A Study in Transdisciplinary Pedagogy (Wish List)*	Bloomsbury Academic	2011.05
Frederic P Miller	*Urban Open Space*	Alphascript Publishing	2011.05
Anonymous	*Report of the Committee of Works and Improvements, on applications for parks and open spaces. Ordered to be printed, 16th January, 1857. [With 4 plates.]*	British Library, Historical Print Editions	2011.05
David Gardner	*Preserving Open Space*	Amazon Digital Services	2011.06
Matt Schmader	*Albuquerque's Parks and Open Space*	Arcadia Publishing	2011.08
Marc Glenn Jensen	*Open Spaces: Environmental Listening and Sounding*	Proquest, Umi Dissertation Publishing	2011.09
Y Nigussie, UG Open-Space	*Application of CVM in Valuation of Urban Green, Open-Spaces: Evidence from Addis Ababa: Ethiopia*	LAP LAMBERT Academic Publishing.	2011.09
Jeff Loux	*The Open Space and Land Conservation Handbook*	Solano Press Books, Inc.	2011.10
Jerold Angelus	*Midpeninsula Regional Open Space District*	Duct Publishing	2011.11
Rick Pruetz	*Lasting Value: Open Space Planning and Preservation Successes*	APA Planners Press	2012.03

续表

作者	书名	出版社	出版时间
Great Britain	The Royal Parks and Other Open Spaces (Amendment) (No. 2) Regulations 2012 (Statutory Instruments)	TSO	2012.03
Kaokab Hasnain	Problems and Prospects of Open Space Management Authorized by DCC: A Case Study of Dhaka City	LAP LAMBERT Academic Publishing	2012.05
Doaa Hassan	People and Open Spaces: Psychological Contentment and Landscape Narratives	LAP LAMBERT Academic Publishing	2012.07
John Fielder	John Fielder's Guide to Colorado's Great Outdoors: Lottery-Funded Parks, Trails, Wildlife Areas & Open Spaces	John Fielder Publishing	2012.08
US Department of Agriculture	State Programs for the Differential Assessment of Farm and Open Space Land	BiblioGov	2012.08
Maria Rita De Jesus Dionisio	The Importance of Open Public Spaces to build Urban Resilience: The Potential of Small and Medium Public Spaces for improving Disaster Response and Recovery Processes in Japan	LAP LAMBERT Academic Publishing	2012.08
Donna Erickson	MetroGreen: Connecting Open Space in North American Cities	Island Press	2012.09
Maryam Ebrahimpour	Urban open spaces & crisis management: With emphasis on Tehran metropolis	LAP LAMBERT Academic Publishing	2012.09
Randall G. Arendt (Author), American Society of Landscape Architiects.	Conservation Design for Subdivisions: A Practical Guide To Creating Open Space Networks. 3rd ed.	Island Press	2012.09

续表

作者	书名	出版社	出版时间
Sendpoints	*Open Space：Urban Public Landscape Design*	Sendpoints	2013.01
Colorado Office of Emergency Management	*Best Practices in Preservation of Open Space, Ranches and Farms*	BiblioGov	2013.03
Gunther Feuerstein	*Open Space：Transparency-Freedom-Dematerialisation*	Edition Axel Menges	2013.03
U. S. Government Accountability Office	*Government Operations：Controls Needed Over the Leasing of Land Acquired Under the Open-Space Land Program：B-168174*	BiblioGov	2013.06
U. S. Government Printing Office（Gpo）	*Open Space and Recreation Plan for the Town of Greenland*	BiblioGov	2013.07
U. S. Government Printing Office（Gpo）	*Open Space and Recreation Plan for the Master Plan of the Town of Exeter*	BiblioGov	2013.07
U. S. Environmental Protection Agency	*Open Space as an Air Resource Management Measure：Demonstration Plan, St. Louis Missouri, Vol. III*	BiblioGov	2013.07
Charles E. Little	*Challenge of the Land：Open Space Preservation at the Local Level*	Pergamon	2013.09
Thomas Hayton Mawson	*Civic Art；Studies in Town Planning, Parks, Boulevards and Open Spaces*	RareBooksClub.com	2013.09
Robert Hunter	*The Preservation of Open Spaces, and of Footpaths and Other Rights of Way；A Practical Treatise on the Law of the Subject*	TheClassics.us	2013.09
Sendpoints	*OPEN SPACE-Urban Public Landscape Design*	Sendpoints	2013.10
Palestino M. F. Moccia F. D.	*Planning stormwater resilient urban open space*	CLEAN	2014

续表

作 者	书 名	出版社	出版时间
Hans Loidl, Stefan Bernard	Open(ing) Spaces: Design as Landscape Architecture	Birkhauser	2014.02
George Frederick Chambers, Great Britain	A Digest of the Law Relating to Commons, and Open Spaces, Including Public Parks, and Recreation Grounds: With Various official Documents; Precedents of By-Laws and Regulations; The Statutes in Full; And Brief Notes of Leading Cases	Andesite Press	2014.02
Edward T. McMahon	Conservation Communities: Creating Value with Nature, Open Space, and Agriculture	Urban Land Institute	2014.02
Ward Thompson, Catharine	Innovative Approaches to Researching Landscape and Health: Open Space: People Space 2	Routledge	2014.03
Dempsey, Nicola	Place-Keeping: Open Space Management in Practice	Routledge	2014.04
Fernando de Haro, Omar Fuentes	Ideas: Open Spaces	AM Editores Mul edition	2014.05
Roger Grainger	Open Space: Theatre as Opportunity for Living	Sussex Academic Press	2014.06
Metivier Kathryn	Modeling Open Space Acquisition in Boulder, Colorado	LAP Lambert Academic Publishing	2015.02
Kate Ashbrook	Saving Open Spaces	The History Press Ltd	2015.02
Leontiadis Stefanie	The Architecture of Public Open Urban Spaces	Edizioni Accademiche Italiane	2015.07

续表

作者	书名	出版社	出版时间
Charles G. Curtin	The Science of Open Spaces: Theory and Practice for Conserving Large, Complex Systems	Island Press	2015.07
Anwar Kemal Yahiya	Jugal Revitalization: Public Open Spaces, a fusion among generations: Public Open Space, the necessary component to realize Revitalization and Livability of a Jugal	LAP LAMBERT Academic Publishing	2015.08
Charles Eliot	A Report Upon The Opportunities For Public Open Spaces In The Metropolitan District Of Boston, Massachusetts, Made To The Metropolitan Park Commission: 1892	Andesite Press	2015.08
Mark Daker	Defining public open space-not a walk in the park	LAP LAMBERT Academic Publishing	2015.09
Authority, Boston Redevelopment	North End Recreation and Open Space Study	Palala Press	2015.09
Boston Redevelopment Authority, Boston Public Facilities Dept	Summary Report, Public Open Space in East Boston	Palala Press	2015.09
Boston Redevelopment Authority	Open Space Land Program Application: Sumner Street-East Boston Waterfront Park	Palala Press	2015.09
Authority, Boston Redevelopment	South End; Open Space Community Land Trust Report	Palala Press	2015.09
Inc [BUG]Boston Urban Gardeners	South End Open Space Needs Assessment	Palala Press	2015.09

续表

作 者	书 名	出版社	出版时间
Boston Redevelopment Authority	Public Access/Open Space Plan, a Framework for Discussion, Charlestown Navy Yard	Palala Press	2015.09
Boston Redevelopment Authority	Public Open Space in East Boston	Palala Press	2015.09
Joseph Newton, Rudolph Siebeck	The Landscape Gardener: A Practical Guide To The Laying-out, Planting, And Arrangement Of Villa Gardens, Town Squares, And Open Spaces	Palala Press	2015.09
Medical Area Service Corporation (MASCO)	Longwood Medical Area: Open Space Framework	Palala Press	2015.09
Boston Redevelopment Authority, Boston Public Facilities Dept	Open Space Development Grant Application for the North end Park, City of Boston, Massachusetts	Palala Press	2015.09
Cabot Estate Open Space Task Force	Cabot Estate Open Space Task Force Report	Palala Press	2015.09
Lobo, Daniel	Transformative Urban Open Space: The Uli Urban Open Space Award 2010—2015	Urban Land Institute	2015.10
Arkose Press	The Preservation of Open Spaces, and of Footpaths and Other Rights of Way: A Practical Treatise On the Law of the Subject	Robert Hunter	2015.10
Daniel J. Mezick, Deborah Pontes, Harold Shinsato, Louise Kold—Taylor, Mark Sheffield	The OpenSpace Agility Handbook	Freestanding Press	2015.10

续表

作 者	书 名	出版社	出版时间
Daniel Lobo	*Transformative Urban Open Space: The ULI Urban Open Space Award 2010—2015 (ULI Award Winning Projects)*	Urban Land Institute	2015.10
Eleni Oureilidou, Ioannis A. Tsalikidis	*Planning the social and cultural reactivation of urban open spaces: Bottom up initiatives in Greek cities of crisis*	LAP LAMBERT Academic Publishing	2016.02
Sense Publishers	*Open Spaces for Interactions and Learning Diversities*	Alessio Surian	2016.03
Raquel Tardin	*System of Open Spaces: Concrete Project Strategies for Urban Territories*	Springer	2016.05
John James Sexby	*The Municipal Parks, Gardens, and Open Spaces of London: Their History and Associations*	Wentworth Press	2016.08
Arnold van der Valk, Terry van Dijk	*Regional Planning for Open Space*	Routledge	2016.05
Bharati Mohapatra	*Community Management of Urban Open Spaces in Developing Economies*	Emerald Group Publishing Limited	2016.04
Boston Urban Gardeners Inc	*The Midtown Cultural District Open Space Study (Classic Reprint)*	Forgotten Books	2016.08
Helen Woolley	*Urban Open Spaces*	Taylor & Francis	2016.09
Peter Clark	*TheEuropean City and Green Space: London, Stockholm, Helsinki and St. Petersburg, 1850 - 2000 (Historical Urban Studies Series)*	Routledge	2016.12
London County Council	*Note Book on the Parks, Gardens, Recreation Grounds, and Open Spaces of London (Classic Reprint)*	Forgotten Books	2016.12

注:作者根据谷歌学术、亚马逊英文书店等查询整理。

2.3 国内研究进展

2.3.1 国内开放空间的研究现状

通过查询中国知网、超星数字图书馆、万方数据知识服务平台、维普中文期刊网、CSSCI 数据库、国家图书馆数据库以及百度学术、Google 学术搜索等资源，将涉及"开放空间"、"开敞空间"等的相关文献进行了梳理研究。截至 2016 年底，从中国知网的学术关注度（图 2-6）来看，对于开放空间的学术关注度一直呈快速上升趋势。

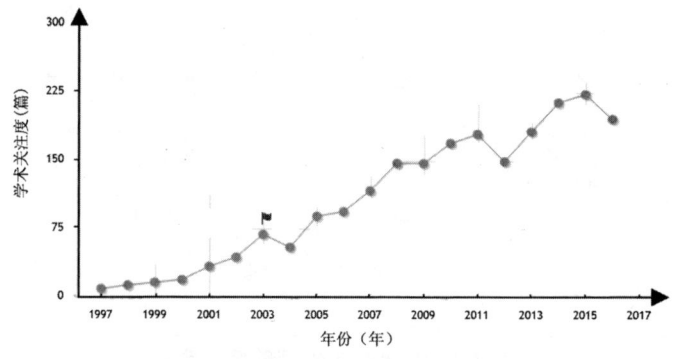

图 2-6　开放空间在中国知网的学术关注度

从百度学术分析得出的国内开放空间研究涉及的学科联系（图 2-7）来看，主要有地理学、建筑学（包括了城乡规划学）、社会学、艺术学、应用经济学、教育学等大类。地理学对开放空间研究的主要关键词有城市发展、生态环境、可达性、城市边缘区、土地利用、自然环境等。建筑学对开放空间研究的关键词主要有城市设计、城市规划、规划设计、城市空间、公共开放空间、城市开放空间等。社会学对开放空间研究的主要关键词则为城市景观、城市形态、空间结构、生态城市、城市更新、交往空间等。从主要关键词可以看出学科间的侧重点明显不同。地理学类的研究主要关注宏观层面、交通层面；建筑学类的研究主要关注中微观层面的规划设计;社会学类的研究与前两者有很多的交叉,除区域与形态外,更体现内涵的发掘;艺术学和教育学类的研究相对更加微观具体;应用经济学类的研究则与经济政策等相关。从研究成果的关联趋势(图 2-8)来看,城市开放空间显示出愈来愈强的关联发展势头,公共开放空间和风景园林也在近年展示出较强的关联发展趋势。

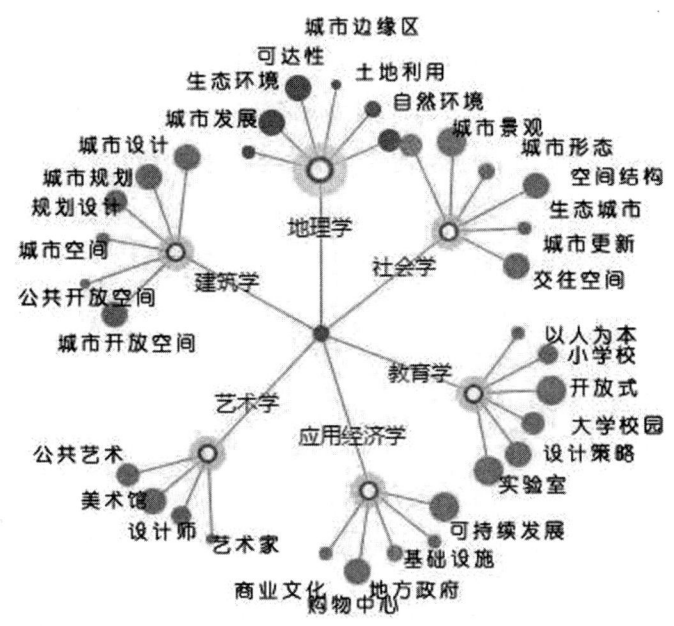

图 2-7　开放空间的学科联系网络

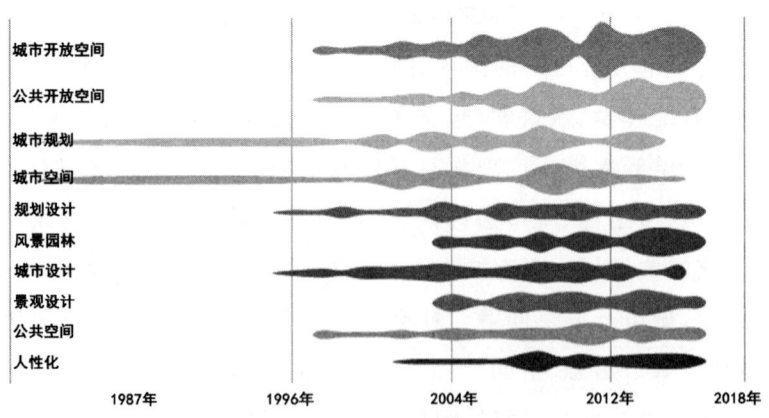

图 2-8　开放空间的关联研究趋势

2 城市开放空间的概念辨析及研究进展

通过中国知网检索题目中包含"开放空间"的研究成果(包括期刊论文、会议论文及硕博学位论文)可以看出(表2-2):有15篇以上成果的单位都为高校,共11所大学。其中建筑类院校所占比重最大,它们是同济大学、西安建筑科技大学、哈尔滨工业大学、重庆大学、东南大学、天津大学、清华大学、华中科技大学;风景园林类院校有北京林业大学和南京林业大学;地理类综合院校只有河南大学一所,但排名第三,十分突出。从成果的分布来看,同济大学虽然总量保持第一,但成果基本集中在期刊论文和会议论文,远远多于硕博学位论文的数量;而西安建筑科技大学则呈现相反态势,硕博学位论文在数量上占据绝对优势,期刊论文与会议论文相对单薄。河南大学、北京林业大学、哈尔滨工业大学、天津大学的成果结构相对均衡,这也反映出这些大学在开放空间研究领域的参与程度。有关开放空间研究者的统计(表2-3)显示:王发曾、杨晓春在成果数量和期刊论文第一作者方面最为突出,王晓俊、王佐、张帆等人在数量上排名也十分靠前。在统计的3篇及其以上研究成果的作者名单中,有三分之一的作者的硕博学位论文也为开放空间相关研究,说明了近年来国内高校培养的开放空间研究者已经逐渐成为这一研究领域的主要力量。

表2-2 开放空间的研究机构统计

机构名称	期刊论文数	会议论文数	硕博学位论文数	总计
同济大学	23	8	1	32
西安建筑科技大学	4	0	22	26
河南大学	12	4	6	22
北京林业大学	13	2	7	22
哈尔滨工业大学	9	3	10	22
重庆大学	9	0	12	21
东南大学	15	1	3	19
南京林业大学	13	0	7	20
天津大学	10	3	6	19
清华大学	9	1	8	18
华中科技大学	8	1	8	17

注:检索形式为题目中包含"开放空间",截至2016年12月中国知网(http://www.cnki.net)。

表 2-3 开放空间的研究者统计

作者	期刊论文数	第一作者论文数	硕博学位论文数	会议论文数	总计
王发曾	11	5	0	2	13
杨晓春	6	6	0	0	6
王晓俊	4	4	0	0	4
王 佐	4	4	0	0	4
张 帆	4	4	0	0	4
李 萍	3	1	1	0	4
苏伟忠	3	2	1	0	4
王胜男	2	1	1	1	4
王 菁	3	3	0	0	3
吴雅婷	3	3	0	0	3
陆 路	3	2	0	0	3
徐 振	3	2	0	0	3
康 健	3	1	0	0	3
刘 通	3	1	0	0	3
张 圆	2	2	1	0	3
李 翅	2	2	0	1	3
张晋石	2	2	0	1	3
黄建军	2	2	1	0	3
熊 岭	2	1	1	0	3
王云才	2	1	0	1	3
刘小妹	1	1	1	1	3

注：① 数据来源：检索形式为题目中包含"开放空间"，截至 2016 年 12 月中国知网（http://www.cnki.net）。② 本次统计为 3 篇及其以上作者名单，会议论文只计第一作者。

2.3.2 国内开放空间的期刊文献

梳理国内期刊文献可知，国内学者对城市开放空间概念的辨识是一个循序渐进的探索过程,研究以开放空间的概念体系构建与功能解析为起点,经过一定阶段的讨论和完善,逐渐步入城市开放空间系统概念和作用的探讨。早在改革开放前"开放空间"、"开敞空间"等词汇已经出现在我国期刊中。如鲍家声(1976)在《建筑学报》的建筑学论文中就出现了"开放空间"字样。直至20世纪90年代中后期,以"开放空间"和"开敞空间"为题的期刊论文才开始出现(沈德熙、熊国平,1996;肖林,1997;谭开伟、江刚,1997)。在之后的一段时期,期刊文献中的开放空间研究还是以介绍国外研究和规划设计案例总结为主。1998年,余琪在《城市规划汇刊》上较早地提出了"城市开放空间系统"的概念,使得国内对开放空间的研究上升到系统层面。进入21世纪,开放空间系统更加引起学者关注,陆敏玉(2000)针对厦门的自然景观资源提出了将"建筑、城市、园林绿地再统一"而建设"自然开放空间系统"的说法。秦尚林(2000)则将环境心理学、原型理论与城市设计相结合,提出了关于城市开放空间的"边界—中心"特征性模型。这些早期的研究代表了国内当时对开放空间的认识和探索。

在介绍国外案例方面,周晓娟(2001)介绍了西方城市更新中对城市开放空间的设计方法。Behnaz Aminzadeh和胡林(2002)介绍了传统的伊斯兰城市中的开放空间。韩西丽、俞孔坚(2004)从绿色通道的概念入手,对伦敦市1929—1991年的开放空间规划进行了回顾并提出了启示。王洪涛(2004)、任晋锋(2004)、邵琳和黄嘉玮(2005)、王晓俊和王建国(2006)、方家和吴承照(2012、2015)、姚朋(2014)、杨贵庆(2014)、蔚芳(2016),分别对德国、美国、英国、荷兰等国家的城市开放空间发展进行了介绍。王佐(2007)对欧洲城市开放空间的地域性进行了研究。张虹鸥、岑倩华(2007)和邵大伟、张小林、吴殿鸣(2011)对国外开放空间的研究进展进行了评述。肖华斌、袁奇峰(2008)对国外开放空间的开发模式进行了介绍。祝侃、马航、龙江(2009)对西方国家的绿色开放空间演变做了回顾。李咏华、王竹(2010)介绍了北美地区的开放空间保护目标的多元化趋势以及突出目标。张坤(2013)研究了欧洲的河流和开放空间对遏制城市蔓延方面的生态作用。刘家琳、李雄(2013)介绍了东伦敦绿网引导下的开放空间的保护与再生策略。林瑛、周栋(2014)介绍了国外儿童友好型城市开放空间的实例与启示。张芳、周曦（2015）介绍了巴黎的开放空间整合城市策略。这些文章都促进了国内学界对国外开放空间理论、实践的了解与思考。

国内近年来有关城市开放空间的论文在数量上快速增加，理论研究较之前有很大进步，但尚未达到国际领先的水平。经过不断的探索，逐渐形成适合国情的独特观点和成熟看法（沈德熙、熊国平，1996；卢济威、郑正，1997；余琪，1998；洪亮平、刘奇志、郑妙丰，2001；王发曾等，2004）。王发曾（2004、2005）将城市开放空间视作统一协作的系统，从理论上界定了城市开放空间系统的概念，解析了城市开放空间系统的空间形态结构和要素组成结构，阐明了开放空间系统的各项功能，提出了城市开放空间系统优化的理论基础和应遵循的基本原则，并强调指出我国城市开放空间系统优化的重大意义，论述了城市开放空间系统优化的基本对策和空间布局结构优化、圈层一体化优化、系统要素优化等方面的内容。王发曾与苏伟忠、王胜男、邱磊等人（2004、2005、2012、2015）以开封、洛阳、连云港等为案例，结合开放空间系统圈层理论以及开放空间的颜色分类及优化等研究进一步发展了城市开放空间系统理论。解伏菊、胡远满、李秀珍（2006）研究了基于景观生态学的城市开放空间的格局优化。杨晓春等（2008、2009）结合深圳、杭州、唐山等城市的实例对城市公共开放空间规划的技术路线、指标的选择等问题进行了探讨，利用问卷调查法、行为场所观察法、实地访谈法3种调查方法，对城市公共空间进行了探讨。楚纯洁、于长立（2010）研究了基于不同尺度的平顶山市开放空间绿地系统优化。连华（2014）从宏观、中观和微观层面，以生态的视角具体研究了兰州城市开放空间系统建设的思路与对策。张帆、邱冰（2014）以1996—2012年CNKI（中国知网）篇名含"开放（敞）空间"的文献为分析对象，总结了十几年来国内开放空间研究的成果与进展，指出了目前国内开放空间的研究存在定义不够清晰、研究对象不够明确、缺乏实证研究等问题，并对未来的国内研究提出了建议。德力格尔、袁家冬、李媛媛（2016）以长春为案例研究了开放空间的时空演化特征和动力机制。

从我国学者对开放空间的相关研究总量分析来看，国内的研究以建

2 城市开放空间的概念辨析及研究进展

筑与环境艺术设计、城市规划、园林绿化等微观领域的较多,有关城市地理、城市生态等宏观层面的研究较少;从方法上看,定性研究的较多,定量研究的较少(表2-4);从研究出发点看,研究空间本体的较多,而研究中带有社会人文等因素的较少。

表2-4 开放空间期刊文献分类统计(1996—2016年)

文献信息		研究方法	
年代(年)	数量	定性	定量
1996—2000	5	5	0
2001—2005	59	53	6
2006—2010	143	107	36
2011—2016	197	137	60
合　计	404	302	102

注:此表数据统计自核心期刊论文和硕博学位论文,1996—2012年数据参考张帆、邱冰(2014)的研究成果。

运用软件CiteSpace对CNKI中1978—2016年篇名或关键词中带有"开放空间"或"开敞空间"的1993篇期刊论文的749个关键词进行分析,得到关键词网络图(图2-9),图中两个圆形代表两大主题,其中"开放空间"的词频明显大于"开敞空间"。而其余关键词中词频排在前列的依次为"城市开放空间"、"城市设计"、"公共开放空间"、"风景园林"、"公共空间"、"规划设计"、"景观设计"、"APP应用"、"人性化"、"人居环境"、"老龄化"、"城市空间"、"城市规划"、"城市广场"、"城市公园"、"可达性"等,由此可以看出相关研究者大致的研究聚类方向。从关键词网络的时间线网络图(图2-10)则可以更好地在时间序列上看出研究主题的变化:在20世纪80年代初期"开敞空间"作为主要核心汇聚了"城市设计"、"城市广场"等规划设计类关键词;而自20世纪90年代中期开始,"开放空间"成为关键词的主流,其词频关联方向也更加丰富。

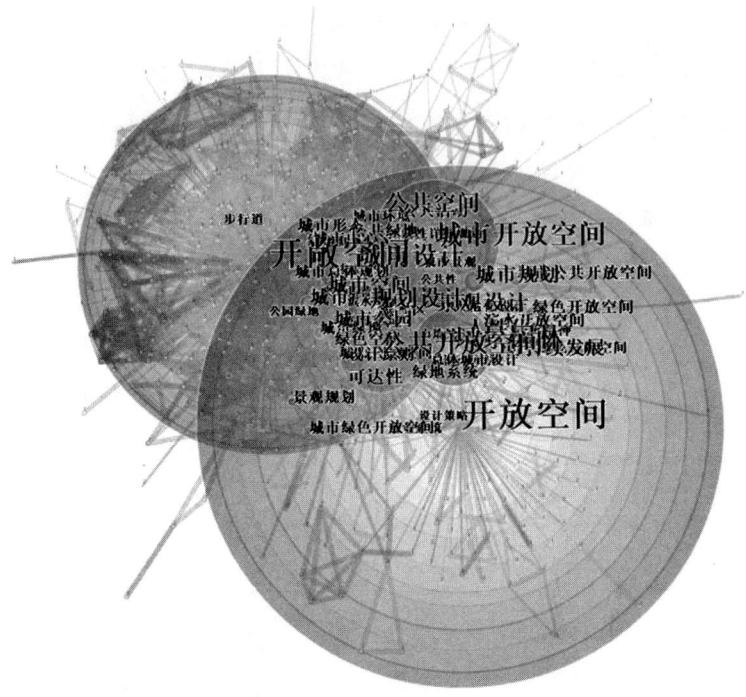

图 2-9　CNKI 中"开放空间"与"开敞空间"的期刊论文关键词网络

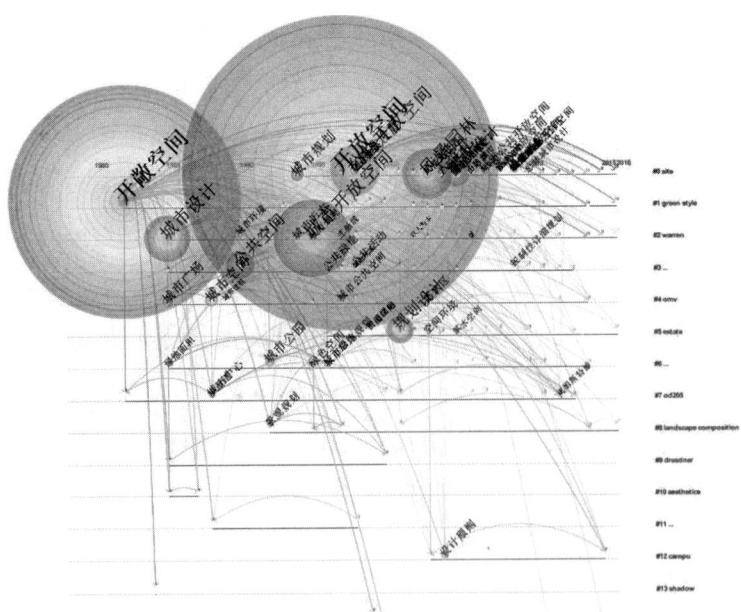

图 2-10　CNKI 中"开放空间"与"开敞空间"的期刊论文关键词时间线网络

2.3.3 国内开放空间的图书文献

我国有关开放空间的图书文献相对不多。台湾学者郭琼莹在1993年编写的《都市开放空间与都市美学》是目前可查的较早的书名中带有"开放空间"的中文专著。大陆学者关于开放空间的专业书籍直到进入21世纪才开始出现。笔者从国家图书馆等资源搜索结果看，改革开放以来书名中有"开放空间"或"开敞空间"字样的专业书籍不足20本（表2-5），其中译著则将近一半。这些专业书籍中有2本是冠名"开放空间技术"而实质为管理类的书籍，其他大多为规划设计类书籍。国内书籍多为景观案例展示或图集规范，译作则多为国外在开放空间的规划设计方面已经非常有影响的专著，如《人性场所：城市开放空间设计导则》、《城市公园与开放空间规划设计》、《城市开放空间设计》等。这些书籍也基本是规划设计方法的介绍和总结。2008年后，国内学者关于开放空间相关理论类的专著开始出现，尹海伟（2008）在其《城市开敞空间——格局·可达性·宜人性》里以中国快速城镇化为背景，以上海为案例区，辅以GIS和RS等技术手段，结合城市地理学、景观生态学、城市经济学的相关分析理论，定量探讨了城镇化进程中开放空间时空格局变化的规律及驱动力、城市开敞空间的可达性与合理性及变化和开敞空间的宜人性，并在相关研究结果的基础上提出了优化建议。蔡凯臻和王建国（2013）则在论证城市设计领域研究公共安全的概念和内涵的基础上，分析了公共开放空间的安全属性，构建了以公共开放空间为对象的安全城市设计理论框架，并结合案例研究和评介，分别从行为安全、防卫安全、灾害安全3方面，阐述了以公共开放空间为对象的安全城市设计策略。朱小雷（2015）利用量化和质化研究方法，对目标空间环境中行为的时空特性进行了综合比较分析，总结了新旧居住社区开放空间在行为与环境相容性、吸引力、空间模式等方面的差异和优缺点及社区中人性化通用公共空间模式。这些都是国内学界在开放空间领域难得的理论探索。而国内有关开放空间的书籍相比于国外仍然远远不够。

表 2-5 开放空间相关中文书籍(1993—2016 年)

作者	译者	书名	出版单位	出版时间(年)
郭琼莹等		都市开放空间与都市美学	艺术家出版社	1993
单霁等		开放空间景观设计	辽宁科学技术出版社	2000
克莱尔·库珀·马库斯,卡罗琳·弗朗西斯	俞孔坚等	人性场所:城市开放空间设计导则	中国建筑工业出版社	2001
梁振强,区伟耕		开放空间:城市广场、绿地、滨水景观	新疆科技卫生出版社	2003
哈里森·欧文等		开放空间科技	开放智慧引导科技股份有限公司	2006
罗易德,伯拉德	罗娟,雷波	开放空间设计/城市·景观·建筑设计解析丛书	中国电力出版社	2007
加文,贝伦斯	李明,胡迅	城市公园与开放空间规划设计	中国建筑工业出版社	2007
加莫里,坦南特	张倩	城市开放空间设计	中国建筑工业出版社	2007
尹海伟		城市开敞空间——格局·可达性·宜人性	东南大学出版社	2008
马日杰		开放的空间——北京新公园图片库	中国建筑工业出版社	2010
凯瑟琳·沃德·汤普森,彭妮·特拉夫罗	章建明,黄丽玲	开放空间	中国建筑工业出版社	2011
汤普森,特拉夫	章建明,黄丽珍	开放空间——人性化空间	中国建筑工业出版社	2011
善本出版有限公司		开放空间——城市公共景观设计	北京美术摄影出版社	2012
蔡凯臻,王建国		安全城市设计——基于公共开放空间的理论与策略	东南大学出版社	2013

续表

作者	译者	书名	出版单位	出版时间(年)
哈里森.欧文	林恩慈,罗筱	开放空间引导技术:集思广益,解决冲突,达成共识,实现自组织的高效方法(第3版)	电子工业出版社	2015
冷红		严寒地区绿色村镇公共开放空间规划设计示范图集	哈尔滨工业大学出版社	2015
中国建筑标准设计研究院		城市道路与开放空间低影响开发雨水设施	中国建筑标准设计研究院	2015
朱小雷		广西西关居住社区开放空间环境活力与模式	华南理工大学出版社	2015
蔚芳		城市公共开放空间规划	科学出版社	2016

资料来源:作者根据图书馆以及网络查询的资料整理。

2.3.4 国内开放空间的硕博学位论文及基金项目

硕博学位论文也是体现学术高度的重要载体,在我国各专业理论研究中占有重要地位。通过中国知网搜索并筛选可知,2000—2016年硕士学位论文中以"开放空间"为题的共有145篇,以"开敞空间"为题的有22篇,共有45个培养单位。其中最早的为大连理工大学的《开敞空间可燃气云爆炸研究》(孙博,2000),其研究主体并不是开放空间,所以只能算作开放空间的相关研究。河南大学的《城市开放空间的理论分析与空间组织研究》(苏伟忠,2002),提出了城市开放空间的理论研究体系,并对开封市城市开放空间的发展现状和空间组织进行了全面论述和分析,是目前可查的第一篇真正意义上的以"开放空间"为主题的硕士学位论文。2005年后,以"开放空间"为题的硕士学位论文开始逐渐增多,但在学科上以建筑为主。从硕博学位论文数量居前列的培养单位来看(表2-6),西安建筑科技大学等建筑类院校占据一半以上,北京林业大学等农林院校也有较强的实力,河南大学作为地理类综合院校表现突出。

表 2-6 题目含"开放(开敞)空间"硕博学位论文主要培养单位(2000—2016 年)

培养单位	硕士学位论文		博士学位论文		总数
	开放空间	开敞空间	开放空间	开敞空间	
西安建筑科技大学	21	4	1	0	26
重庆大学	12	2	0	0	14
哈尔滨工业大学	9	1	1	0	11
华中科技大学	8	0	0	0	8
清华大学	7	0	0	0	7
南京林业大学	7	0	0	0	7
北京林业大学	5	1	1	0	7
河南大学	5	0	1	0	6
天津大学	5	0	1	0	6
大连理工大学	3	2	0	1	6
北方工业大学	5	0	0	0	5
华中农业大学	5	0	0	0	5
昆明理工大学	4	1	0	0	5

资料来源:作者根据中国知网(http://www.cnki.net)查询整理。

与硕士学位论文相比,有关"开放空间"和"开敞空间"的博士学位论文则显得较少,仅有 7 篇(表 2-7)。而这 7 篇中有 3 篇是以开放空间或开敞空间为条件而非主题进行研究的,剩下的 4 篇完成质量都较高并且有所侧重。孙晓春(2006)在《转型期城市开放空间与社会生活互动发展研究》中,针对转型期以来社会生活的变化,采用数据分析、问卷调查、现场调研访问等方法对城市居民出行、使用城市开放空间的状况进行了调查和分析,并就如何建立城市开放空间与社会生活的良好互动关系提出相应的对策。王胜男(2010)则从城镇化进程中的市区用地变化特征、人口增长—用地扩展关系入手,通过对洛阳市区开放空间系统、不同类型要素系统的组成结构分析、功能效应评价,剖析了城镇化与开放空间变化之间的因果关系,并提出了优化途径。邵大伟(2011)以南京主城区为典型案例,借助各种资料,集成 GIS 空间分析、圈层与等扇分析、ESDA 方法、景

2 城市开放空间的概念辨析及研究进展

观指数分析、结构方程以及因子分析等方法,对南京主城区开放空间现状和格局演变进行了深入解析。李红光(2012)以郑州市为案例,指出了当前国内城市开放空间在设计、建设、管理中存在的问题,倡导对使用者的重视,对城市开放空间对于人群公共交往活动的适应和满足提出了自己的建议。

表 2-7 题目含"开放(开敞)空间"的博士学位论文(2000—2016 年)

通过年度(年)	作者	培养单位	学科	题目
2001	毕明树	大连理工大学	化学	开敞空间可燃气云爆炸的压力场研究
2006	孙晓春	北京林业大学	风景园林	转型期城市开放空间与社会生活互动发展研究
2010	王胜男	河南大学	人文地理学	城镇化进程中洛阳市区开放空间系统的分析与优化
2011	邵大伟	南京师范大学	人文地理学	城市开放空间格局的演变、机制及优化研究
2012	李红光	西安建筑科技大学	建筑学	基于使用表现和使用者评价调查的郑州城市开放空间研究
2012	杜磊	天津大学	计算机科学	大规模开放空间应急疏散计算模型研究
2016	张圆	哈尔滨工业大学	建筑技术科学	城市公共开放空间声景的恢复性效应研究

来源:作者根据中国知网(http://www.cnki.net)查询整理。

国家自然和社科基金项目是根据国家发展科学技术的方针、政策和规划,以及科学技术发展方向,面向全国资助基础研究和应用研究,代表着我国各类学科研究的最新前沿,透过这些项目能够寻找到开放空间相关研究的一些方向和规律。笔者对我国国家自然和社科基金项目中有关城市开放空间的研究课题进行了详细统计,并分析了项目特征。2010—

2016年共有13项国家自然科学基金项目和开放空间研究有关（表2-8），国家社科基金中还没有出现有关开放空间的研究。

表2-8 我国关于"开放空间"的国家自然科学基金项目（2010—2016年）

立项年度（年）	主持人	国家自然科学基金项目
2010	葛坚	城市开放空间声景形态和评价及其规划设计方法研究——以杭州西湖风景区为案例
2011	庞瑞秋	城市开放空间结构演化与居民行为互动机理研究
2012	冷江	基于UCL微气候改善的寒地城市住区公共开放空间优化及控制规划技术研究
2012	徐振	基于地理信息系统的城市开放空间形态研究：以南京为例
2012	邓昭华	"行动"耦合视角下的城市开放空间服务能力研究
2014	朱战强	社会公平视角下的城市绿色开放空间重构：评价、机理和调控
2014	杨晓春	基于密度分布的城市公共开放空间可达性定量分析研究——以深圳为例
2014	唐燕	基于数字技术集成的城市开放空间系统改善热环境效应的城市设计策略研究
2014	江海燕	基于协同理论的城乡边缘区开放空间系统规划与实施研究
2015	汪浩	群众体育活动与城市开放空间耦合度的量化评价体系研究
2015	童滋雨	基于微气候效应的夏热冬冷地区城市开放空间布局设计策略研究
2015	刘江	基于多元数据分析的城市开放空间声景品质景观影响要素提取与评价
2016	孟琪	基于人群声学特征的城市开放空间声景观研究

来源：国家自然科学基金委员会网站（http://www.nsfc.gov.cn/）。

根据以上统计结果分析，国家自然科学基金中的城市开放空间研究类型多样，体现了其学科的交叉优势。其中评价类的有4项，有关声景的有3项，与气候、热环境相关的有3项，与居民行为有关的有3项；既有基于技术的方法研究，也有基于社会视角的理论研究，体现了较大的多样性。2010年之前的国家各类基金中,有关开放空间的研究项目并不多;但自2010年后其他不同层面立项的关于城市开放空间的研究成果开始增加,由此可以看出开放空间的研究越来越受到关注和重视,并在最近几年开始快速升温。

2.4 评价与启示

2.4.1 国内外研究对比

通过对国内外开放空间发展历程及相关研究的梳理可以看出,国外发达国家尤其是欧美国家,无论是理论层面还是应用层面,对开放空间的研究都较为深入,这在很大程度上得益于他们长期连续、完善的学科发展及城市建设。我国自改革开放后才开始步入社会发展的正常轨道,虽然城市建设取得了较大的成就,但相关研究的体系还不够完善,整体层次还较低。在国外,开放空间与社会、经济、社区生活、行为、环境、生态等多种因素的相关性已得到学者的广泛研究,对开放空间进行不断细分研究的同时,系统性的研究也在逐渐增多。与国外研究相比,我国在类型的细分或系统整合上都有一定不足,需要在理论层面进一步发展。

综合来看,与国外研究相比,我国国内对开放空间研究的差异和特点主要有以下几点:

(1) 阶段存差异,后发有优势。国内外对开放空间的研究几乎都是伴随快速城镇化过程而开始的。但国外的城镇化起步和加速阶段比我国早一二百年的时间。经过漫长的发展,而今西方社会已经进入了城镇化稳定的成熟阶段,针对开放空间的研究也从空间形态的研究转向了空间内涵的研究和人本需求的研究。中国的城镇化在过去30多年里的增长速率要快于同一阶段的任何一个西方国家,中国需要解决的问题就更加多样、综合、复杂。目前,国内外的开放空间系统理论都需要完善,都需要接纳更多学科的观点和技术手段,在城市开放空间系统的要素组成、结构方式、功能发挥及相互作用机理等方面亟待获得进一步深入研究的高质量成果。在城市开放空间系统领域，国外的一些提法，国内需要引进介绍；同时国内的一些研究相比于国外也有独到的见解。虽然相比于国外我国缺少经验积累和学术积淀，但可利用后发优势总结国内外成果以实现突破。对于国内学界来说，这既是挑战，也是理论与实践创新的机遇。国内的开放空间理论研究有着鲜明的特点、巨大的潜力和光明的前景。

（2）学科待丰富，视角宜开阔。国外对开放空间的研究几乎渗透到了各个学科，除了国内常见的研究方向，还涉及城市管理、社会行为、医学疗养、社区健身、经济、开放空间中的动植物，等等。而国内的研究基本还是地理学、建筑学、城市规划学以内的传统研究方向占主流，在学科上发散研究、交叉研究的数量较少。国外开放空间的研究机构十分丰富，既有高校、科研团体，也有政府部门、社会组织、医疗机构，几乎触及了社会生活的方方面面。而国内的研究单位基本集中在高校和规划设计院，致使有关开放空间的研究成果实践性不强，专项类型较少，社会认知度不如国外高。近年来，随着国外研究成果的不断引入，国内开放空间的研究也开始关注人性化、绿色化、价值评价等国外已经较成熟的研究主题，并且也出现了专题化、聚焦化的趋势。比如出现了城市开放空间女性使用者情绪行为体验的研究（杨雯，2008）、基于儿童和老年人的开放空间研究（徐南，2013；左少卿，2015；严雯琪，2015；钟乐、龚鹏、古新仁，2016）、基于鸟类栖息地修复的滨水开放空间研究（刘佳妮，2015）、社区开放空间吸引力的研究（陈义勇、刘涛，2016）、基于社交网络可识别性的开放空间研究（孙焱瞳，2016）等。这些研究主题明确，具有人性化、聚焦类型具体且值得深入探讨，它们的出现都是国内研究可喜的进步。

（3）方法当借鉴，技术需融合。国外的研究一直注重把社会调查观察、问卷、访谈、电话、网络、量化、模型、航片等综合起来进行研究的方法。我国虽然近年来有所发展，但仍有不小差距，绝大多数研究仍为简单的定性描述。另外，和国外相比，我国的开放空间研究仍然是以案例介绍为主流，缺少定性定量相结合、多种学科手段综合研究的实例。在国外有利用土地利用模型研究开放空间对房地产价值影响的研究（EG Irwin & NE

Bockstael,2001),有以图论思考开放空间设计的研究(Karen Payne, 2002),有以荟萃分析开放空间价值的研究(LM Brander & MJ Koetse, 2011)。

2.4.2 研究趋势

2.4.2.1 研究对象逐步丰富

开放空间与交通的研究密不可分,尤其是随着 GIS 技术的普及和发展,国内外对于开放空间及城市空间可达性的研究呈现增多趋势(Mohammed Shariful Islam,2010)。早在 1996 年,就有学者基于公共开放空间的可达性对东京地区的城市密度进行了评价(K Yamamoto & H Morishita,1996)。国外有研究用包含了心理过程和行为过程的综合理论框架反思了城市开放空间规划中的可达性(D Wang、I Mateobabiano & G Brown,2013)。2014 年,YN Photis & E Mougiakou 基于连通性和可达性对城市绿地空间网络进行了评估和规划。英国也有研究基于 GIS 的网络分析来确定经济社会不同群体对城市绿地可达性的需求(AA Kuta、Jo Odumosu、OG Ajayi、N Zitta & HA Samail-Ija,2014)。香港地区则有学者从城市形态与空间利用的关系来研究开放空间的可达性(XM Ling、凌曉紅,2008)。在国内,韩西丽、俞孔坚(2004)较早地介绍了伦敦城市开放空间规划中的绿色通道网络思想。尹海伟(2008)在其专著《城市开敞空间:格局・可达性・宜人性》中以上海作为研究区,以 GIS(地理信息系统)和 RS(遥感)为技术手段,结合多个学科,定量探讨了城市化过程中开敞空间时空格局变化的规律及驱动力、城市开敞空间的可达性与合理性及变化和开敞空间的宜人性。李金花、周辉(2009)研究了重庆主城区、渝中区等山地城市滨水开放空间的可达性。李宏丹等人(2012)基于自贡市研究了绿色开放空间可达性阻力因子与规划对策。贾琦运、迎霞、郭力君(2012)则以天津市市内 6 区为例,基于城市游憩型绿色开放空间斑块、道路网和街区单元人口分布等数据,利用 GIS 的 Cost Weighted(成本加权)工具,重点分析了研究区内 3 种交通方式下的时间可达性及各行政区与街道的服务便捷性特征。焦红、洪洋（2016）将城市交通开放空间定义为"点状空间"与"线性空间"，并提出了相关建议。

2.4.2.2 研究方法不断综合

开放空间尤其是绿色开放空间有着天然的生态属性。在国外，生态与开放空间研究的衍生成果十分丰富，既有讨论城市开放空间生态特征的研究（S Tanimoto & N Nakagoshi,1999），也有对开放空间中生态价值的测量（RB Budiyanti,2015），还有关于开放空间与生态规划的成果介绍（Rao,1997；C Lorimer,2012；O Tangkitngamwong,2012）。在国内，21世纪初就有通过开放空间系统地优化建设生态城市的建议（王发曾，2004）。之后有关开放空间生态的研究逐渐增多（王胜男、王发曾，2006；司马宁，2007；连华，2008；江晓薇，2012；郭济朝，2012；邹泉、胡艳芳、田国行，2012；靳桥、邢忠、汤西子，2016）。从近期成果来看，国内有关开放空间与生态的研究也有增强的趋势。

2.4.2.3 研究范围日益广泛

社会化研究一直是西方研究的强项。有学者从景观变化的社会层面来分析研究（PH Gobster、SI Stewart & DN Bengston,2004），把以环境、社会、文化为基础的邻里公园"旋律公园"作为绿色开放空间进行规划。也有研究探讨了开放空间设计中的社会价值（RTJ Hester,2016）。有的研究则是关于绿色开放空间、蓝色开放空间对城市居民社会健康和行为的影响（M Khotdee、W Singhirunnusorn & N Sahachaisaeree,2012）。有研究认为，城市开放空间也是社会创新发展的空间（Bogusław Bembenek & Katarzyna Kowalska,2012）。也有研究关注优化绿色开放空间（GOS）在生态、经济方面对帕卢城市空间利用管理、社会和政策方面的影响（AT Taiyeb、S Umar、I Kadekoh & Hamzari,2012）。有研究认为，良好的开放空间不仅塑造了环境的物质素质，而且还改善了人们的通信设施和相互间的态度（L Balode,2014）。国内将开放空间与社会性相联系的研究起步稍晚，孙晓春（2006）研究了转型期城市开放空间与社会生活互动发展，杨力(2008)研究了社会资本视角的社区开放空间,王娟(2008)则对老龄化社会的城市开放空间设计作了探讨。

2.4.2.4 研究渐成系统

国外有研究使用网络分析评估开放空间供应(K Monteath,2009),也有研究对城市的开放空间和道路体系进行了网络分析(S Porta、P Crucitti & V Latora,2008)。在国内,王发曾(2005)从系统科学角度出发,将城市开放空间的各种要素纳入一个统一的开放空间研究系统,构建了较为成熟的城市开放空间系统优化的理论研究框架。卢一沙(2008)对总体规划阶段城市公共开放空间系统规划进行了探究。王胜男(2010)、邱磊(2014)对城镇化进程中洛阳市区、连云港等地的开放空间系统进行了分析与优化研究。王澍(2008)、张晋石(2010)对堪培拉、费城等城市的开放空间系统作了介绍。李雾、费友克(2014)介绍了苏黎世开放空间网络的构建。尔惟、贾梦圆、陈天(2015)对城市中心区开放空间网络建设进行了研究。可以看出,网络化思维逐渐成为研究城市开放空间系统的重要趋势之一。

2.5 本章小结

我国对于开发空间的研究虽然起步较晚,但也取得了一定的进步。国内学者对于概念和案例的引进作出了很大的贡献,而对于理论的创新和实践的丰富还需要不断加强。理论的创新一般需要在现有理论的基础上挖掘内涵、拓展外延,在方法上不断引进新的适宜的技术手段,逐步摸索实践出适合我国国情的理论构架。

城市开放空间系统的研究源于生态城市建设和可持续发展背景下对我国城市开放空间系统的优化思考(王发曾,2005)。该理论从系统科学角度出发,将城市开放空间的各种要素纳入一个统一的开放空间研究系统,构建较为成熟的城市开放空间系统优化的理论研究框架。学科的发展在于概念内涵的不断扩大、理论视角的不断创新、技术手段的不断丰富。对于城市开放空间的研究,一方面要不断深挖其学理内涵,通过内涵的扩大寻求理论和实践方面的突破;另一方面在研究方法上要多些拿来主义,要勇于将研究其他空间的甚至是类似问题的相关技术在开放空间方面实践。不能孤立地分析空间联系,要更多地将生态、人文、社会甚至经济融入开放空间的研究中去。这样才能更全面、更立体地看待目前存在的问题,从而找出多学科、多视角解决问题的途径。

对于开放空间系统的研究目前还分化在宏观层面和微观层面。宏观层面的研究以地理学为主,研究领域多为开放空间系统与城市格局等方面。微观层面的研究以城乡规划学、建筑学、风景园林学为主,研究领域主要是具体空间的功能设计、改造及美学评价。宏观与微观研究之间常常"各说各话",联系很少。尤其是宏观层面,经常以市区级乃至市域级尺度进行用地的分析,而非实际意义上的市区范围内去除掉建筑空间的开放空间。开放空间的研究有待技术上更精细化、具体化。如果有条件将市区级尺度的开放空间进行更精细化的研究,必会有新的发现。而只有精确到建筑空间轮廓的开放空间研究,才能真正将普遍认可的开放空间系统理论向前推进。从空间形态上来说,微观层面的"点"与"线"研究已经比较成熟,"绿心"、"绿道"等概念已经被广泛认可。沿着"点"—"线"—"网"—"面"的逻辑,从系统的角度出发,开放空间系统中"网"的研究开拓潜力很大。开放空间系统相关理论的内涵有待重新思考。

3 对城市开放空间系统的再认识

  城市开放空间系统的概念是随着人类社会的发展而不断深化的,对概念的辨识也经常出现反复。对城市开放空间系统的研究正是在这种内涵与外延不断深化的过程中逐渐完善的。在梳理了城市开放空间研究进展的基础上,对城市开放空间系统重新思考。城市开放空间的内涵有狭义、广义之分,不同的分类决定了城市开放空间系统所涵盖的内容也不同。在明确了城市开放空间系统内涵的基础上,城市开放空间系统中的组成要素也可以突破以往的"灰色—绿色—蓝色"框架继续进行重新分类及细分。新的要素分类又能够促进对城市开放空间系统功能及空间结构的重新思考。城市开放空间系统是网络特征明显的、功能复合的、关系复杂的综合体。对其进行充分辨析能理清思路,明确目标,确定以后的研究方法。

3.1 对城市开放空间系统内涵的再认识

3.1.1 开放空间的狭义与广义

  有不少学者表示,城市开放空间应有狭义和广义之分(张虹鸥等,2007)。基本可以概括为:最狭义的概念就是城市开放空间仅仅为城市中对市民开放的公园绿地。相对狭义的概念就是城市开放空间是城市中的公园、绿地、广场及社区中的游憩场地。综合起来,狭义的城市开放空间即为:在城市中有一定影响范围的、公众能够自由出入的、边界明确的露天场所,一般指公园和广场(包括重要公共建筑的附属场地)。而广义的概念应该就是任何围合或是不围合的城市边界以内用地以上、建筑物以外、被利用或不被利用的空间，这些都应看作开放空间。狭义和广义概念的产生有历史及学科的原因。

之所以开放空间有狭义的概念，是因为有些学者的研究领域相对单一。比如20世纪80年代以来日本学者高原荣重认为，开放空间由公共绿地和私有绿地两大部分组成。这种解释带有强烈的个人偏好色彩，混淆了开放空间最初的定义范畴，若按此定义延伸则开放空间系统与绿地系统几无差别。类似的还有都波、塞伯威尼等人，他们大都把开放空间定义为优质的景观和休憩设施，都是在概念上的狭义化。思考发现，高原荣重、塞伯威尼等人本身从事的就是风景园林、城市绿地、建筑等专项领域的研究，他们的开放空间概念与最初该概念产生时的内涵有很大不同。而我国恰逢在20世纪80年代刚刚改革开放，学界在开放空间概念引入方面比较偏于建筑类专项，所以也就难免带有狭义的意蕴。

广义的开放空间概念应从英国伦敦1877年制定的第一部《大都市开放空间法》以及1906年修编的《开放空间法》中对开放空间的明确定义中找出答案："任何围合或是不围合的用地，其中没有建筑物，或者少于1/20的用地有建筑物，其余用地作为公园和娱乐场所，或堆放废弃物，或不被利用的区域。"可以看出，最初开放空间的概念既包括了公园和可娱乐的场地，也包括了不被利用的区域，内涵是非常丰富的。这说明开放空间在概念伊始就不是仅仅包括公园绿地的狭义概念。虽然没有明确提出开放空间系统，但是明确了它是包含多种空间类型的总和。开放空间这种概念的产生是由于18世纪末的工业革命引起的连锁反应。它不仅是一场影响深远的技术变革，而且也深刻地影响到人类的社会结构和生活空间结构。工业化的功能需要和城镇化的人口聚集使得古典的城市空间面临巨大的变革需求。随着城市人口激增、环境破坏、交通不便、交往空间缺失等问题的接踵而来，这一时期的西方国家迫切需要对城市空间进行改造。这与我国社会当今的发展情形有不少相似之处。

3.1.2 城市开放空间系统的狭义与广义

对应开放空间概念的狭义与广义,城市开放空间系统亦有狭义和广义之分。狭义的城市开放空间系统类似城市公园绿地系统,即在城市中有一定影响范围的、公众能够自由出入的、边界明确的露天场所,一般指公园和广场(包括重要公共建筑的附属场地)。

而广义的城市开放空间系统是城市空间中连续的整体,是除去建筑以外的不间断的网状的空间综合体。这其中既包含了美国《国家住房条例》(1961年)中以开发为界定的价值内涵,也包含了规划师林奇(Kevin Lynch)所理解的"任何人都能在其中自由活动的"、"与土地所有权、大小、使用方式和景观都无关"的理解。从泛义的角度讲,只要是市区界线以内、建筑表皮以外的空间都可以算作城市开放空间系统。广义的城市开放空间系统相比于狭义的概念是将无游憩娱乐作用的空间也包含在内,是相对中肯的。而泛义的城市开放空间系统概念是将城市地表以上的空间最大性地两元化,即建筑表皮以内的纳入城市建筑空间系统,建筑表皮以外的归类为城市开放空间系统,甚至包括屋顶花园、高架桥下的空间、市区内暂存的农业用地空间等。本文的研究对象以广义为主。

3.2 对城市开放空间系统分类的再认识

3.2.1 "绿—灰"两分法

城市开放空间系统的组成要素按自身性质可以进行多种划分。其中以功能和作用划分并以颜色冠名加以区分的方法最为常用。这种颜色与功能进行匹配的类似分类方法在城市规划的"六线"①上也有应用。早期的开放空间系统研究较多地采用"绿—灰"两分法，即绿色开放空间和灰色开放空间（王发曾，2004）；也有"绿—灰—蓝"三分法，即绿色开放空间、灰色开放空间和蓝色开放空间（王胜男，2010）；也有一些研究将其简化为灰色空间、绿色空间、蓝色空间（邵大伟，2011）。本研究综合了之前的划分方法并稍作改动，提出了"绿—灰—蓝—棕"四分法，增加了棕色开放空间，并探讨了包含生态学意义的"蓝—绿—黄绿—浅灰—深灰—棕"六分法。下面为分类方法的介绍。

"绿—灰"两分法，将开放空间系统分为绿色开放空间与灰开放空间两大类。纵观人类历史，人的空间需求经历了从自然走向非自然、又从非生态走向寻求生态的过程。从这种意义上来说，最初将城市开放空间分为绿色和灰色两大类有一定的道理。

绿色开放空间的提法出现最早，最初代表的是城市园林绿地系统，它是城市中自然生产力的主力，是城市中体现自然特质、富有生命活力的基础设施，发挥着不可替代的保护自然环境的生态作用，是人工环境和自然环境和谐交融的最佳场所，是镶嵌在城市地域空间中最宝贵的"绿色钻石"（王发曾，2005）。在"绿—灰"两分法中，河流、沟渠、湖泊等城市水体被归在绿色开放空间系统内。

灰色开放空间最初被认为是城市内各级广场类空间的统合，后来逐渐增加了对外交通空间、对内交通空间和尚未绿化的闲置用地要素。在"绿—灰"两分法中，存在非绿即灰的逻辑关系。加入了道路元素的灰色开放空间系统自然就承担起了保证城市人工物理环境的运行效率以及城市内部地域空间相互交流、沟通的枢纽作用。这里存在的问题就是由于灰色开放空间还包括了或地表裸露的、未绿化的，或闲置的、废弃的用地，其功能及作用未能明确分离。

---

① 城市规划中的"六线"一般是指不同功能的边界线或控制线：文物——紫线；道路——红线；文卫体等公益性设施——橙线；河道——蓝线；绿化——绿线；道路、水电气等供应设施——黄线。

3.2.2 "绿—灰—蓝"三分法

"绿—灰—蓝"三分法是在开放空间系统研究不断深入的情况下,以"绿—灰"两分法为基础,从原有的绿色开放空间中分离出了蓝色开放空间的概念。王发曾、王胜男等人(2010、2012)针对洛阳市区水系特别发达的特点,将河流、湖泊、沟渠等各类水体以及城市其他水面总称为"蓝色开放空间"。蓝色开放空间是城市中连续性最好的生态载体,被认为是城市生态系统中最关键的生命通道,扮演着重要的传导和疏通角色,承担着城市开放空间系统内部物质流、能量流的交换沟通功能。城市蓝色开放空间所产生的水景观增加了城市视觉空间的丰富性,也为市民提供了更多的游憩场所。

"绿—灰—蓝"三分法将水体这一具有独特地貌特征的空间元素进行分离,拓展和丰富了城市开放空间系统的内涵,是开放空间系统研究的重要阶段性进展。但是,随着研究的进一步深入,"绿—灰—蓝"三分法也逐渐不能继续满足研究的需要。

3.2.3 两分法与三分法存在的问题

"绿—灰"两分法与"绿—灰—蓝"三分法在开放空间系统研究的初期起到了很重要的作用,很好地方便了研究者的分类工作,但是也存在一些问题。

(1) 对城市空间中闲置用地缺少分类。尤其是在城镇化如此迅速发展的阶段,城市内部必然存在大量的或闲置、或拆迁、或裸露地表的空间。如果将其简单地归类为灰色开放空间,就容易忽略很多关键性问题。虽然这些用地空间为非绿色空间,但它们与广场、道路在功能和对城市环境的影响上有本质区别,经常表现出随时间发展的易变性和不稳定性。它与灰色开放空间、绿色开放空间、蓝色开放空间之间的转换应该是开放空间系统研究的又一重要方向。

(2) 传统的两种分类方法在细分和具体操作时容易出现定位不清的

问题。以绿色开放空间为例,绿色开放空间系统经常按照2002年建设部颁布的《城市绿地分类标准》(CJJ/T 85—2002)进行细分,即公园绿地、生产绿地、防护绿地、附属绿地和其他绿地等五大类,且不说2012年开始实施的住建部制定的《城市用地分类与规划建设用地标准(GB50137—2011)》中已经将绿地(green space)分成了3类。将用地代替空间本身就有不妥之处。首先,开放空间的概念应该是建筑以外的城市空间,是以空间特征和功能为基础进行划分的,城市规划中用地的划分是以整个地块性质为基础的;也就是说,城市规划图纸中的绿地比例并不能反映真实的绿化比例。其次,细分的属性带有很大的社会定义属性而忽视了真实空间的地貌属性,而大量的遥感、航拍等影像分析是建立在地貌区分基础上的。所以地理学上开放空间系统分类应与城市用地分类区分对待。

3.2.4 四分法、六分法及其细分

3.2.4.1 分类概述

笔者根据查询资料和相关研究,提出了针对城市开放空间系统的"灰—绿—蓝—棕"四分法,并基于此将城市空间进行了细分。首先,增加了"棕色开放空间",将其作为重要的大类,使其成为开放空间系统中的重要观察要素。其次,在四分法的基础上,提出了以深浅继续细分的思路。最后,提出了城市空间中的黄绿空间、白色空间、黑色空间等泛义分支分类,实现了对城市空间的无遗漏覆盖。以下为整个分类体系(图3-1)介绍。

(1) 城市空间。城市空间应理解为城市中的人可以达到的一切物质空间的总和。城市空间按最基本特征可以分为地上空间和地下空间。地上空间又可分为建筑空间和开放空间。地下空间则可分为地下建筑空间(如地下商场、人防工程等)、地下交通空间(如地下通道、地铁站等)和地下管网空间等。开放空间只能存在于地表上;地下交通空间、地下商场等则可以归于公共空间的范畴,在这里不作讨论。

3 对城市开放空间系统的再认识　　　　　　　　　　　　　　　　　　　　　　　79

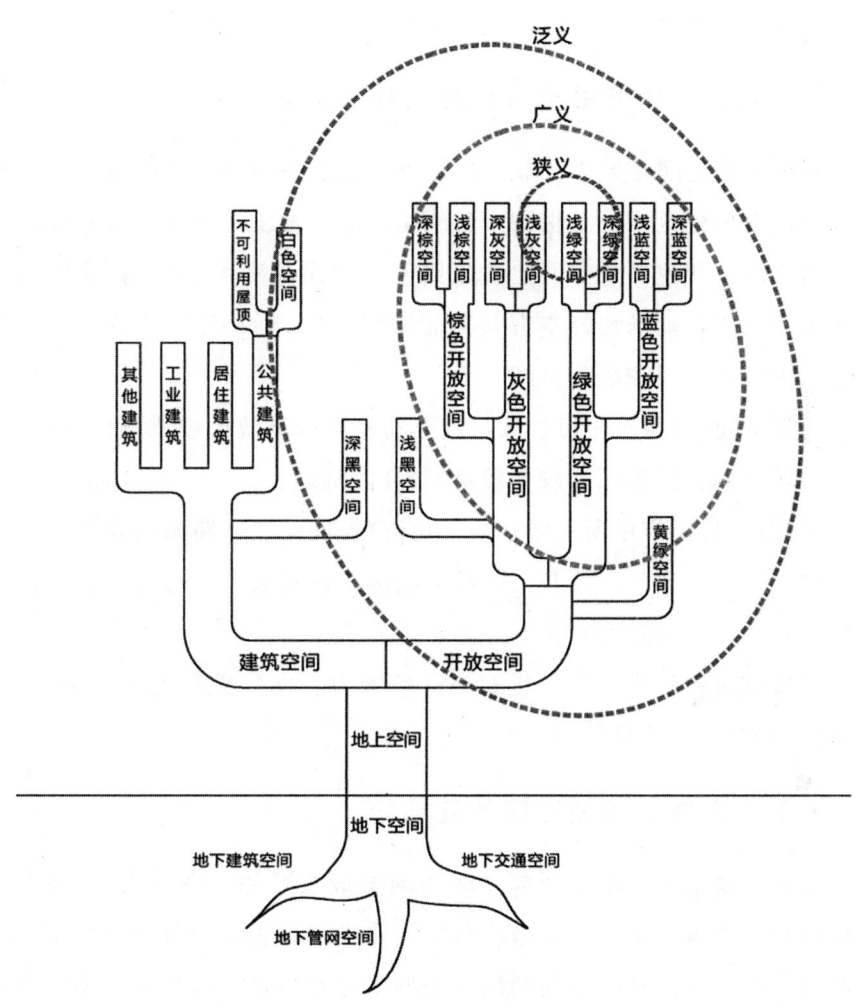

图 3-1　城市空间树状图及城市开放空间细分

（2）建筑空间与开放空间。在开放空间系统理论里，城市地上空间应理解为只能被分为建筑空间和开放空间。建筑空间和开放空间的划分界线就是建筑本身的外表面。如果从泛义上来讲，建筑尤其是公共建筑的屋顶和架空底层也可以算作大开放空间系统的一部分。能进行改造利用、进行户外活动的屋顶，由于很少受遮挡物影响，被命名为白色空间。建筑底层架空空间与立交桥等构筑物下架空空间，顶部被遮挡但四周开放,被统称为黑色空间。这几种泛化的空间概念在本研究中只是被提出而不作详细讨论。

3.2.4.2 灰色开放空间及其细分

灰色开放空间是城市开放空间系统中的一级分类,它在四分法中被理解为城市中建筑以外一切被人工硬化且能正常发挥其交通、停留、堆放功能的空间。灰色开放空间包含道路等交通用地和大小广场、非植物覆盖的运动场等活动场地。本着其功能作用和形态的不同,笔者建议再将其细分为浅灰空间和深灰空间。

浅灰空间:指城市中可供人群或车物停留或堆放的硬质场地,即硬化过的广场、运动场(包括塑胶和塑草)和开阔场地。

深灰空间:城市中所有级别的硬化道路、铁路及铁路站场均可以算作深灰空间。深灰空间与浅灰空间最大的区别就是人群的可停留性及活动的适宜性。

深灰空间和浅灰空间是所有细分类型中功能区别最大的二级分类,做具体研究时,可将其作为亚类甚至一类进行对待。

3.2.4.3 绿色开放空间及其细分

绿色开放空间是城市开放空间系统中最主要的一级分类,它在四分法中被理解为城市中一切被植物覆盖或非成片农业植物覆盖为主的空间的统称。在这里区别于以往的用地类型划分而是直接以其地貌特征为基础的。这种划分方法可以在遥感、航拍等资源中方便快速地识别其分类。在此基础上,笔者建议再将其细分为浅绿空间和深绿空间。

浅绿空间:指以草坪或间杂有低矮灌木为主的空间,其中无高大乔木,开敞性较强。

深绿空间:指以乔木树冠覆盖为主的空间,其开敞性弱于浅绿空间,但其生态性优于浅绿空间。

深与浅的划分是本着大类内人类活动受干扰的程度进行的,浅代表相对容易进入,深代表相对不容易进入。市民在草坪或低矮灌木为主的空间活动显然比在乔木成林的空间所受的干扰少,故将前者命名为浅绿空间,后者则为深绿空间。

3.2.4.4 蓝色开放空间及其细分

蓝色开放空间是城市开放空间系统中重要的一级分类,它在四分法中被理解为城市内部的河流、湖泊、沟渠等各类水体以及城市其他水面的总称,是城市生态系统中最关键的生命通道,扮演着重要的传导和疏通角色,承担着城市开放空间系统内部物质流、能量流的交换沟通功能,也为市民提供了亲水的游憩场所。蓝色开放空间也可以细分为浅蓝空间和深蓝空间。

浅蓝空间:指城市中的河流、湖泊、沟渠等水体,只要其周边空间可供市民进行游憩等活动,水体本身便可称为浅蓝空间。

深蓝空间:具有非游憩性质的特殊水体可称为深蓝空间,如水厂暴晒池、沉淀池、工业用水池等。另外,面积过大的城市水面,靠近中心且不适合人群水上项目活动的区域也可纳入深蓝空间,它与浅蓝空间的具体分界有待以后专项研究。

3.2.4.5 棕色开放空间及其细分

棕色开放空间是城市开放空间系统中重要的一级分类,它在四分法中被理解为城市中一切裸露地表、被拆迁或建筑周围施工场地、废弃地等不宜开展市民活动的空间的总称。棕色开放空间的颜色命名借鉴了"棕地"的概念,但与"棕地"具有完全不同的含义,应区分对待。棕色开放空间是整个城市开放空间系统内的一个非常复杂的要素类型,其特点是形成原因多样,同时对于城市开放空间系统的交通、生态、社会等发挥作用的程度均较低。由于缺少必要的管理和关注,棕色开放空间扬尘和水土流失现象也经常发生。棕色开放空间一直以来被归在灰色开放空间内,由于发挥功能不佳,容易被研究者忽视。但其实棕色开放空间时常在灰色开放空间与绿色开放空间之间转化,具有很大的提升潜力和开发价值。在城镇化建设快速进展的今天,棕色开放空间应当受到更广泛的关注。

与其他3种开放空间相类似,棕色开放空间也可以分为浅棕空间和深棕空间。

浅棕空间:城市内部成片的裸露地表以上的空间可以称为浅棕空间。浅棕空间虽然没有绿色植物或硬化铺装覆盖,但人群还可以自由进入,它还能发挥一定的场地作用。

深棕空间:城市中因拆迁或施工不宜进入的区域或废弃地,称为深棕空间。

3.2.4.6 黄绿空间

黄绿空间在本理论系统中是一个特殊的观察类别,也应受到一定的重视。黄绿空间指城区主要边界内的农业种植用地空间,它在国外的一些研究中被作为城市开放空间的一部分(Benjamin W. Stanley、Barbara L. Stark、Katrina L. et al,2012)。虽然其土地性质仍然是农业用地,但位于城市主要边界以内。它不仅在作物种类、耕作方式上与城市边界以外的空间有所不同,而且在某种程度上也可以接受一定城市范围内人群的活动。它既发挥了一定的生态作用,又会在一定的时期裸露地表,具有季节的更替性,所以命名为黄绿空间。同时,城市区域内的黄绿空间同样可以发挥一定的观光游憩作用。若按深浅细分的原理,可以将城区内露天农田定义为浅黄绿空间,而大棚类非永久性农业设施成片用地定义为深黄绿空间。

3.2.4.7 深浅的划分标准及其他概念

对城市开放空间四大分类进行深浅细分的目的是为了更好地分辨其空间特征和方便科学研究。比如,以往的绿色开放空间按照绿地分类分为公园绿地、生产绿地、防护绿地、附属绿地和其他绿地,虽然看似丰富,但却忽略了绿地的地表特征,增加了目视解译等定性方法的难度,其边界也不宜确定,不适宜地理类研究分析。四种开放空间深浅的细分都是本着这样的原则进行划分:适宜人群进入活动的为浅,不适宜进入的为深;停留时容易的为浅,停留时不容易的为深。因为深灰空间和浅灰空间发

3 对城市开放空间系统的再认识

挥着差别较大的功能和作用，四种开放空间按深浅划分最有必要的是灰色开放空间。

黑色空间：黑色空间被定义为顶部有建筑或构筑物、四周开敞的地上空间。浅黑空间指位于城市灰色空间下方的非建筑地表空间，如立交桥、廊架桥等下部的空间。深黑空间则是指建筑下部架空层空间，仍处于地表上，四周无或少围合，空间边界仍处于建筑轮廓投影之内。其功能是经常作为社区活动场地及停车场等。浅黑空间可以定义为城市立交桥或廊架桥下硬质的可供活动的空间，深黑空间则为建筑底层架空空间。

白色空间：白色空间被定义为特制公共建筑尤其是大型公共建筑的可利用的屋顶空间。与深黑空间类似的是其空间投影位于建筑轮廓以内，但上方及四周空间开敞，一般为大型超市和城市综合体等商业建筑的屋顶花园。

由于概念的相对模糊性，虽然也有类似的研究（叶伟华、王扬，2001），黑色空间、白色空间的概念仅在此处提出，本文对其不做深入研究。

3.2.4.8 广义六分法

在四分法的基础上，结合以上对开放空间细分的思考，笔者认为特别需要将浅灰空间与深灰空间区别对待，并加入城市界线内的黄绿空间，形成功能区别明显、分类数量适中、适于普遍研究的六类广义开放空间。它们在遥感、航拍等资源分布图上均有较好的可识别性，并体现了不同层次的生态价值。作者结合景观生态学、城市生态学以及空间对城市人群活动的影响，将六类空间的生态价值进行排序（图3-2）。其中，蓝色开放空间生态价值最高，其次为绿色开放空间。黄绿空间由于农业耕作在全年中也有一定时期的地表裸露，生态价值较前两项要大为降低。而棕色开放空间的生态价值是比较特殊的，所代表的废弃及裸露的土地生态价值虽然很低，但仍然高于道路、建筑等人工干预过强的用地空间。城市中的棕色开放空间由于缺乏管理，也容易导致植被破坏面积扩大、粉尘污染以及地表水土流失等现象，所以棕色开放空间是城市中生态效果不佳的代表。但棕色开放空间又具有易转化性，即稍加恢复及管理就可以成为绿色开放空间,形成优良的生态空间。浅灰空间虽然被认为人为干扰严重,但它与道路不同之处在于受车流、人流干扰相对较少,能为城市人群及鸟类等生物提供一定的栖息停留场地,它在城市中的生态作用也稍稍高于深灰空间。深灰空间则与建筑空间一样,在整个系统中生态价值几乎为零。

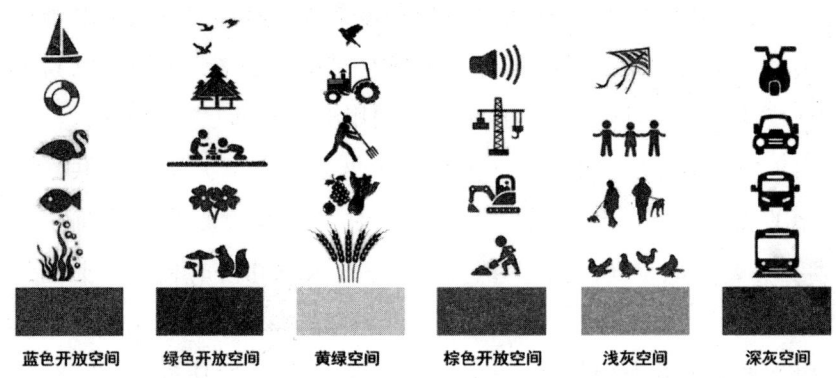

图 3-2　城市开放空间广义六分法及其相关承载

3.3 对系统功能的再认识

3.3.1 功能的划分

城市开放空间系统作为一个开放空间的综合体所发挥的功能也是多样的、综合的、复合的。对城市开放空间系统功能的再认识需要凝练和总结有代表性的功能。有关城市空间的功能有很多种划分方法。早在1933年,国际现代建筑协会(CIAM)第四次会议通过了关于城市规划理论和方法的纲领性文件《雅典宪章》。其中提出了城市功能分区和以人为本的思想,指出城市规划的目的是保证居住、工作、游憩与交通四大功能活动的正常进行。这种思想对后续城市相关研究和规划工作影响深远。虽然这一宪章对城市用地机械的功能划分被后来人诟病,但它从功能出发的思维和对城市功能的概括仍然值得当代人思考。居住、工作、游憩与

3 对城市开放空间系统的再认识

交通四大功能是人类活动的体现,是对城市中各种行为的概括和凝练。四大功能中居住和大部分的工作功能由建筑空间所提供,而游憩、交通和小部分的工作功能则由城市开放空间系统所承载。自20世纪50年代以后,世界上对环境保护的呼声越来越高,城市的生态功能开始备受关注。1977年底在智利利马会议期间发表的《马丘比丘宪章》,对《雅典宪章》进行了批判与继承,在强调城市建筑变革的同时也重新审视了城市与区域、城市生态环境、城市交通等方面的作用。之后,对城市空间的研究开始变得更加综合化、人本化和生态化。

丹麦城市规划师、建筑师扬·盖尔(Jan Gehl)在其名著《交往与空间》(盖尔,2002)中将户外活动分为3类:必要性活动、自发性活动和社会性活动。必要性活动是各种条件下都会发生的不自主的活动,如上班、购物、上学等等。我们可以理解为必要性活动对城市开放空间系统的需求主要是交通功能。由于生活、工作等需要,交通功能是城市最需要提供的功能。自发性活动则受生态环境的影响最大,如和煦的阳光、清新的空气、适宜的温度、优美的环境等对人们户外活动的吸引。自发性活动对城市开放空间的需求更多的是体现在生态功能层面。而社会性活动则是与他人有关联的活动。比如,在城市开放空间中一起进行体育锻炼、交谈、游戏以及仅以试听被动的方式接触他人都是社会功能的体现。城市区域的人群关系因为社会性质的活动而更加紧密,城市空间也因此显得更有生机与活力。

在综合了以上认知及相关文献后,笔者认为城市开放空间系统更大程度上是一种为城市中各类要素提供承载与流通的网络型动态平台,是为城市人群提供各类活动的网络构架。将城市开放空间的众多功能进行归类,可以划分为最具代表性的交通、生态和社会三大功能,其他很多功能分类都可以在这三类中找到归属。

3.3.2 主要功能

3.3.2.1 交通功能

城市作为各类要素高度聚集的人类聚落综合体,对各种要素"流"的高效快捷运转需求十分迫切。城市开放空间系统正是解决上述需求的最主要载体。其交通功能可以为市民创造便利的生活、工作条件,也是各种物资运输、一定信息传播的重要途径。其主要功能的提供要素是灰色开放空间,尤其是深灰空间,其表现为城市道路系统。而浅灰空间既可以是活动场地,也可以作为物品或车辆的临时堆放场地以及交通要素的缓冲场地。因此,城市开放空间系统的交通功能体现在对城市不同区域的可达性支撑和一定程度的交通要素承载能力。城市中人的生活、工作、游憩等活动都离不开开放空间的交通功能。不同的道路尺度、不同的道路密度、对交通工具的不同支持能力以及不同区位的人群拥挤程度等因素构成了城市中的交通状况,这也是评价城市开放空间交通功能的重要指标。

3.3.2.2 生态功能

城市的生态功能具有丰富的内涵。一般理解的生态功能是对整个城市生态系统的承载和调控能力。城市开放空间系统中的各大分类都是影响城市开放空间发挥生态功能的重要因素。其生态功能的影响因素主要来自绿色开放空间、蓝色开放空间、黄绿空间以及棕色开放空间。在城市生态学中,除了要考虑城市中的自然物质环境,如阳光、空气、淡水、土地、动物、植物、微生物等,还要考虑城市中人作为主体的各类需求。因此,城市开放空间系统的生态功能主要体现在为市民创造良好的工作条件和宜居环境。由于城镇化的快速发展容易引起城市人口、物质、能量的大量集结,容易引起生态关系的失调,降低城市环境质量,对城市开放空间系统的优化就应该协调城市中人与自然的关系,不断增加居住和工作环境的吸引力,提升各类空间的品质,为城市提供优良的生态服务。

3.3.2.3 社会功能

城市的社会功能主要体现在对城市中各类社会交流以及经济文化活动的承载。首先,城市居民具有在开放空间中活动、游憩并进行一定程度的社会交往的需求。城市开放空间系统是最直接的社会交流空间和活动场所,能满足广大群众的大多数社会交往需要。其次,不同的开放空间要素会对城市社会活动的成员的数量、类型、经济联系、交往关系以及行为产生影响。舒适的、自然的、宜人的开放空间可以促进更多的人进入其中开展活动,促进活动人群在其中产生更多的社会交集。城市开放空间系统的社会功能还体现在对文化的传播、对历史传统的符号性继承等方面。

3.4 对空间结构的再认识

3.4.1 城市开放空间系统的圈层结构

在重新思考了城市开放空间类型及其功能后,可以再重新思考一下城市开放空间系统的空间结构组成。圈层结构理论是城市开放空间系统理论的重要组成部分,经过不断丰富日趋成熟。有研究指出,城市开放空间系统组成要素的空间排列组合关系有 2 种基本形式:一是较小空间尺度的不同圈层内部的镶嵌式组合结构,另一则为较大空间尺度的圈层式组成结构(王发曾,2005;王胜男,2010)。本文认为,优质的小区绿地、街头广场活动场地、城市公园都可以作为内里圈层看待。内里圈层的实质是小范围内的城市开放空间功能核心区。内里不代表中央,其含义更多是表示人类活动范围的尺度。圈层实质上是不同性质的开放空间的空间分异,体现了开放空间要素在功能上或规模上的聚集程度。内里圈层是区域内小范围的开放空间核心地带,为城市下一级空间单位的开放空间的核心范围,它应该是广泛而非孤立存在的,也就是前面表述的镶嵌式结构。同时,内里圈层既可以在主体圈层内,也可以在主体圈层外(图3-3)。

其质量、影响范围及分布密度应是影响主体圈层与外围圈层划分的重要参考指标。

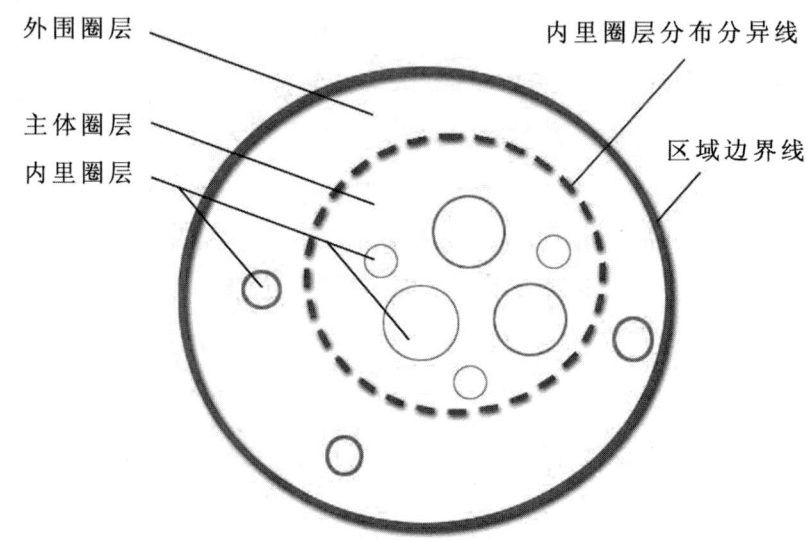

图 3-3 城市开放空间不同圈层示意

内里圈层的划分还可以按不同的角度来理解。比如按生态学的角度，城市开放空间的内里圈层应该是城市一定区域内有着较大的完整的生态斑块或发挥该区域主要生态功能的核心地带。而按照社会学角度，城市开放空间的内里圈层应以人的活动频率和影响范围来划分，城市公园、广场以及小区内部活动游憩核心区域都属于内里圈层。

外围圈层与主体圈层的区分应体现在城市一级开放空间类型或人群活动方式的空间分异上：城市中开放空间要素的聚集分界线或人群活动稀疏分界线，即为城市开放空间系统外围圈层与主体圈层的分界线。3个圈层都应理解为存在于城市空间内部，城市的边界就应是外围圈层的向外边界。而主体圈层与外围圈层的分界则可以用不同类型的指标进行解读或测算。

从上述内容可知，城市开放空间系统的圈层划分是和尺度密切相关的。内里圈层往往存在于城市以下级别的空间单元，其数量则会随其尺度缩小而呈几何级数增长。如以 1 平方千米为单元的街坊级研究，一个中等城市也会有几十乃至上百个空间单元。而这些单元虽然可以被独立分割,却又因为生态、交通、社会等因素而紧密联系。

3.4.2 城市开放空间系统的网络结构

从空间形态上来说,城市建筑是城市空间中的"嵌入体",而城市开放空间则可以被看作除去建筑而连续的网络状的空间系统。网络作为一种空间组织结构,也是系统内部要素或单元联系的表现形式。从字面意义上来看,"网"代表了要素的集合,"络"代表了其中的联系。空间系统中的网络特征一般更多地表现为节点的等级分布和总体格局。与区域的概念类似,空间的网络单元划分很大程度上在于研究者对其内涵的理解,但是不同尺度的网络,其表现形式是不一样的。从区域的尺度来看,每个城市可以作为一个节点来看待,城镇节点组成的网络就是区域城镇体系。此处的网络性就表现在城镇之间的联系强度和分布规律。而对于城市尺度,其内部的空间单元就可以看作节点,城市开放空间系统亦然。

城市作为一个复杂综合的巨系统,自然生态、物理交通、人文社会等千丝万缕的联系在此汇集。城市开放空间作为城市舞台的重要组成部分,自然也会被这些联系网络裹挟其中(图3-4)。对开放空间系统进行网络分析不可能面面俱到,而是要根据其主要功能,在其交织的复杂的网络关系中抽丝剥茧,找出重要的研究观测点,以对其进行分析、评价和优化。结合之前分析的城市开放空间的3种主要功能,可以确定城市开放空间系统中的三大功能网络(即交通功能网络、生态功能网络和社会功能网络)特征。这3种功能网络承担了城市开放空间中几乎所有可以运动的生命及物体的活动空间,是城市中生命活力的体现,是城市中紧密联系的通道,是城市中文化不息的脉络,是城市中自然与人文、物理与地理、现实与虚拟交相呼应的舞台。

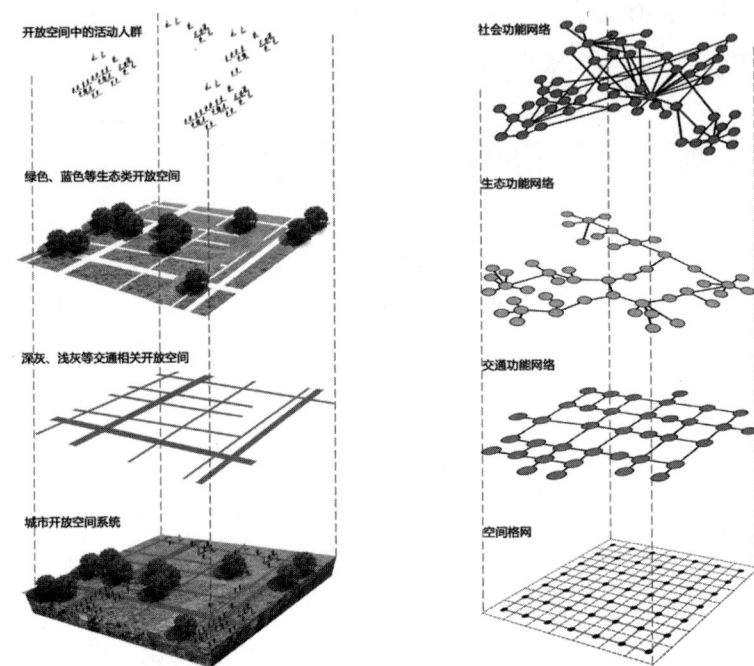

图 3-4　城市开放空间多重功能网络空间叠加示意

然而,不同类型的功能网络的节点类型和尺度也是不一样的。如城市交通功能网络就表现为形态明确的线形实体网络特征,其网络节点是道路的起始点、交点等,它联系着城市中的车流与人流等交通要素;城市生态功能网络则有着虚实结合的空间内涵,其网络节点则可能是有一定规模的生态斑块,它联系着城市生态系统中的相关生物、水体等生态要素;而城市社会功能网络则是表示较抽象的虚拟网络概念,它更多地表现为人与人的关系。这些网络所体现的关系多重性、形态多重性、功能多重性以及节点类型多重性,最终都可以投射于空间网络单元。城市开放空间系统的空间网络单元不仅在空间上是连续的、完整的网络结构,在内涵上也是多重功能网络的聚集地,每个开放空间单元都是整个系统不可或缺的一环。因此,城市开放空间系统可以被看作一种典型的多重功能网络综合体来研究。

3.5 多重功能网络的方法论

3.5.1 多重功能网络分析的本质问题

网络既可以是具体的空间实体,也可以是虚拟的功能联系。网络的本质是由众多节点因相互联系而组成的在某种或多种指标上具有整体性的系统。一般认为,每一个由多个要素组成的相互作用系统都可以用网络描述。随着对网络特性研究的深入,研究人员发现单一的网络结构并不能准确且充分地描述出复杂系统个体间的相互作用。多重网络应运而生,它可以将同一组元素间的不同作用方式区别对待,以便对复杂系统进行更为准确的研究(李明、汪秉宏,2015)。所谓多重网络(multi-networks)也可以理解为多种网络或多层网络,它的概念最初是在计算机领域被提出来并加以应用的,现在越来越多地被用来分析不同性质类型的网络(如物理的与社会的、电子的与虚拟的等)相互关联、耦合等系统性问题(蒋国平、鲁延玲,2015;朱承、江小平、肖开明等,2016)。

运用多重功能网络分析需要结合研究对象进行量身定做。本文的多重功能网络主要用于研究开放空间系统的多重功能在空间中发挥的效果。

例如,研究城市开放空间系统就需要先甄别出多种不同功能的网络特征,而后分别进行分析,最后再统合决策。城市开放空间系统的多重功能网络分析并不是将所有要素简单叠加,而是将系统中的网络特征按照功能性质等进行分类,找出单独大类中影响整体格局的特异单元或区域,再将大类进行组合比较进而优化。随着学科的交叉发展,多重功能网络的应用有向各种领域渗透的趋势,其思维主要体现在以不同种类的网络的分工处理整体决策。2016年成功地挑战了人类顶尖围棋选手的Alphago程序正是利用不同的功能网络的分工——价值网络(value networks)来评估棋盘盘面和策略网络(policy networks),来选择走子,最终实现了历史性的突破(Silver, et al, 2016)。当然,这些背后还有着如蒙特卡罗树搜索(Monte Carlo Tree Search, MCTS)等算法程序的技术进步,此处仅作思维方式上的借鉴。

3.5.2 多重功能网络分析的基本方法

城市开放空间系统的多重功能网络分析实质是对开放空间系统中存在的多种网络功能效果进行空间单元网络上的格局分析。在城市空间上,多重功能网络分析的基本方法就是将多种分析因素量化到基本空间单元上,通过整体格局在"点"、"线"、"面"上的反映找出较精细尺度的优化方向。网络是对复杂交织、相互联系的客观世界的一种抽象表达,一般被抽象为由许多节点(nodes)和连接节点之间的边(edges)构建而成的"网络图"(刘军,2009)。而在各种网络分析尤其是复杂的网络分析方法上,由图论衍生出的各种方法是最常见的(吴康、方创琳、赵渺希,2015)。由图论衍生的复杂网络更侧重于网络的中心性、路径长度、群集性、匹配性等方面的量化研究,而比较欠缺对网络的空间特性的关注(吴康、方创琳、赵渺希,2015)。地理学领域的网络研究应更多地结合学科特点,发挥在空间属性研究上的特长。与城市群体网络比较重视中心性不同,城市开放空间系统最重要的是功能分布的均衡。只有相对均衡,才能更好地、全面地发挥其功能。所以,对其研究不能简单地套用传统图论的方法。

由图 3-5 可知,理想的平原城市空间系统可以被划分为均匀整齐的格网阵列(图 3-5a)。而在其承接了某种指标的投射后(图 3-5b),网络单元所代表的"点"会因此而变化。这里考虑了指标地理格局的空间单元网络相对于一般图论"点线图"的优势就在于前者包含空间方位等信息。由图可以发现相同的等级特征在有了不同的空间位置后,其内涵有很大的不同(图 3-5c、d)。

3 对城市开放空间系统的再认识　　　　　　　　　　　　　　　　　　　　　93

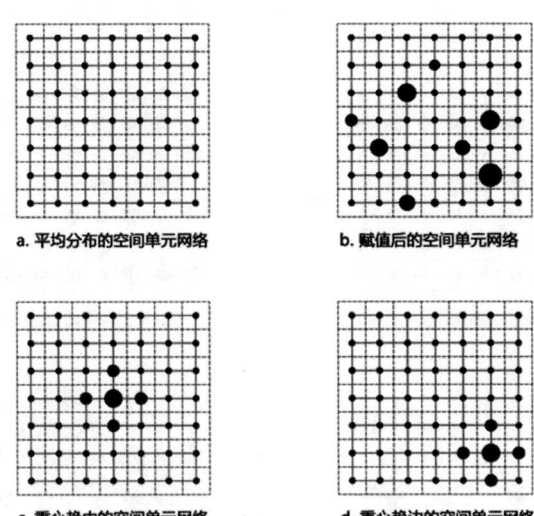

图 3-5　基础空间网络示意

　　这种与功能发挥密切相关的网络分析更多地追求网络格局均衡。相对均衡的空间单元网络不是指标的完全一致，而是等级分布的相对均匀（图 3-6a），对其优化的措施则是尽量减少指标在空间分布上的两极分化（图 3-6b）。对多重功能网络的空间研究还应该更多地关注明显异于周边的空间单元或连续区域，无论是指标值普遍较低区域中的高值单元或连续高值单元（图 3-6c），还是普遍较高区域中的低值单元或连续低值单元（图 3-6d），这样才能针对网络中相对薄弱或突出的环节进行优化调整。

　　除了网络中的单元"点"，"线"代表了网络中点与点之间的关系，也是重要的分析评价依据。由于前提逻辑是，城市开放空间系统的功能的有效发挥有赖于功能网络指标在空间分布上的均衡，所以该网络的"线"不应采取类似城市体系网络中的"向心型"连线（图 3-7a），而是采用单元周边相邻地块的短距离连线（图 3-7b）。对"线"即点与点之间联系的量化（即临近联系度），可以简化成两个相邻点的值的乘积。

　　最后，在注重地理格局的网络中，不同级别的"点"的聚类归属应参照功能指标的分类和空间分布。比如，可以在得出具体指标值后，将空间单元点进行级别划分，再对高级别的单元点进行 VORONOI 分析（图 3-7c）。VORONOI 区域所覆盖的下一级别空间单元则可与本节点组成次级网络

(图 3-7d)。这种方法可以分析较大尺度区域的空间网络组织关系。

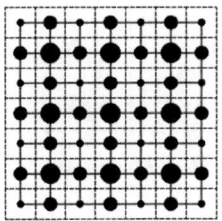
a. 相对均衡的空间单元网络

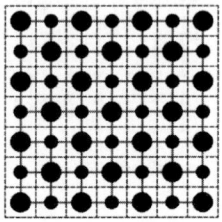
b. 优化后的均衡的空间单元网络

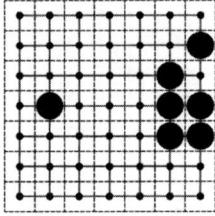
c. 普遍弱势的空间单元网络

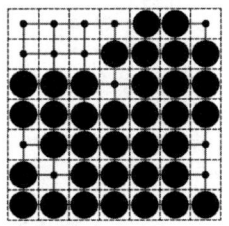
d. 普遍强势的空间单元网络

图 3-6 空间网络格局示意

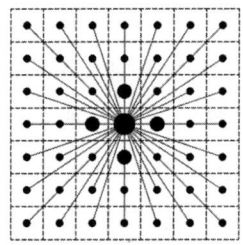
a. 向心型网络连线

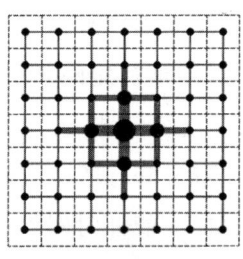
b. 相邻型网络连线

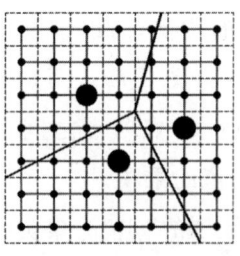
c. 基于一级网络单元格局的VORONOI图

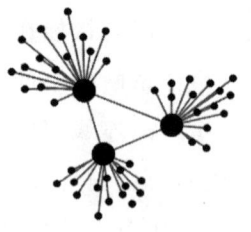
d. 结合 VORONOI 图分配的等级联系图

图 3-7 空间网络联系示意

3 对城市开放空间系统的再认识

用多重功能网络的思维研究城市开放空间系统的主要目的就是利用多种不同的方法,结合最新的数据,找出当前案例区城市开放空间系统中最急需解决的网络单元及问题所在,并提出应对策略。其难点是,各类数据千差万别,在时空上的统一非常困难,最终需要量化到分布均匀的地理空间单元上。在资料类型上,图纸资料可以跨越几十年甚至更长,高分辨率的遥感数据则时间跨度大幅缩短,调查问卷则仅限于最新年限。其解决思路是,分别处理各大分类网络,而最终量化的评价指标是基于网络单元的最近年份的数据;其面向对象就是当前的城市问题,目的就是以问题为基点找出解决问题的途径。这种方法兼顾图论与地理因素,有着较大的实践价值。

3.5.3 多重功能网络研究的关键技术

3.5.3.1 地理信息系统技术

地理信息系统(GIS)目前已经成为地理学科研究不可或缺的通用型技术。尤其是 ESRI 公司推出的 ArcGIS 软件,可以非常方便地对地理信息进行创建、编辑、存储、管理、分析等操作。如前文所述,对城市开放空间系统进行多重功能网络分析,关键在于将众多指标量化到具体空间单元。首先,应确定研究案例区的边界并将其在空间信息系统中正确投影;其次,基于边界和对案例区的理解,利用 ArcGIS 中的渔网工具(fishnet),生成并调整为规则的、大小一致的空间单元格网;最后,将格网单元与案例区的相关点、线、面等各类要素进行相交提取,可以对提取出的数据进行导出,然后再进行具体整理和分析。分析的结果也可以通过 ArcGIS 的数据连接功能再返回至空间单元进行网络的可视化分析。

3.5.3.2 影像解译技术

影像解译技术包括了遥感解译、目视解译等多种方法。采用哪种方法,视具体影像资源的类型而定。遥感影像的解译技术主要用到的软件有 ERDAS、ENVI 等,可以通过遥感波段的组合对分类信息进行处理和提取。非遥感影像则需要借助目视解译的方法，将高清航片、历史地图、规划图纸中的空间类型、边界等信息矢量化。对一个案例区进行多重功能网络的研究往往要对以上技术综合运用。

3.5.3.3 熵权评价技术

熵权法是一种权重确定方法，尤其对于系统性的、多类型的、较大数量指标的评价体系最为常用。其原理是对指标信息在系统中的有效程度进行度量，是不含主观因素的客观定权方法。对于开放空间系统的多重功能网络分析，可以用熵权法确定大类中的各分类指标的权重。建立评价指标体系后，首先要对指标进行无量纲化处理。考虑到之后公式中求对数的要求，需要避免出现 0 的情况，故选用线性插值法对数据进行标准化，使得 $0.1 \leqslant X'_{ij} \leqslant 1$。其公式为：

$$X'_{ij} = \frac{X_{ij} - \min(X_j)}{\max(X_j) - \min(X_j)} \times 0.9 + 0.1 \quad \text{（正向指标）} \tag{3.1}$$

$$X'_{ij} = \frac{\max(X_j) - X_{ij}}{\max(X_j) - \min(X_j)} \times 0.9 + 0.1 \quad \text{（逆向指标）} \tag{3.2}$$

然后对标准化过的指标数据再进行归一化处理，得到矩阵：

$$\mathbf{Z}_{ij} = (X'_{ij} / \sum_{i=1}^{m} X'_{ij})_{m \times n} \tag{3.3}$$

计算第 j 项指标的熵值，计算公式为：

$$E_j = -\frac{1}{\ln m} \sum_{i=1}^{m} \mathbf{Z}_{ij} \ln \mathbf{Z}_{ij} \tag{3.4}$$

由此可得出第 j 项指标的权重为：

$$W_j = (1 - E_j) / \sum_{j=1}^{n} (1 - E_j) \tag{3.5}$$

3.5.3.4 其他专项软件技术

除以上 3 项关键技术外，进行多重功能网络分析还需要熟悉每一种专项网络的相关专业软件，如空间句法软件 Axwoman、生态格局软件 Fragstats、网络可视化软件 Ucnet 和 Gephi 等，此处不作详细介绍。

3.5.4 多重功能网络空间单元的确定

受分析对象的尺度、要素类型、软件平台等因素的影响，综合不同类型的网络进行统一化比较分析是一项比较困难的工作。冠名"网络分析"的技术多种多样，具体操作方法差别也很大。对城市开放空间系统内的网络进行多重功能网络研究，必须先确定其基本网络单元。根据确定的单元尺度和特点再去提取和处理相关数据。

很多研究表明，规则化的单元形式是网络研究的前提条件。研究者发现很多现实世界中的网络都拥有近似的形态，具有规则和随机复合特征。同时，网络本身也具有不同指标的规则和随机多重性。比如将空间划分为大小一致的格网单元，这个格网本身就是一种规则的地理网络。城市开放空间中的交通功能网络体现了很强的人为特点，也有很强的规则特征。生态功能网络以及社会功能网络的表现则要随机得多。将这些多重功能网络特征叠加在规则的地理单元网络上，就可以将研究指标的网络特征在规则化的格网分布中体现出来。

在所有以地貌分类的城市类型中，平原城市无疑是最适合做基础模型研究的类型。相比于山地城市、滨海城市、跨江城市等类型，平原城市受地理因素的干扰最小，其网络单元较容易确定为规则化形式。因此，平原城市开放空间系统的网络单元宜以方格网的形式进行划分。

网络单元的尺度，需要根据案例区的实际情况认真研究确定。尺度过大，会使得指标内容和分析结果较粗，不能较精确地反映城市开放空间的分布格局；尺度过小，考虑到要进行实地问卷调查等情况，则会带来几何级数增长的工作量和数据。本文综合各种因素和以往类似研究的标准，把基本单元定为 1 平方千米。运用 ArcGIS 软件，以 2016 年的影像为基准，将新乡市主城区在 UTM 投影（墨卡托投影）坐标系内按照边长 1 千米的方格网进行了划分，形成了基础格网（图 3-8）。

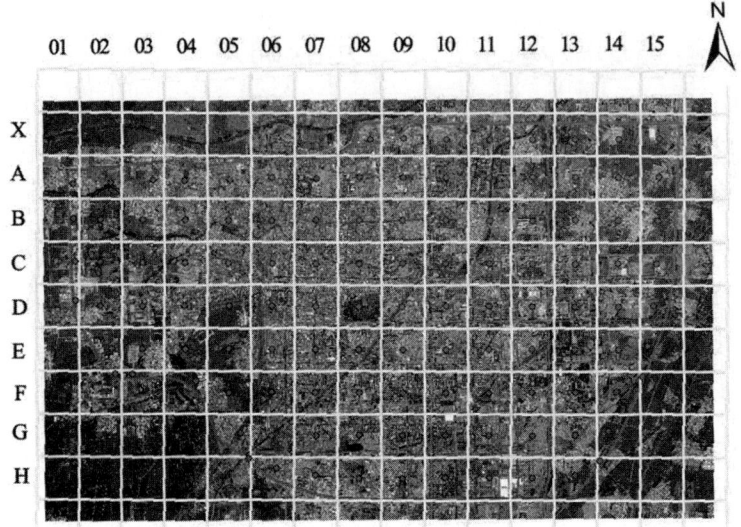

图 3-8 基于 UTM 投影坐标系的新乡市主城区 1 千米基础格网划分

格网定位的对齐标准考虑了以下几个因素：

（1）人民公园是新乡市历史最悠久、影响最大的城市公园，其地理位置距离主城区四边几乎对称，是位于主城区的几何中心的难得的"绿心"，格网定位时应考虑它被同一个格网单元完整包括。

（2）由于新乡市主城区内本身就具有良好的方格路网，格网单元的方向应尽量平行于新乡市主干道，尤其是人民公园以东的和平路方向。

（3）人民公园西北和东北分别为历史悠久的道路交叉口"城里十字"和"饮马口"，另有东关街、西大街、文庙、关帝庙等历史坐标可寻，综合前两个条件，将覆盖人民公园的格网单元的东北角点定位于现东关街与和平路交叉口。而经作者考证，格网单元的西北角也正好位于新乡古城的城市中心附近，这就使得该格网体系能够应用于不同历史时期的空间分析。

基于以上标准，最终将整个主城区划分为 9 行 15 列，行标自北向南依次命名为 X、A、B、C、D、E、F、G、H，列标自西向东依次命名为 01、02、03、04、05、06、07、08、09、10、11、12、13、14、15。通过行标和列标即可将单元格命名，例如最东北角单元即为 X15，人民公园所在单元即为 D08。最终，通过 ArcGIS 软件将新乡市主城区边界与已划分好的格网叠加求出

3 对城市开放空间系统的再认识

相交的 116 个格网单元(表 3-1)。这 116 个格网单元也是之后多重网络分析的基础空间单元。

表 3-1 格网单元基本情况

代码	面积(km^2)	格网单元内重要空间单元
X08	0.513	水岸怡景小区、小杨庄村、古龙钢材市场、水厂家属院、公交驾校
X09	0.812	汇景苑小区、一技校家属院、白小屯村、酒精厂
X10	0.762	学苑路花园新村、二十五中北家属院、豫北农产品水产大世界、仙居苑
X11	0.763	尚庄村、新乡市排水工程公司、河南师范大学校园北部
X12	0.770	丰乐里村北部、新乡市牧野海运中专
X13	0.777	堡上村
X14	0.784	吕村建材大市场
X15	0.688	107 货运中心、新乡安能物流分拨中心
A01	0.190	小里村西部
A02	0.716	小里村东部、河南新鸽摩托车公司、双飞车辆公司、金马车业公司
A03	0.813	西王村、永安机械设备公司、高湾工业园、顺通驾校、双凤车辆公司
A04	0.840	雍宁华府小区、河南省豫北水利管理局家属院、栗屯村、李庄村、马庄村
A05	0.842	市制药厂家属院、工行家属院、金色家园小区、环宇桥旧货市场
A06	0.964	壹克拉公馆(建设中)、环宇立交桥、牧野区利民小区、新基星湖嘉苑
A07	0.939	116 厂北地家属院、上宅公园城邦、三十三中、775 厂家属院、铁路局新乡段
A08	1.000	建北小区、六合园小区、坛后新村、前进路新村小区、一三四厂、物流园

续表

代码	面积（km²）	格网单元内重要空间单元
A09	1.000	万和城小区、省二建一家属院、水泵厂 2 号家属院、新乡医学院二附院
A10	1.000	绿营花园小区、牧北小区、河南师范大学家属区
A11	1.000	河南师范大学校区、河师大附中
A12	1.000	丰乐里村南部、十里铺村、盛润牧野新城
A13	1.000	二监狱、吕村西部
A14	1.000	吕村
A15	0.845	货运市场、鸿运驾校、农科院种业公司
B01	0.246	东水东村西部
B02	1.000	东水东村东部
B03	1.000	高湾村、西冀场村
B04	1.000	鼎业花园、电业局马庄家属院、牛村综合建材市场、老君庙
B05	1.000	广厦阳光苑小区、牛村、东高村、水厂、水厂家属院、西干道小学
B06	1.000	利民家属区、天福兰庭湾、九鼎美庐、新荣小区、回民小学
B07	1.000	116 厂家属院、宏源社区、十三中家属院、太行电源集团生活区、第二人民医院
B08	1.000	烈士陵园、金谷华庭、五环家园、轻机家属院、邮政局家属院
B09	1.000	未来城小区、二中、新飞集团家属院、畅岗村
B10	1.000	天太小区、牧南小区、剑桥城小区
B11	1.000	中国农业科学院农田灌溉研究所、西牧村、新牧村
B12	1.000	牧野花园小区、牧野区人民法院
B13	1.000	尚村
B14	1.000	四十中、新乡市工业泵厂、定国村西部
B15	0.811	定国村东部、定国禅寺
C01	0.195	河南意达、天启钢构
C02	1.000	新乡市植物园、沉淀池
C03	1.000	新乡市殡仪馆、三禾调味品厂

3 对城市开放空间系统的再认识

续表

代码	面积（km²）	格网单元内重要空间单元
C04	1.000	南高村、西高村、炮校家属院
C05	1.000	七中、铁二中、源湖园小区、乘务小区、华天明邸、幸福小区
C06	1.000	新乡火车站、平原公园、博筑铁西新村、汇金城公寓、凤凰名都、第四人民医院
C07	1.000	卫河公园、姜庄小区、怡园小区及广场、绿都塞纳春天、石榴园小区、百货大楼
C08	1.000	太阳城小区、巴黎左岸小区、银马宝利城小区、北关大街、四中、东岳庙
C09	1.000	维多利亚城、牌坊花园、白鹭生活区、管道局家属院、居然之家、联通公司
C10	1.000	牧野公园、上海公馆、文化局家属院、二十二所家属院、金宸国际、电视台、报社
C11	1.000	牧野湖东岸、紫光苑、鸿达花园、骆驼湾居住新区、东郡府苑、大景城、阳光城北
C12	1.000	和谐公园、市政北广场、伟业中央公园、聚仁小区
C13	1.000	和谐城、理想城、竹馨居、东方家园、兰亭花园、华瑞逸品紫晶
C14	1.000	盛大凯旋城、红星美凯龙
C15	0.775	华恩城小区、正商城小区
D01	0.110	河南省全顺铜业有限公司、西环汽贸
D02	1.000	十里铺村、荷苑小区、
D03	1.000	金龙集团、无氧铜家属院
D04	1.000	铁路小区、康泰嘉苑、卫滨区耐火厂家属院、博马欧洲名郡
D05	1.000	直升机场、卫滨区物探队家属院
D06	1.000	新乡客运总站、新乡体育场、五中家属院、市中心医院、铁一中、二十二中
D07	1.000	卫滨区政府、东方国际、胖东来生活广场、辉龙花园、城南庄小区、公路局家属院

续表

代码	面积（km²）	格网单元内重要空间单元
D08	1.000	人民公园、华润翡翠城、富达小区、公园天下小区、星海假日王府北部
D09	1.000	体育中心、国际饭店、恒生世家、烟草局家属院、上河城小区、果园小区
D10	1.000	金谷东方广场、富达购物广场、文苑小区、新东小区、南华小区、忆通壹世界
D11	1.000	浦城花园、公务员小区、天安明邸、红太阳家私、新区小学、世青外国语小学
D12	1.000	新乡市政府南广场、新乡博物馆、平原博物院、宝龙城市广场、嘉亿东方明珠
D13	1.000	商会大厦、进达花园、世纪村、紫郡小区、一中东校区
D14	1.000	公村、文渊花园、河南工学院（原机电高专）西部
D15	0.643	河南工学院（原机电高专）东部
E02	0.650	沈小营村
E03	1.000	八里营村、八里营鑫龙钢材大市场、指南针驾驶员学校
E04	1.000	惠丰社区、永庆寺、民族养老院
E05	1.000	金家营村
E06	1.000	铁路货场、宜居小区、天宝小区、和谐家属院、新文佳苑、馨景家园、中苑小区
E07	1.000	紫台一品、新电小区、状元府第、五星学府、十中家属院、外国语小学
E08	1.000	一中、十中、明珠花园、星海假日王府、西马小营村
E09	1.000	马小营村、建业比华利庄园、豫北家园
E10	1.000	汽车东站、紫星花园、张庄、河南省煤田地质局三队家属区、新美佳建材广场
E11	1.000	东旭小区、东升生活城、建业壹号城邦、达安花园、红旗区实验小学
E12	1.000	宝龙国际社区、绿都枫景上东、松江帕提欧、段村新村

续表

代码	面积（km²）	格网单元内重要空间单元
E13	1.000	新乡医学院北校区、新乡学院西校区
E14	1.000	乔谢社区北部、常青藤小区
E15	0.335	东环西绿地
F02	0.045	沈小营南地块
F03	0.174	八里营建材市场南地块
F04	0.359	唐庄村西部
F05	0.998	唐庄村东部
F06	1.000	卫滨区七里营政府家属院、隆基新建花园、银星小区、肉联厂家属院、十六中
F07	1.000	天鹅第一城、物华小区、七彩家园、梦萦小区、水岸生活小区、文清苑
F08	1.000	向阳公园、康馨苑、棉麻小区、卫校家属院、华中公园道1号、红旗区政府家属院
F09	1.000	隆基公园、盆景园、新电花园、华天社区、园丁小区、启明小区、花卉市场
F10	1.000	公安大楼、时代花园小区、高新区公安小区、泰和新黄小区、新城苗圃
F11	1.000	金色奥园小区、新乡电池研究院、中国邮政物流园、奥园康城、金博城
F12	1.000	新乡市党校、新乡市中波台、新乡医学院三附院、大学源社区
F13	1.000	新乡医学院南校区、河南科技学院
F14	0.918	河南科技学院东校区家属院
F15	0.028	东环西地块
G05	0.685	朱召村、八里铺村
G06	1.000	陶然佳苑、天合家园
G07	1.000	康乐佳苑、金色家园、美丽星城、文博嘉园
G08	1.000	馨华佳苑、光彩大市场、香江城市广场、南苑小区
G09	1.000	汇景花园、今日花园、开元家园

续表

代码	面积（km²）	格网单元内重要空间单元
G10	1.000	建业绿色家园、隆基枫华源、正阳花园、新飞花园西区
G11	1.000	新飞花园东区、嘉联橄榄城、南马庄、化工路南厂区
G12	1.000	洪门拆迁区、厂房区
G13	1.000	洪门新村、华北石油局基地、洪门建材市场
G14	0.499	建材市场东部区域
H05	0.009	新乡市农贸大市场对面区域
H06	0.457	铁道欣苑、惠民馨苑、瑞丰小区、温馨苑、恒泰丽景庭院
H07	0.829	恒大雅苑、世纪新城、隆胜华庭、李村新村、新盾嘉园
H08	0.960	新美城上领地、河南经济贸易技师学院、西台头村、恒泰花园、客运南站
H09	0.971	东台头村、金禧园、金色城品、腾龙花园、桂竹花园、南环汽车广场
H10	0.965	金龙花园、温泉花园、丽华小区、青青家园、品质公园
H11	0.972	一中花园、心连心花园小区、天丰钢结构、新飞电器厂区
H12	0.972	日升数控厂区
H13	0.772	洪门新型社区、洪门建材大市场南区
H14	0.030	东环西地块

数据来源：地名统计自 2016 年百度地图；面积统计自 ArcGIS，不足 1km² 的单元是由于所在格网单元跨主城区边界。

3.5.5 开放空间系统中多重功能网络

选择城市开放空间系统的多重功能网络类型应该基于城市开放空间系统的基本承载对象和存在的问题来确定。关于城市开放空间的承载对象和问题林林总总，可是归根结底可按功能划分为物理交通、自然生态、社会人文三大类。现代城市中的自然生态环境破坏、物理交通效率不高、组织不畅，社会交往匮乏、人文断裂等焦点问题均可以在此三大类中找到

3 对城市开放空间系统的再认识

重要联系。此3类联系几乎涵盖了所有的城市开放空间内活动要素类型,其网络名称可分别命名为生态功能网络、交通功能网络和社会功能网络。其分析采样对象分别为格网单元中的交通条件、生态要素和活动人群。

具体来看交通、生态、社会3种不同功能网络,既有抽象也有具象,分析数据的获取难易程度不一,分析评价方法也不一定要求一致。结合之前对多重功能网络研究方法的思考,决定采取以下步骤:

首先,对案例区的3种功能网络分别进行分析,在每一种功能网络内找出相应的指标进行功能大类网络评价分析,得出单项网络的空间特征后,对每个单项网络提出优化建议。

其次,在对多个功能网络分别进行评价分析之后,将多重功能网络分析结果基于格网单元叠加处理,并以最新年份的分析结果为基础提出优化的优先级别和具体建议。

3.6 本章小结

本章以对城市开放空间系统的再认识为主题,在狭义与广义、要素类型、系统功能、空间结构等层面为城市开放空间系统理论加入了新的思考内容。通过"四分法"和"六分法"实现了对城市开放空间的全覆盖分类。其中,棕色开放空间作为与灰色开放空间、绿色开放空间、蓝色开放空间并列的大类进入了城市开放空间系统颜色分类体系。棕色开放空间对于研究中微观层面上动态的城市生态变化有着重要的现实意义。同时,城市开放空间系统更大程度上是一种为城市中各类要素提供承载与流通的网络型动态平台,是为城市人群提供各类活动的网络构架。城市开放空间的众多功能可以归纳为最具代表性的交通、生态和社会等"多重功能"。把城市开放空间系统的"多重功能"与城市开放空间系统的网络特征结合,构筑了"多重功能网络"研究的前期理论基础。最后,在对案例区进行了格网划分后,遴选出交通、生态、社会"多重功能网络",搭建了之后的研究框架。

4 新乡市主城区及其开放空间系统演变

作为一个平原城市，新乡市从一个新中国成立初期仅有 3.4 平方千米建成区的县城发展为现在的主城区超过 100 平方千米的区域中心城市，60 多年间，新乡市主城区用地规模和人口规模都增加了近 30 倍，其发展历程具有典型性。在这个过程中，新乡市主城区的边界也是在不断变化的。铁路、公路、河流都是影响主城区空间发展的重要因素。当前主城区的大型绿色开放空间很多都是在不同历史阶段的主城区边缘附近形成的。随着城市空间的不断发展，发展方式从增量扩张转向存量优化。要总结历史经验，对潜在的优质的开放空间进行保护、利用和研究。

4.1 历史脉络

4.1.1 数据说明

本节图纸数据主要来自历史地图和规划图纸。结合《新乡市志》、《新乡县志》、历次城市总体规划说明书和文本资料，将新乡市主城区的发展历程分为封建时期、发展初期、跃进时期、无序时期、改革开放初期、快速时期 6 个历史阶段和 1 个当前阶段，并分别选择了图纸资料对应年份作为阶段划分的时间节点。总结了新乡这一平原城市在各个历史时期所表现的空间演化特征。对主城区及其开放空间系统空间特征做了较深入的比较式分析。

历史地图和规划图纸是对新乡市主城区发展进行历史性回顾总结的必要材料。在漫长的历史长河中，在没有高分辨率卫星乃至没有卫星影像的年代,很多地图、规划图资料中的建设用地都只有简单的轮廓,但城市公园等重要场所依然能有所标识。虽然地图和规划图纸不能像遥感或航拍那样精确地反映地貌特征,但却可以在宏观上反映一定时期的城市空间状态、主要街道、水体和重要场所的位置。同时,在对新乡市主城区进行单项的网络分析之前,可以通过地图和规划图纸所表现的地物进行宏观的、长时间区间的分析,以梳理出发展脉络。地图和规划图纸中所标注的绿地或相关用地类型可以看作城市开放空间系统中的"精华部分",即狭义的城市开放空间系统的体现。通过对狭义的城市开放空间进行分析,可以达到"管窥一斑"、"以少见多"的效果。

4.1.2 封建时期:围城而治(618-1903年)

中国封建社会十分漫长,本文从唐武德元年(618年)卫河南岸建城开始,至清光绪三十年(1904年)道清铁路、京汉铁路在城外交会通车前一年止作为时间区间,即这一阶段为618—1903年。

新乡在商代属畿内。秦属山川郡汲邑。汉武帝元鼎六年(公元前111年),析汲县之新中乡置获嘉县。东汉、三国、魏、晋因之。隋开皇四年(584年),废修武郡,获嘉县迁至修武郡址。隋开皇六年(586年)划汲、获两县部分属地置县,取"新乡"(新中乡)二字为县名,始置新乡县,属冀州河内郡。

唐武德元年(618年)在卫河南岸始筑土城。这应该是之后历朝历代城墙的雏形。经唐、宋、元、明、清,逐步发展为"境界连六县,广轮一百二十里,地皆平衍,被山带河,鸡犬相闻,舟车毕会"较为繁荣的县治。新乡初期属卫州河平军河北西路管辖,后属中书省燕南河北道卫辉路总管府,明、清属卫辉府。

早期的新乡城市地图资料大多无可考,清康熙年间的《新乡县志续》是重要的参考资料。从康熙二十九年(1690年)修订的《新乡县志续》中的城池图(图4-1)可以看出当时的新乡城完全局限在城墙之内。由于当时的制图并不合乎现代标准,也没有比例尺和图例说明,以下为作者根据自己的相关知识作出的解读：东、南、西三面有护城河，与北面的卫水（今卫河）一起将城池围住。图中城北护城河及卫水有桥三处，卫水主桥名民乐桥，其他方向并无桥梁图例。城墙东、南、西、北各设一个主门：东向为迎恩门，南向为朝阳门，西向为来宾门，北向为拱辰门。另外从城池图上可以看出，东南、东北、西南、西北四向也都建有城楼。四个主门分别对应城内的主干大街，将城内分为西北、西南、东北、东南四个主要地块。东西向大街顺直通畅，南北向大街有所错位，体现了一定的古代建城时的风水文化考虑。

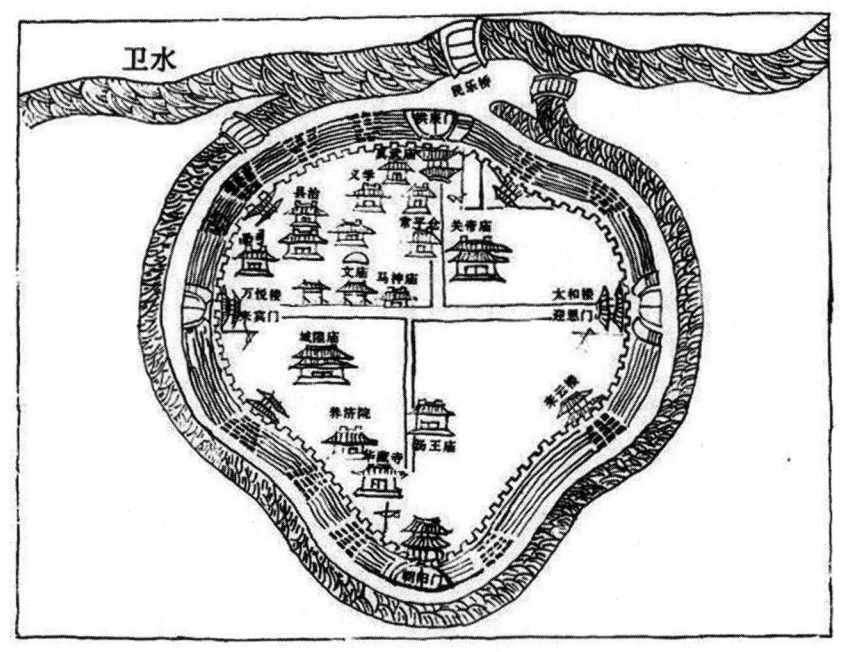

图 4-1　清朝新乡县城城池

封建社会时期的社会发展缓慢。从唐武德元年（618 年）在卫河南岸始筑土城到清朝末年（20 世纪初），漫长的近 1400 年间，虽然边界形式会有所变更，新乡的主城区基本可以推断为护城河围合或城墙围合的区域。

对于城池图的地理坐标定位，分别参考了 1950 年街道及水网图和 1968 年版的新乡市街道图。尤其是 1968 年的新乡市街道图，制图已很规范，比例尺为 1∶20000。图中还能清楚地辨别出当时的护城河与卫河

4 新乡市主城区及其开放空间系统演变

围合的地块,及护城河内主要街道。在假定从清康熙二十九年即1690年至1968年间城墙及护城河无大变化的前提下,以2016年的地图为标准先后校正了1968年和1950年街道定位图后,最终将清康熙年间新乡县城城池图投影于基础格网内(图4-2)。

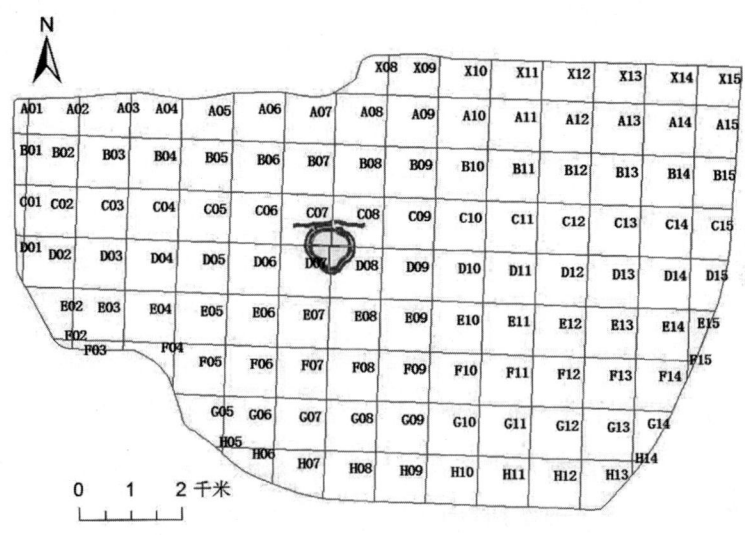

图 4-2 清朝新乡县城基础格网定位

从地图投影来看,清朝康熙年间的新乡县城位于基础格网的C07、C08、D07、D08等4个格网单元内。4个单元的交会角点应该位于当时的北大街与东大街交叉口附近。根据测算,当时的城内面积还不足1平方千米,城内应以灰色开放空间为主,重要的县治、庙宇等建筑设施周边应有一定的附属空间,城外有蓝色开放空间围合。从城池图标注的重要建筑设施分布来看,城内西北地块最为稠密,分布有县治、西司、文庙、马神庙、真武庙、常平仓等,应该属于当时的政治、经济、文化中心。城内西南地块标有城隍庙、养济院、华藏寺,设施的数量仅次于西北地块。东北地块与东南地块的设施较少,图上分别各标注一处,东北地块有关帝庙,东南地块有汤王庙。从设施分布上来看,整体城区呈现"西密东疏,北重南轻"的空间格局。

4.1.3 发展初期：交通兴城(1904—1949 年)

这一阶段为清朝末年至新中国成立初期，作者根据相关资料将其定为 1904—1949 年。

交通是近代新乡兴起的决定性因素。在清朝末年，卫河的航运对新乡工商业的发展曾起过重要的促进作用。据记载，清末民初，往来于新乡、天津间的货船达 700 余只，载重百吨以上的大船约占 1/3，船民有 3000 人。饮马口作为卫河上重要的古码头在周围聚集了一定的居住点和商业据点。清光绪三十年(1904 年)后，道清铁路、京汉铁路的通车交会，使得新乡逐步成为豫北粮、棉、油、土特产集散转运的中心。

从这一时期新乡的空间演变看，铁路的兴建是推进城市发展最重要的动力，铁路的建设吸引城市由老城向铁路站场方向生长，从而显著改变了城区格局，形成了在火车站周围以商业转运为主要功能的新城市中心区。这一时期的水路航运仍然发挥一定的作用，从新中国成立初期的地图上依然能看出密布的水网(图 4-3)。

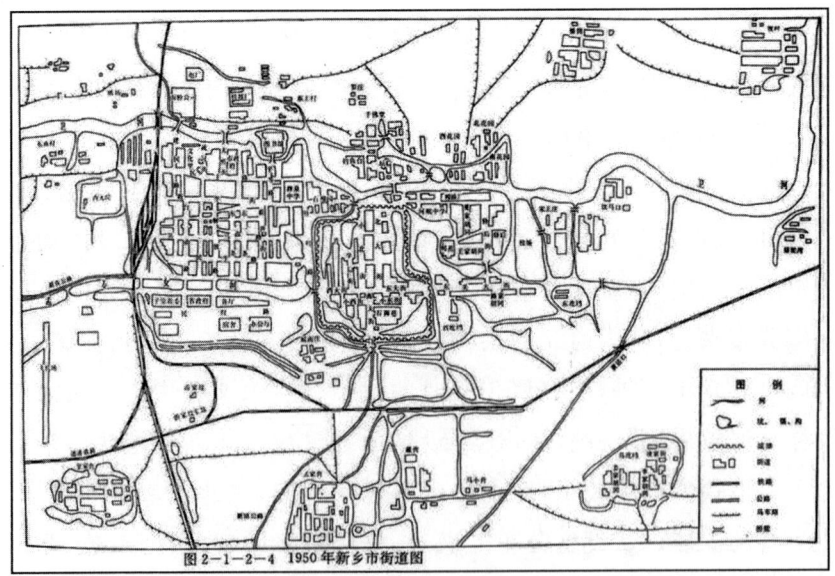

图 4-3　1950 年新乡市主城区街道及水网

图片来源：《60 年前的新乡城市地图》，载于《大河论坛》(ttp://bbs.dahe.cn/read-htm-tid-952416-page-1.htm)。

此时的新乡城市人口仅 3.6 万人，城市面积仅 3.4 平方千米。城区主要分为护城河环绕的老城区；老城区以西，京广铁路、卫河、孟姜女河和护城河西段围合的以铁路功能为带动的新城区，其面积已经超过了城墙内的老城区；另外，护城河以东由水系和南部铁路线围合的具有码头功能的东部城区也具有了一定的规模。

这个时期的地图资料有接近 1949 年的 1950 年新乡市街道图，可以作为阶段性的总结。其制图仍然不够规范，但比清朝时期的城池图已经有了很大提高。虽然没有标准的比例尺，但是有了河、坑塘、城墙、街道、铁路、公路、马车路、桥梁等图例。城内北大街、南大街、东大街、西大街分别通向四个城门，另外还有小北街、小东街、小西街等次级路的标注。东大街出城东门后与东关街相连，这是重要的地理参考。

东关街以北与卫河以南围合区域内的建设较成规模，水网密集，体现了水上运输给新乡带来的影响，但布局较为散乱。有饮马口、宋王庄、王家胡同、驿后街、校场等地名标注，与其相对的卫河北岸建有北花园、东花园、西花园和千佛堂。东关街以南虽有较密的水网，但标注建设用地较少，有东圪垱、西圪垱可查。

城墙以西、卫河以南、铁路以东、孟姜女河及其支流以北区域则呈现出了规则的新城区。其中，卫河北岸布置有电厂、机器厂，南岸有中学、图书馆等公共设施。孟姜女河以北区域，道路呈棋盘状排列，应为住区。孟姜女河以南、城南庄以西则为平原省委、省政府、办公厅、宿舍所在地，是之后新乡市政府的雏形。

对于地图的地理坐标定位，参考 1968 年版的新乡市街道图，经空间校正后投影于基础格网内，并自绘出了当时的主城区边界（图 4-4）。整个主城区在北向和西向有较明确的分界线即卫河和京广铁路，南部以铁路、卫河支流至新原公路一线为界，东部界线为东关街周边地块外围水网。整个主城区已经扩大到了 6 个格网单元的范围，经测算面积为 3.4 平方千米。这个时期的骆驼湾、臧营、马小营等地还为离岛式村落，与主城区分隔较远。

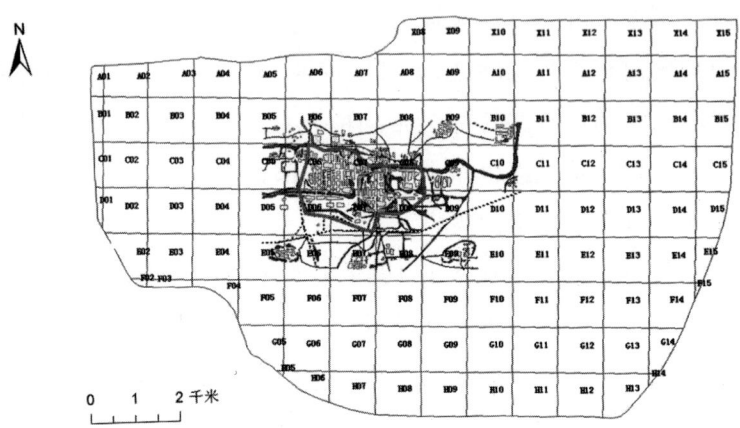

图 4-4　1950 年新乡市区基础格网定位

4.1.4　跃进时期：空间拓展（1950—1966 年）

从新中国成立初期至"文革"开始的近 20 年时间,亦即从 1950 年新乡市被定为平原省省会到 1966 年"文革"开始,新乡市完成了从一个县城到市级城市的初级转变。作者根据相关历史及地图资料将其定为 1950—1966 年。

1949 年 1 月,新乡正式建市,为太行行署直辖市。1949 年 8 月平原省成立,新乡为平原省省会。1952 年平原省撤销,置新乡为河南省直辖市,为新乡地区行政专员公属所在地。

和新中国成立初期相比,这一时期城市建设有了很大的变化。1956 年第一次编制了城市总体规划,并于 1960 年作出了修订。城区范围实现了对卫河的跨越,在卫河以北、共产主义渠以南的地区,按照国家整体工业布局建成了以国营军工大型企业为主体的卫北工业区。铁路以西地区也有一定的发展,距离市区较远的北部耿庄处建有潞王坟车站和水泥厂。市区内路网更加规则,自火车站到饮马口的平原路成为城市的主干道,护城河东南地块建设了人民公园,拓宽了东干渠（今人民胜利渠）,并在东干渠与卫河交汇处东南建有东苗圃。

这一时期的参考地图资料为 1968 年的新乡市街道图（图 4-5）,可以作为本阶段结束时期的重要参照。与新中国成立初期的街道图相比,

4 新乡市主城区及其开放空间系统演变

1968年的新乡市街道图已经非常规范，图纸标注有比例单位、图例和编制单位。全图分两部分，左上大图按1∶20000绘制，展示的基本为当时新乡市主城区范围；右下小图按1∶200000绘制，为整个新乡市区。在大图中可以看出，相比于1950年，新乡市区在北、西、南方向都大幅度拓展。

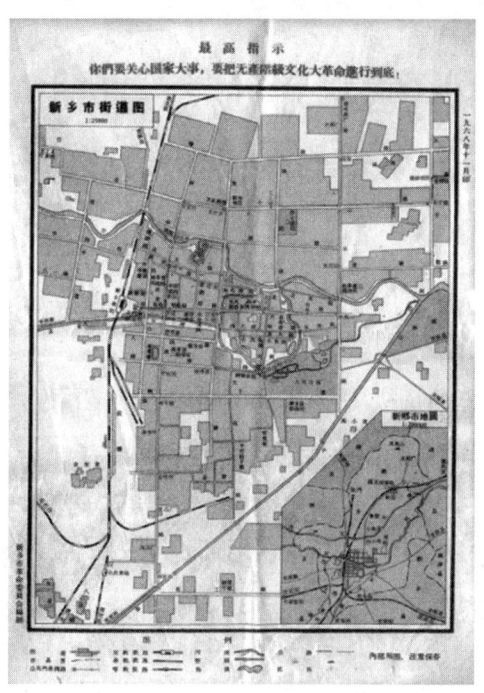

图4-5　1968年新乡市街道

将1968年的新乡市街道图参考重要地理标志，经空间校正后投影于基础格网内。根据图纸研读，自绘了这一时期的主城区边界（图4-6）。其中，参考小图（小图中有边界）补充完整了东北方向的新乡师范学院（今河南师范大学）校区和西南方向的飞机场。新乡师范学院因通有1路公交车，应当算在主城区范围内；而飞机场位于铁路以西，本身为特殊用地，其周边也并无其他城市用地，故不算在主城区内。经测算，此时的主城区（按作者绘制的主城区边界）面积已经扩大到了20.3平方千米，是新中国成立初期的6倍，增长速度惊人。

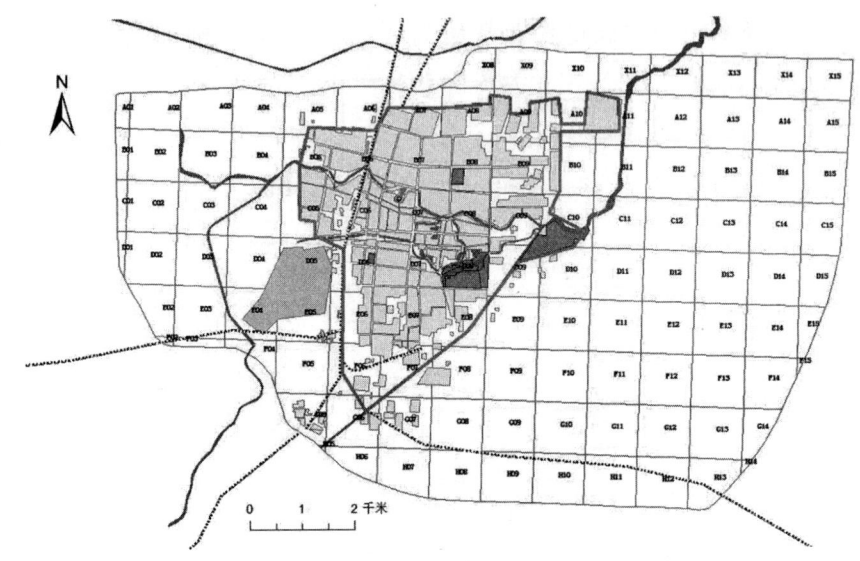

图 4-6　1968 年新乡市区基础格网定位

这一时期的开放空间，内容已经非常丰富。绿色开放空间规模展现，城市内已经有人民公园、老公园、体育场、烈士陵园、东苗圃等多处绿地。蓝色开放空间贯穿东西。城墙已被拆除，但护城河仍然存在。老城区附近水网仍然十分密集。城市街道呈方格网排列，卫河与孟姜女河围合的中心城区的道路比四周更加密集。尤其难能可贵的是已经存在 1、2、3、4 路 4 条公交线路。整个城区环境比新中国成立初期有了飞跃式的发展。

4.1.5 无序时期：降速蔓延(1967—1981 年)

这一时期从"文革"初期至改革开放伊始。作者根据地图资料将其定为 1967—1981 年。

这一段时期，由于"文革"的冲击，新乡市建设发展缓慢，城市外轮廓变化不大。1981 年，新乡市编制了城市总体规划，并编绘了当时的城市现状图(图 4-7)。图例中的城市用地有了明确的分类，飞机场等特殊用地开始出现在了图纸上。人民胜利渠以东出现了成片的居住区，南部则出现了一定规模的厂区。洪门乡附近的石油勘探基地通过新延路开始与主城连接。相比于 1968 年，1981 年新乡市城市边界变得模糊，整个市区在

4 新乡市主城区及其开放空间系统演变

四个方向上都有所蔓延,周边的农村居住点规模也有所增加。

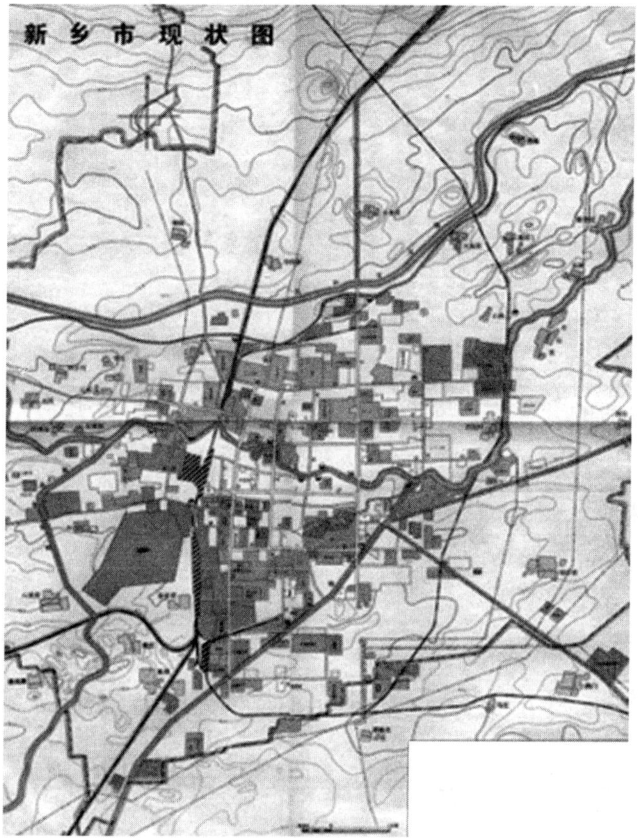

图 4-7　1981 年新乡市现状

将 1981 年的新乡市现状图参考重要地理标志,经空间校正后投影于基础格网内(图 4-8)。本着用地连续、道路贯通的原则,作者描绘出了这一时期的主城区边界。相比于前一个阶段,此时的主城区边界凹凸不整,体现了城市无序蔓延发展的状态。经测算,此时的主城区(按作者绘制的主城区边界)面积为 29.7 平方千米,扩展增速相比于前期已大为降低,如果 1968 年算上飞机场的面积,这一阶段的增长会显得更为缓慢。

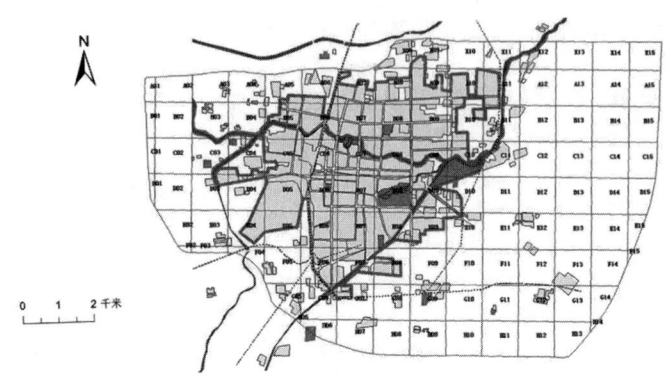

图 4-8　1981 年新乡市区基础格网定位

这一时期的开放空间最明显的变化就是城内蓝色开放空间减少,孟姜女河与护城河及其支流都被转入地下或填埋,用地更加平整,可以反映出那个特殊的年代的时代特征。人民公园仍然是核心的绿色开放空间。城市四周开始出现多处苗圃地,体现了一定的建设需求。城市内河渠与重要道路两侧开始出现绿地等用地类型。

4.1.6 改革开放初期:跨越突破(1982—1993 年)

这一时期为改革开放的初期,作者将其定为两次城市总体规划期间,即 1982—1993 年。

改革开放后,新乡市迎来新的发展机遇。这一时期新乡在行政上被设立为豫北重要的行政中心城市之一,同时也是国家重点建设的新兴工业城市,城市建设进入了全新的发展阶段,并逐步形成了以轻纺、机械工业为主的综合性工业基地。

1981 年编制了城市总体规划,对城市用地类型进行了划分,采取了居住区在中心、工业区在周边的集中式的布局结构。该规划还将和平路与平原路交叉口定为城市中心,并提出了将行政中心东迁至此的方案。另外,城市发展还跨越了共产主义渠,1982 年在共产主义渠以北原潞王坟车站和耿庄附近的基础上建设了北站区(今凤泉区),形成了以大型国有企业为主体的独立工业区。1986 年 3 月新乡地区行政专员公署撤销,设市带县管理体制,辖 4 区(卫滨、红旗、牧野、凤泉)、2 市(辉县、卫辉)、6

县(新乡、获嘉、长垣、原阳、延津、封丘)。

至1993年,新乡市已经发展成市区面积60平方千米、市区人口50万人的中等城市。城市用地整体沿京广线呈南北向发展,内部路网呈棋盘状分布。城区向东扩张至卫河转弯处,北站区发展迅速。同时新乡医学院、河南职业技术师范学院(今河南科技学院)在城市东南新延路旁建设了校区,与东北部的河南师范大学校区遥相呼应。

将1993年的新乡市用地现状图(图4-9)参考重要地理标志,经空间校正后投影于基础格网内(图4-10)。根据用地连续、交通贯通等原则,自绘了这一时期的主城区边界。其中,最引人注目的是城区大规模地跨越人民胜利渠向东扩张至卫河转弯处,东干道(今新飞大道)南北贯通。城市东侧的铁路线废止,新濮路、新延路与107国道交会处出现连片居民点。河南职业技术师范学院、新乡医学院与华北石油局新乡基地在城市东南形成规模。经测算,此时的主城区(按作者绘制的主城区边界)面积已经达到46平方千米。

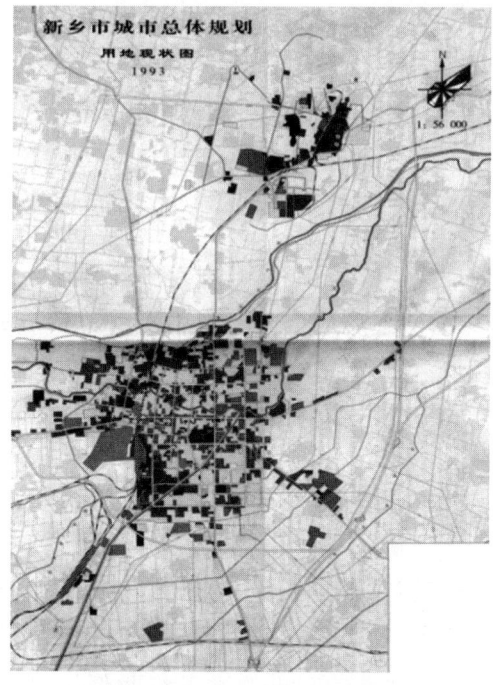

图4-9　1993年新乡市用地现状

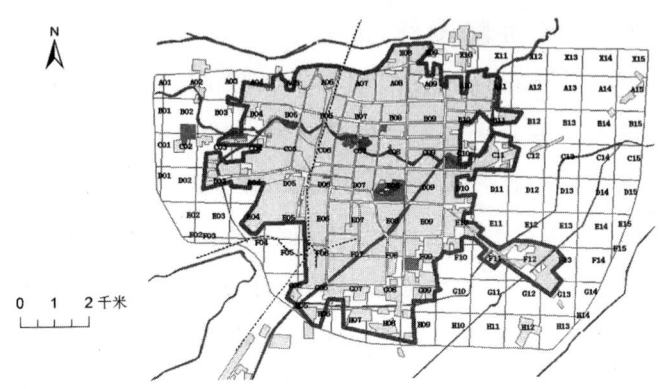

图 4-10　1993 年新乡市区基础格网定位

这一时期的开放空间，相比于前期有了较大变化。由于城区的东进，东苗圃的大部分被征用，绿色开放空间规模有所缩减，城内新增几处小型绿地公园，如儿童公园、平原公园等，但规模较小。绿色开放空间占主城区用地的比例有很大程度的下降。

4.1.7　快速时期：迅猛发展（1994—2008 年）

这一时期，在邓小平南方谈话后，中国经济开始向市场经济过渡转型，一直到 2010 年代末，新乡市和中国大多数城市一样经历了快速的城镇化建设。作者仍然将其定为两次城市总体规划编制区间，即 1994—2008 年。

自 20 世纪 90 年代中期开始，中国经济开始朝向市场化不断迈进，城市建设力度显著加大，这是形成目前新乡城市框架的重要时期。1995 年修订了《新乡市城市总体规划（1994—2010 年）》。规划确定了新乡市的城市性质为以发展电子、轻纺工业为主的综合性区域中心城市；人口规模为近期 70 万人，远期 91 万人；用地规模为近期 60 平方千米，远期 79.2 平方千米。城市规划区包括了市辖 4 区以及小店、古固寨、郎公庙、洪门、关堤、翟坡、大召营、合河、大块、孙杏村等乡镇，面积达到了 625 平方千米。规划建议以和平路、平原路为城市发展主轴，城市向东、向南均要有较大的发展。同时新乡城市功能也发生了细微但深刻的变化，主要表现在：主导产业趋于多样化，城市综合服务功能更加健全，商业中心地位进一步加强,市场物流业迅速发展。

该阶段城市建设特征突出表现为:城市东部,随着行政中心的搬迁和科教园区的建立,以道路为先导的基础设施大量投入,带动了新区约70平方千米土地开发,逐渐表现为城市用地增长的主要方向。城市东南部高新技术开发区快速成长,形成以高新技术产业为主,兼有办公、居住、商业服务等功能的综合性开发区,成为新乡市新的经济增长点之一。

至2008年,新乡市四条外环已基本成型,环线内城市建设用地日益饱满,由四条外环线围成的面积达101平方千米的新乡市主城区已基本成型。

参考《新乡市城市总体规划(2010—2020年)》中的2008年前后的新乡市用地现状图(图4-11),并将其校准投影于基础格网(图4-12)。这一时期的城市建设用地,几乎已经撑满所有主城区内的格网单元。但从标注的绿地来看,体量与总体面积比较小,且基本集中在城市中部地块。而一些广场等灰色开放空间也被归入绿地中。城市东区新增牧野湖、和谐公园、市政广场等大型开放空间,其他方位变化不大。以用地分类来考察城市开放空间的弊端已经显现,各地块的详细绿化情况以及其他开放空间的情况无法详细度量。主城区及其开放空间系统面临增长门槛。

图4-11 2008年前后的新乡市用地现状

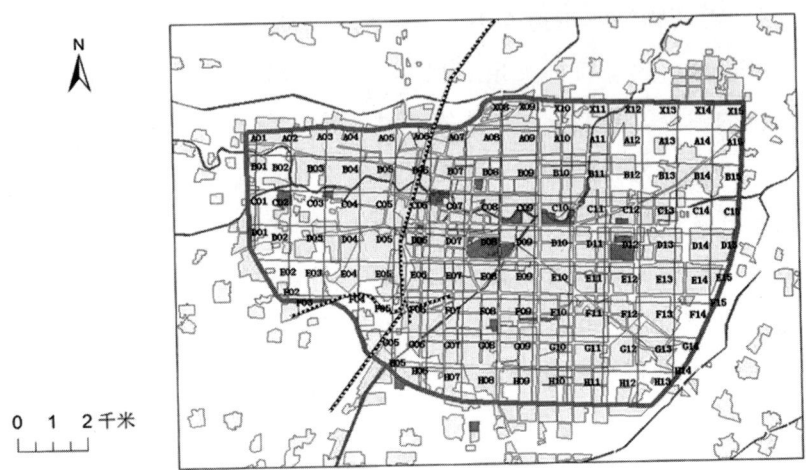

图 4-12　2008 年新乡市区基础格网定位

4.2 现实存在基础

4.2.1 空间拓展特征(2008 年至今)

4.2.1.1 空间规模与边界拓展特征

上一节的 6 个历史阶段,梳理了新乡市主城区的发展历程。从 20 世纪初,铁路的修建开始改变城市的格局,新乡市从一个小县城转变成一个跨入大城市门槛的区域中心城市;在 100 多年的时间里,主城区的面积增加了 140 多倍(表 4-1)。仅从新中国成立开始算起,60 多年的时间,主城区面积扩大了近 29 倍,这种变化是十分惊人的。

结合之前的研究,从表 4-1 可以看出,新乡市作为一个平原城市,由于初始规模较小,周边地理因素和历史因素的干扰很小,犹如一张白纸很好地展现了我国城市建设的阶段性特征,在城市空间发展上是十分典型的。新中国成立前由于铁路等交通因素,新乡市的主城区面积有一定的增长。但由于战争等原因,整体速度一般。新中国成立后,尤其是自被定

4 新乡市主城区及其开放空间系统演变

表 4-1　新乡市主城区不同历史阶段发展数据

历史阶段	封建时期	发展初期	跃进时期	无序时期	改革开放初期	快速时期
阶段时间区间（年）	618—1903	1904—1949	1950—1966	1967—1981	1982—1993	1994—2008
参考节点时间（年）	1690	1950	1968	1981	1993	2008
主城区面积（平方千米）	0.7	3.4	20.3	29.7	46	101
增加面积（平方千米）	0	2.7	16.9	9.4	16.3	55
年均增长量（平方千米/年）	0	0.010	0.939	0.723	1.358	3.235
年均增长率（%）	0.00	1.48	27.61	3.56	4.57	7.03

注：主城区面积按作者划定范围计算。

为平原省省会开始，新乡市的城区建设呈现年均27.61%的井喷式扩张。而从这一时期末的街道图可以看出，尽管增长迅速，城市用地边界仍然十分完整，内部交通线以方格网排列，平原城市的用地优势显现得十分明显。这一阶段，铁路、河渠对城市边界有一定的影响，城市发展跨越了卫河和部分铁路。在受"文革"影响的无序时期，城市发展由于缺少专业的规划，呈现散点蔓延的状态，四个方向都有一定的发展，城市边界非常自由散乱。1981年重新开始城市总体规划，跨越沟渠和铁路的整体式建设又开始展开。跨越人民胜利渠，撤销了东、南两向的铁路，修建了四条外环线，最终形成了今日的完整的主城区轮廓。纵观历史，新乡市的空间发展总体上是在"限制——跨越——再限制——再跨越"的轨迹中前进的。跨越城墙和护城河，新乡市开始了近代城市发展，止于铁路线与卫河；跨越卫河与铁路，新乡市开始了现代城市建设，并止于东南方向的沟渠与铁路；跨越人民胜利渠，取消小铁路，新乡市开始了如火如荼的快速城镇化建设，最终建成了环路主城。

由此可以看出一些平原城市发展的特点：

（1）平原城市受其他地理因素制约较轻，铁路、公路、河渠是影响平原城市发展边界的重要因素。铁路和区域间公路由于对各种要素具有集聚效应，能够很快地吸引城市建设资源。

（2）政治、经济的发展能对平原城市产生重要影响，同时平原城市有非常强的建设执行力。在政策、经济有力支持的情况下，城市建设可以快速推进。

（3）规划则整，放松则散。平原城市要早做规划，重在管理和优化。

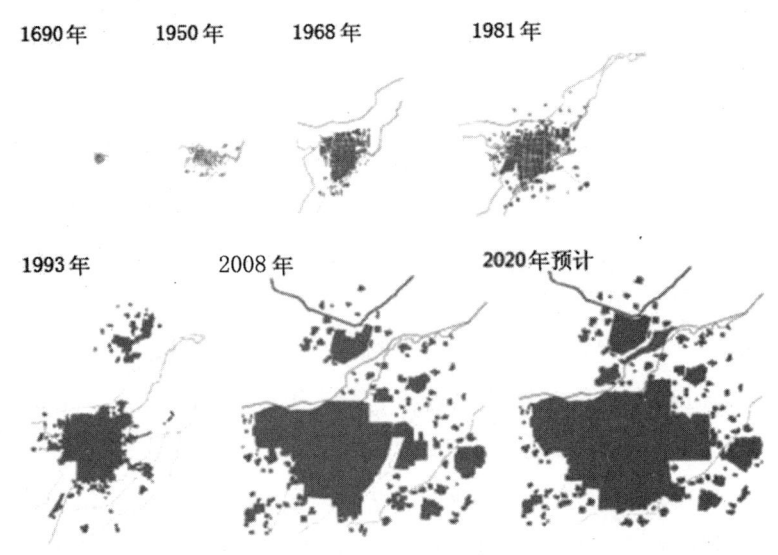

图 4-13　不同时期新乡市城区用地演进

4.2.1.2 开放空间的发展特征

新乡市作为平原城市发展的代表，其历史阶段的开放空间的发展也具有典型性。在封建社会，城市格局等级森严，大型开放空间主要集中在重要设施附近。近代发展时期蓝色空间作为地理要素纵横城内城外，城市建设者还对自然要素有所保留。新中国成立后的城市建设全面铺开，重要的人民公园于1958年建成，其地理位置和东苗圃一样其实都位于城市的边缘。"文革"期间，护城河和一些沟渠等蓝色开放空间让位于城市建设，城市内的自然要素类开放空间比例呈下降趋势。改革开放后的城市空间发展,也是将建设用地摆在优先的位置,东苗圃等绿色开放空间再次被肢解、压缩或消减。城内的一些新建小公园已经成为见缝插绿的中小规模开放空间,与建设之初的人民公园规模已不可同日而语。

由此可以看出一些平原类城市开放空间发展的特点:

(1) 平原类城市的大型开放空间资源在早期一般分布于城市周边。

(2) 随着城市的发展,自然类开放空间(绿色开放空间和蓝色开放空间)最容易被挤压和消减。

(3) 建设用地建成以后,自然类开放空间(绿色开放空间和蓝色开放空间)已经难以大面积扩展。因此,要重视规划建设前的布局与优化。

4.2.2 区域意义

当前的新乡市区是以主城区为中心,多个组团围绕的分散结构。主城区在区域内发挥的作用,远远大于其他区域。新乡市主城区作为新乡市域内的行政、经济、文化中心,在城市地理学、城乡规划学以及城市社会学等学科的意义重大,其辐射范围包括了行政上的新乡市域全境乃至周边县市。同时,新乡市作为中原城市群的核心发展区,其主城区又是区域内城镇化的重要阵地和能量辐射地。新乡市主城区对于区域的辐射意义仍然可以通过交通运输、生态环境、经济社会三点来概括总结。

第一,从交通运输层面来讲,新乡市作为豫北地区重要的交通中心与枢纽,处于中原城市群半小时生活圈内;拥有京广铁路、新菏铁路、京港澳高速、大广高速、长济高速等交通资源,是区域内极为重要的人流、物资运输集散地。所以新乡市主城区也是区域内人流与车流最为密集的空间。新乡市主城区作为各种交通线路的结节点,需要通过空间的发展与优化提高城市运行效率和潜力。

第二,从生态环境层面来讲,市区一般是区域内人工干预范围最大、强度最高的地带。从图 4-14 可以看出,从区域的尺度看,新乡市与各县的城区都处于植被覆盖亮斑区,内部细节特征非常不明显。城市生态系统中自然环境的自调能力弱,容易出现环境污染等问题。城市生态系统的营养结构简单,对环境污染的自净能力远远不如市区以外的自然生态系统。城市的生态环境所面临的问题不仅包括大气污染、水污染、固体废弃物污染和噪声污染等,还有用地的生态化利用和破坏、荒废等方面。主城区的生态环境发展经验可以为整个区域城镇化推进提供服务和借鉴。同时,市区也是人居环境改善的重要阵地。一个有着良好生态环境的主城区也会使得城市本身在区域内更有向心力和凝聚力。因此,非常有必要用更精细的尺度去研究新乡市主城区内部的生态环境。

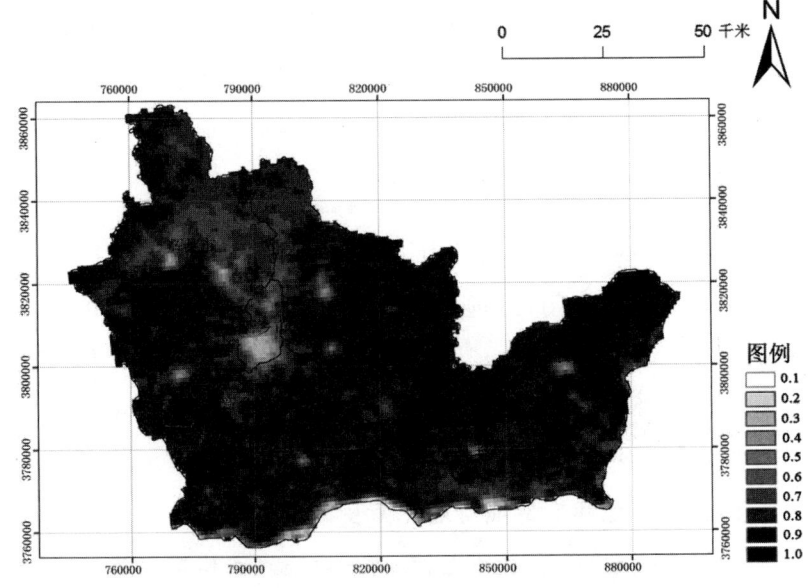

图 4-14　新乡市域植被覆盖指数分布

资料来源:《新乡市总体规划(2010—2020 年)》专项文件。

第三,从经济社会层面来讲,主城区人类社会居住聚落高度集中,是城市人群居住最为密集、经济联系最复杂的地带,代表了区域内人类城市社会活动的最高形态。盖迪斯(P. Geddes)曾经将城市社会学与城市空间相结合,提出了著名的"地点—工作—人"的空间模式。帕克(R. E. Park)、伯吉斯(E. W. Burgess)、柯克(Philip Cooke)等人都曾对城市社会与环境的关系做过重要研究,都说明了城市中社会现象的相关性、典型性和复杂性。研究城市空间不能脱离人文社会层面,要注重社会行为与城市空间结构的相互影响,要注重城市社会问题与城市空间问题的相关因

4 新乡市主城区及其开放空间系统演变

素。

4.2.3 关注要点

有关重点研究时段的选择,本文参照之前历史阶段划分原则,为最近一次城市总体规划至今这一阶段,即 2008—2016 年。

自 2008 年爆发国际金融危机以来,世界开始发生深刻变化。中国经济在加入 WTO 经历了快速增长的几年后有了回落的迹象。国家层面为了进一步扩大内需、促进经济平稳较快增长,推出了多项措施。在这些措施的刺激下,包括新乡市在内的非一二线城市的基础设施建设得到了更多的财政支持,同时房地产业猛然加速,城市建设进入了新的周期。这个阶段,机遇与挑战同在,消费结构不断升级,产业结构调整加快,城市化进程加速发展;同时,又是矛盾凸现的时期,资源和环境的约束加剧,区域竞争压力加大。

21 世纪 10 年代末,新乡市相关部门开始组织编制《新乡市城市总体规划(2010—2020 年)》。在本规划中,规划区面积达到 833 平方千米,市区范围包括了市辖区内的牧野区、卫滨区、红旗区、凤泉区等各行政辖区的范围,总面积约 421.64 平方千米。规划明确,丰富了新乡市区域性中心城市的职能,并在规划中加入了市域空间管制、城乡统筹发展等内容。

和之前的几个时期相比,这一时期的城市扩张速度已大为降低,城市主城区边界趋于成型。但是,城市内部空间的变化却比之前剧烈得多。这个时期的城市建设矛盾已经从城市空间增长迅速与城市人口增加相对不足的矛盾转向了城市人口大量增加与高质量的城市空间改善不足的矛盾。从宏观的视角来看,这一时期的城市建设用地似乎更趋于平稳发展;但从中观的视角来看,城市的绿地、水体、广场、道路、裸露土地等空间要素转换迅速,在这一时期研究城市开放空间就显得尤其有价值。基于以上原因,本文将以这个阶段再增加 2008 年为参考节点,以 2008—2016 年作为重要研究时间段。之后的章节主要针对这个时期进行详细的网络分析、评价,并在 2016 年最新分析评价的基础上提出优化建议。

4.3 本章小结

  本章对新乡市主城区不同历史时期的空间发展做了较全面的梳理，通过时空演变认识了其历史脉络和发展特征。新乡市主城区的平原城市特征十分明显，交通因素及河流等自然要素对城市发展方向及边界影响最大。铁路和区域间公路由于对各种要素具有集聚效应，能够很快地吸引城市建设资源。平原城市的特征也使得新乡市的空间发展"规划则整，放松则散"，表明科学规划要有前瞻性和系统性。新乡市的空间发展总体上是在"限制——跨越——再限制——再跨越"的轨迹中前进的。每次阶段性跨越的城市边界几乎都是以铁路、公路、河流为边界。当前主城区内的大型绿色或蓝色开放空间基本都成型于不同历史时期的城区边缘处。在以后的规划中要在城区拓展空间内保留能满足需要的生态类开放空间。随着我国新型城镇化等战略的推进，城市空间发展模式将发生变化，城市开放空间系统也面临新的机遇和挑战，基于交通、生态、社会等不同功能网络的分析研究也需要详细展开。

5 新乡市主城区开放空间系统的交通功能网络

　　以灰色开放空间为主要载体的城市交通功能网络促进了城市各种"流"的出现和运动。交通功能是保证城市开放空间系统乃至整个城市系统良好运转的重要功能。这一功能使得城市人群及物品在物理层面可以抵达空间系统中尽可能多的位置，众多的位置节点与交织而成的线路构成了复杂的交通功能网络。灰色开放空间可以看作交通功能网络中最重要的主体部分，其密度、形态都直接影响城市交通的质量。由于交通功能网络联系着几乎所有的城市人群可停留点，其网络特征本质是由于可达性和整合度等指标的差异而造成的网络中不同地位的区块和节点的联系状况。同时，分析交通功能网络还要考虑所在区位人群的需求程度，以人口的密度和变动情况为参照分析交通的需求。对新乡市主城区开放空间系统交通功能网络的研究就是要分析不同时期的交通联系特征。本章选取了路网密度、道路拓扑度、交通成本、交通承载、人群拥挤度等多个与交通功能网络相关的指标及其细化指标，并对其进行了分析，以基础格网为空间单元对主城区开放空间系统的交通功能网络进行了评价。

5.1 路网密度

　　在有关交通的数据体系中，线形数据相对最容易获取。在没有卫星影像的时代，地图中记录的最主要的就是交通线路。在搜集了相关历史地图、规划图纸、卫星图片等资料后，作者将各时期图像资料在 ArcGIS 中进行空间校正、投影和矢量化。其中，路网密度、道路拓扑度、交通成本等与道路形态有关的数据均以矢量化后的线性文件为基础；交通承载分析中的面积数据是以当前阶段(2008—2016 年)即主城区基本成型后的卫星图片为基础提取的投影面积数据。

城市范围内由不同功能、等级、区位的道路,以一定的密度和适当的形式组成了网络体系结构,路网密度是这个网络的最基本观测指标。路网密度是某一计算区域内所有道路的总长度与区域总面积之比,单位为 km/km^2。其中,道路长度是指依道路网内的道路中心线计算的长度。城市道路网内的道路则是指主干道、次干道和较重要的支路,不包括居住区内部道路。路网密度能够反映一个城市区域内的交通效率。与其相似的概念还有干道密度,它是去除支路后主次干道的密度,其相对路网密度更能反映区域的交通重要等级。

有研究认为,路网密度不足会导致居民出行不便,降低步行、自行车、公共汽车的竞争力,使人们更加依赖私人小汽车。有学者指出,较低的路网密度和较严格的道路交通管制均会降低城市路网的可达性,导致机动车出行分担率提高以及步行和自行车出行分担率降低。当然,也有与上述观点相反的观点,有研究认为,在中国高密度城市形态下,由于城区扩张和收入水平提高,形成了以小汽车为主导的混合通勤结构,而小尺度街区、密集路网等土地利用变量则是助长小汽车通勤的诱因。综合来看,路网密度还是一个城市交通可达性的重要参考,应该予以分析。笔者通过将不同历史时期的地图、街道图、规划图、卫星影像收集整理并进行空间校正和矢量化,以连通程度为标准定义当时干道。利用 ArcGIS 算出单元格网内的城市路网密度,进而得到新乡市主城区路网密度的历史发展状况(表 5-1)。

表 5-1 新乡市主城区道路数据统计

测算来源	年代(年)	主要道路总长度(km)	干道总长度(km)	主城区面积(km^2)	主要道路密度(km/km^2)	干道密度(km/km^2)
根据历史地图及规划图纸测算	1680	6.861	1.411	0.7	9.801	2.016
	1950	31.878	14.649	3.4	9.376	4.309
	1968	88.625	34.452	20.3	4.366	1.697
	1981	74.271	39.489	29.7	2.501	1.330
	1993	115.146	50.173	46	2.503	1.091

5 新乡市主城区开放空间系统的交通功能网络

续表

测算来源	年代(年)	主要道路总长度(km)	干道总长度(km)	主城区面积(km²)	主要道路密度(km/km²)	干道密度(km/km²)
根据卫星影像测算	2008	294.580	204.840	101	2.917	2.028
	2010	309.930	211.779	101	3.069	2.097
	2012	328.498	215.997	101	3.252	2.139
	2014	332.958	218.615	101	3.297	2.165
	2016	340.953	218.615	101	3.376	2.165

注：主城区面积参见第4章不同阶段的定义，2008年以前城市干道为作者根据相关资料定义。

从表5-1可知，在根据历史地图和规划图纸测算的几个阶段，时间跨度长，指标变化大。尤其是主要道路一项，早期的地图记录的城市主要道路较为详细，很多街坊间道路也都被列在地图之上。这也说明了当时的新乡市城市规模较小，交通工具对道路间的差异要求不大。随着城市规模的不断扩大，规划图纸的现状图中越来越多地记载当时城市的主次干道及重要支路。以1968—1981年为例，在主城区面积有所扩大的情况下，图纸所表示的主要道路却有所减少，但干道长度有所增加。这也说明了城市干道的作用越来越突出，这一阶段城市的规模和交通方式已经发生转型。相对来说，通过高清卫星影像更能清晰地发现城市交通的细微发展。在重点观察的2008—2016年阶段，由于四条外环路围合后主城区边界趋于稳定，新乡市主城区内道路增长速度逐渐趋缓，城市支路的增长速度快于干道的增长速度。从这一阶段的数据来看，总体层面的变化已经很小，而近十年的交通格局变化需要用更精确的尺度去评价。

在ArcGIS中分别将2008—2016年5个时间节点的道路数据与基础格网相交，得到主城区主要道路密度和干道密度的空间分布格局（图5-1）。2008—2016年在总体上表现不明显的指标，却在格网分布上有较明显的变化。2008年，主要道路的路网密度低值主要集中在主城区东北部的吕村附近（A13、A14、B13）和主城区西南部的飞机场附近（D05、E04、E05），高值区呈连续均匀地集中在铁路以东、新中大道以西的地块。而城市干道的路网密度与主要道路的路网密度差异性更大。主城区被分异成明显的东、中、西三段，其低值区主要集中在铁路以西，东部地块趋于中间值，高值区集中在中段。2008年之后，主要道路的路网密度格局变化显著，由于主城区四周环路已经成型，城市道路建设开始转向主城区内部，原有主城区中段整齐均匀的主要道路路网密度格局被打破。很多高值单元开始转变为较高值单元，城市中段北部的一三四厂附近甚至出现了低值单元（A08）。主城区东、中、西三段主要道路路网密度的分异边界交错而不再明显，低值单元不再仅限于原有的两处，而是在主城区四周边缘都有所分布。干道的路网密度的变化主要集中在主城区东段，与中段之间的分异界线也逐渐模糊，城市向东部与南部发展的趋势明显。

从两个指标的极差来看，也有不同的变化。主要道路的路网密度单元极差从2008年的6.851上升到了2016年的7.217，说明在主要道路层面，道路建设也不均衡，西部传统低值区域路网建设缓慢。干道的路网密度的最高值则有一个意想不到的下降的过程，经比对卫星影像发现，原因在于2008年时，两条对外的道路新延路与新濮路在当时还发挥着一定的干道作用。随着方格路网的东向推进，两条道路在主城区内的斜线道路逐渐被减少乃至废止，由此才出现了干道密度高值下降的情况。

在主城区成型后的9年中，主要道路的路网密度差异性大于干道，而干道在市交通格局中的变化更加稳定。主城区铁路以西区域变化最不明显，说明该区域缺少交通上的推进。城市中间区域也出现了部分由高转低的单元，细察其原因也多是城中村遗留或拆迁所致的片区停顿。综上可知，这种基于格网单元的道路密度分析可以很好地反映出在总体层面反映不出的时空变化和现象。

5 新乡市主城区开放空间系统的交通功能网络

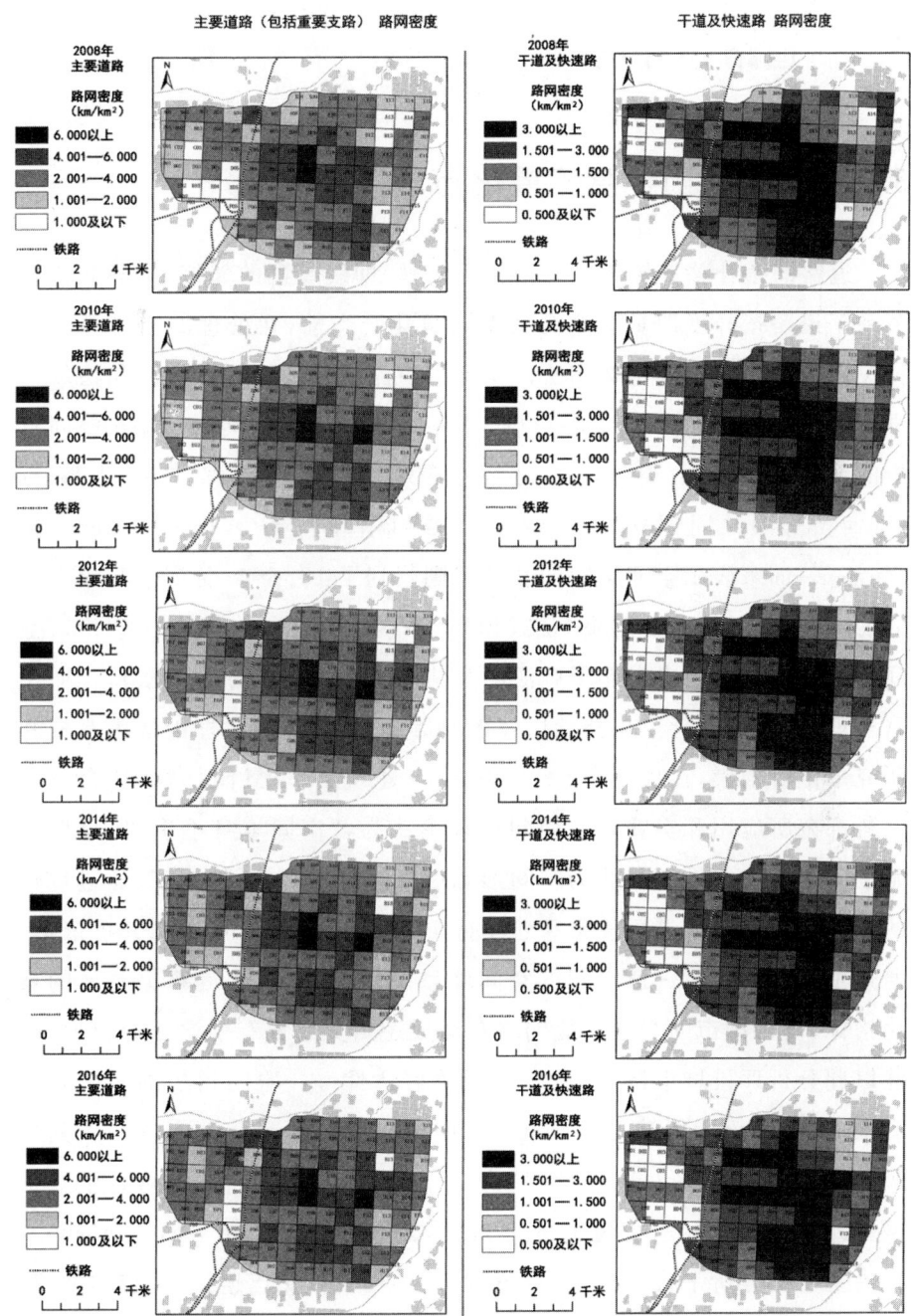

图 5-1 不同时期的新乡市主城区路网密度分布（2008—2016 年）

5.2　道路拓扑度

5.2.1　道路拓扑度的量化方法

　　道路的拓扑关系属于空间拓扑的一种，即线要素的邻接、关联和包含关系。道路拓扑度即是对这类关系的量化。当前，在处理城市中道路拓扑关系的方法中首推空间句法。本章的道路拓扑度也选择空间句法软件进行量化。空间句法（space syntax）是一种关于城市空间以及建筑空间解析的系统理论，是由英国伦敦大学的希列尔（Bill Hillier）、汉森（Julienne Hanson）等人共同创立的。1974年，希列尔和利曼（Adrian Leaman）用"句法"一词来表示空间组织的某种规则。到了1984年，希列尔和汉森等人的名著《空间的社会逻辑》正式出版，系统地提出了空间句法理论。空间句法理论在中国也引起了广泛的关注和应用。由于分析手法特别而又富有理性思维，结合了拓扑学以及图论等思维，空间句法理论最为高校和研究单位所推崇，在地理学、城乡规划学、建筑学、风景园林学、社会学等学科都有所应用和实践。空间句法理论认为，"空间本身不重要，重要的是空间之间的关系"，并认为空间形态可以影响人们的行为。它通过量化的方法对空间关系进行抽象和建模分析，街道路网是其重要的分析依据。通过轴线等方法将街道空间的空间联系呈现出来，并能运算出具体的量化指标，使得城市的交通功能网络在组成逻辑关系上有了评分的依据，并能以此分析评价城市格局、城市路网的可达性等。空间句法的相关软件有很多，被广泛应用的有 Axwoman、Depthmap、Axman、confeego 等，其中 Axwoman 和 Depthmap 运用得最为广泛。考虑到需要在 ArcGIS 中对格网单元的各项指标进行精确量化和提取，本文最终选择了 Axwoman6.2 作为主要的分析平台。在 Axwoman6.2 中可以量化出连接度、控制度、集成度等多个指标。分析前期需要将道路网络转化成尽可能少且相交的轴线，此处不作详细介绍。由于路网的不断细分将导致道路的拓扑值存在不断降低的情况，所以格网单元的空间拓扑度量值应取该单元路网中的高值,这样能较好地体现全局的拓扑关系。本节选择了空间句法中的连接度、控制度、集成度作为城市开放空间道路功能网络中的道路拓扑度的量化分析指标。

5.2.2 道路连接度

连接度(connectivity)是空间句法中最基本的指标。其计算公式(公式5.1)比较简单,式中 C_i 代表第 i 空间的连接度;K 表示与第 i 空间直接相交的其他空间数量,体现了该空间的渗透性。在交通功能网络的研究中,连接度是判断干道主次程度的一种依据。

$$C_i = K \qquad (5.1)$$

将各时期的道路在 ArcGIS 中轴线化后,运用 Axwoman 计算出各街道空间的连接度。由各时期连接度示意图(图5-2)可以看出,连接度与街道路网的形状有很大的关系。因为对道路轴线的要求为"最少且最长",所以线形通直且连续的道路连接度就会相应较大;而折线形和曲线形的道路由于被轴线分成若干段,连接度就大打折扣。

在康熙年间的城池图中,新乡县城其实是被"十"字形主干大街较平均地分成四份的,但是由于北大街与南大街错位,使得东西向大街的连接度最大。而由于城北的线形比城南简洁,同时又与桥梁等对外交通相连,整体的连接度也较高。新中国成立初期的1950年,西部城区则由于靠近西部火车站形成了新城,道路的连接度在新老两个城区中有着明显的分异。西部新城区由于采用了棋盘方格路网,道路的连接度比较均匀且普遍高于仍存在城墙的老城内部的道路。1968年,新乡市城市规模有了很大拓展,胜利路成为连接度最高的城市主干道,平原路、和平路与解放路主段也具有很高的连接度,构成了当时的交通路网骨架。1981年,南干道(今金穗大道)的连接度开始超过平原路,与胜利路、和平路一起成为主城区连接度最高的主干道。1993年,和平路向南继续延伸,东干道实现了南北贯通,城市连接度高的道路的重心开始东移。2008年,除北环局部没有连通外,东、西、南、北四条外环线基本成型,也基本形成了平原路、

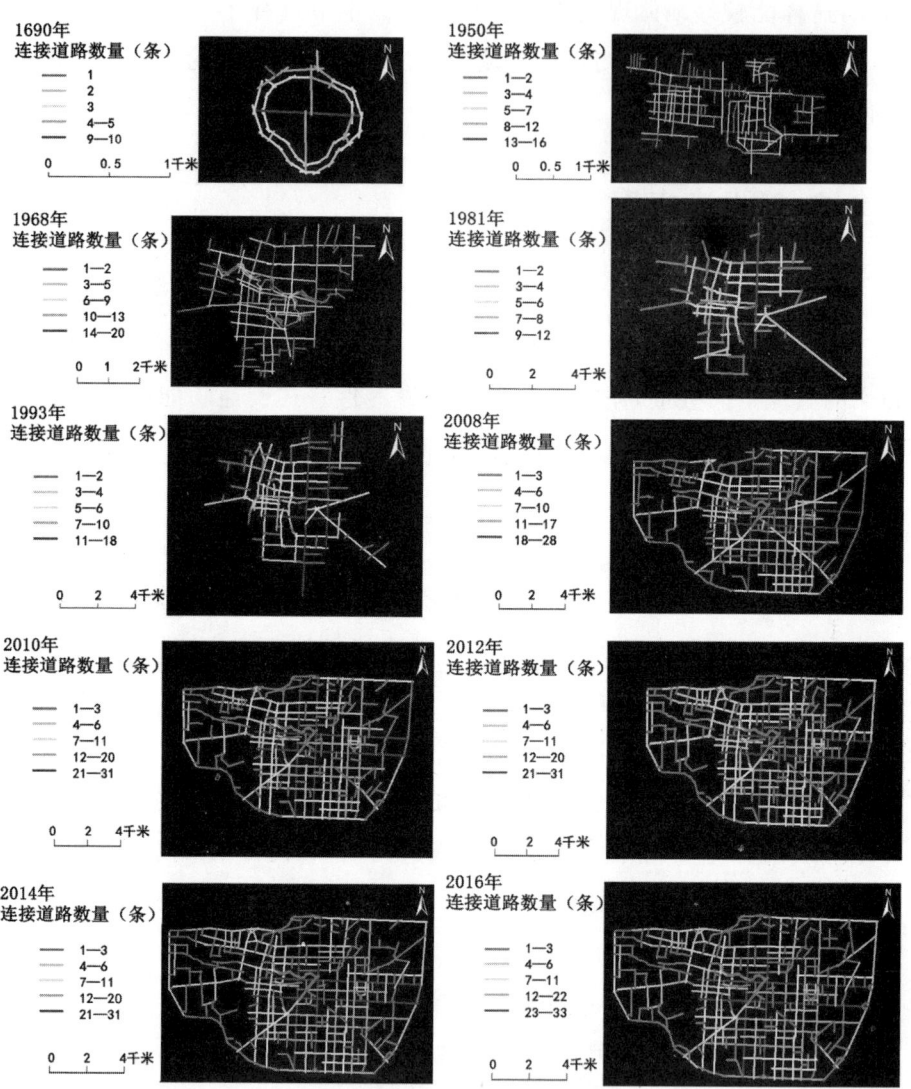

图 5-2　不同时期的新乡市主城区连接度(2008—2016 年)

金穗大道(原南干道)、和平大道、新飞大道(原东干道)四条连接度最高的城市主干道。2008—2016 年近 10 年间,连接度格局变化不大,最明显的是作为 107 国道一部分的东外环的连接度从低值整体升高,说明东外环参与城市交通功能网络的作用有很大的提升。连接度高的道路主要集中在方格路网通达的城市中部和东南部,铁路以西和北部区域因缺少贯穿的干道,其连接度始终很低。

5.2.3 道路控制度

控制度(control)也是空间句法中的基本指标,表示某一空间对与之相交的空间的控制程度,数值上等于与之相交的空间的连接度的倒数之和。控制度体现了系统内空间单元之间相互控制的程度,是对理想状态下的空间可选择性的一种评价。

公式 5.2 中,$Ctrl_i$ 为第 i 空间的控制度,k 是与第 i 空间直接连接的道路数,$j(j=1,2,\cdots,k)$ 是与第 i 空间直接连接的节点数,C_j 是连接度。

$$Ctrl_i = \sum_{j=1}^{k} \frac{1}{C_j} \qquad (5.2)$$

由各时期控制度示意图(图 5-3)可以看出,控制度与连接度有很多相似的结果,控制度更能体现道路单元的相对关系或局部主次关系。由于空间句法是一中逻辑分析工具,相关指标必然随着道路层级的降低而降低,所以基于格网单元进行分析时每个单元的最高值最有价值。在 ArcGIS 中用叠加分析的功能将每个格网单元内最高的控制度提取至单元格。

5.2.4 道路集成度

集成度(integration)又被翻译为整合度,是希列尔空间句法理论中的一个重要概念,它反映了在不同尺度的范围内,某一特定空间与系统内其他空间的聚集与离散程度。与集成度联系紧密的还有一个深度(depth)概念,它与集成度呈一定的倒数关系,故此处以集成度为主。集成度是一个数学逻辑概念,其数值越高,代表该空间单元与系统内其他单元之间的障碍越小,到达这一空间也就越容易,反之则越困难。集成度还可细分为整体集成度(giateg)和局部集成度(linteg),此处的道路集成度是取整体集成度值。

从新乡市不同时期的主城区整体集成度(图 5-4)可以看出,整体集成度表现得不如连接度和控制度敏感,高值区范围较大,干道的可达性表现

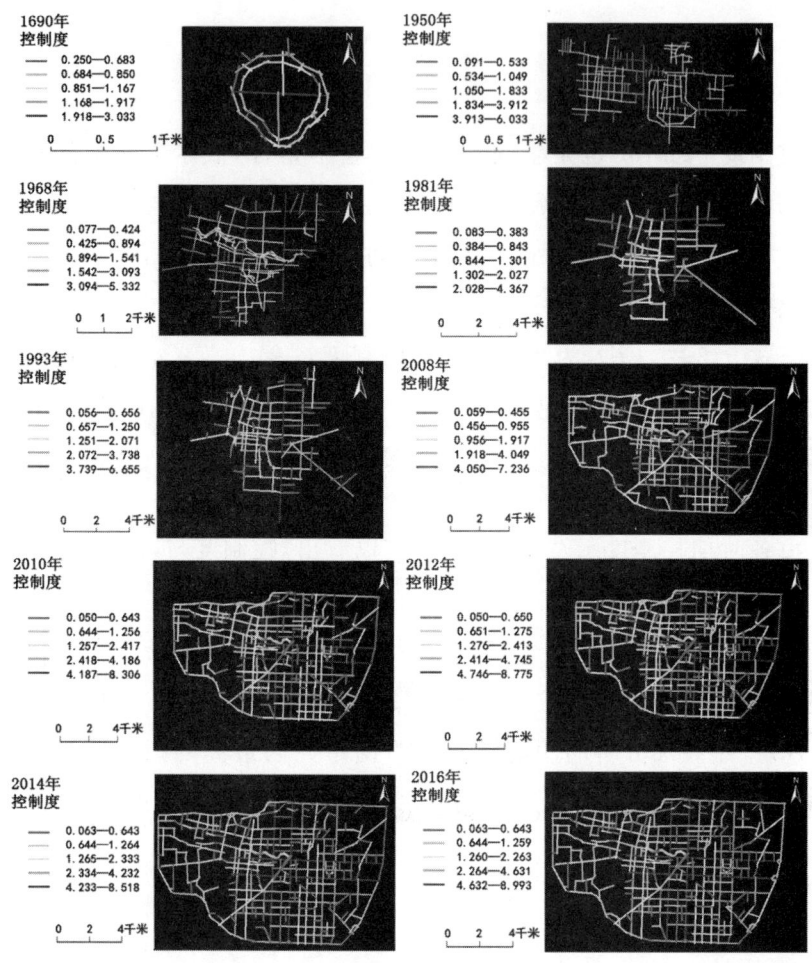

图 5-3　不同时期的新乡市主城区控制度(2008—2016 年)

得十分突出。尤其是 2008—2016 年,在总体上变化并不大,但集成度值仍然可以很好地衡量全局的交通可达分布状况,也是重要的观测指标。

5 新乡市主城区开放空间系统的交通功能网络

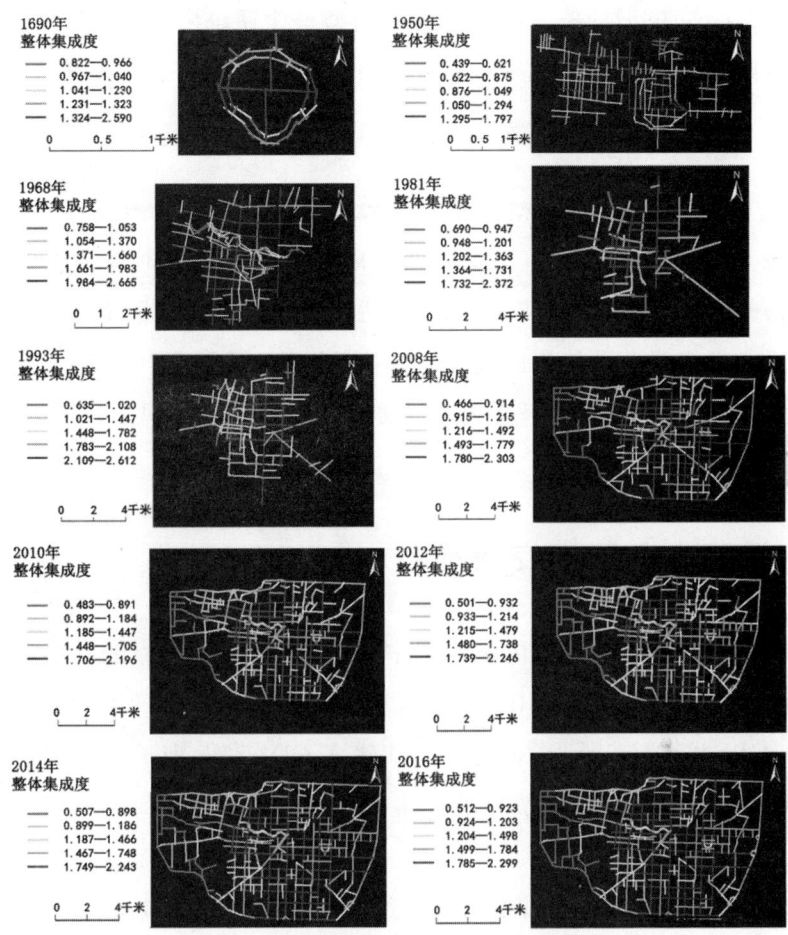

图 5-4　不同时期的新乡市主城区整体集成度(2008—2016 年)

5.3 交通成本

5.3.1 成本分析方法

成本一般被理解为经济学名词,其含义是要达到某种目的而消耗的资源数量。交通成本一般可以分为距离成本和时间成本,即到达一个或多个地点所要经过的道路长度和时间长度。它也是衡量一个系统内交通可达性即交通功能的重要参考指标。研究者提出的"最小阻抗可达性分析方法"(Allen,1995)的概念,其思路就是计算一个系统中的一点到其他所有点的最低成本平均值,即这个点在系统中的交通可达性(公式 5.3)。

$$H_i = \frac{1}{n-1}\sum_{j=i(j\neq i)}^{n} d_{ij} \qquad (5.3)$$

式中,H_i 为节点 i 的交通成本(可达性);n 代表系统中的节点个数;d_{ij} 代表 i、j 间的最小阻抗,即最少的距离成本或最少的时间成本。H_i 值越小,则代表该点的交通成本越小,可达性也越好。分析历史上各个时期的交通成本主要还是分析距离成本,这是由于历史地图上干道与支路的区分并不明显,而且家庭轿车的广泛普及是在近些年实现的,在这种情况下距离成本和时间成本几乎是一致的。

5.3.2 历史各时期交通成本

在 ArcGIS 中,将各个阶段地图中的道路数据进行描绘提取,并将每段道路的两个端点和中点作为节点,建立各个历史阶段的交通路网。通过 ArcGIS 中的 Network Analyst 工具建立 OD 矩阵,即可统计出不同节点的距离成本;再将不同节点的成本生成差值,即可得到交通成本分布图。

从清代的新乡县城交通成本差值分布(图 5-5)即可看出,由于县城北部靠近卫河,如果将城外桥梁算作交通节点,城北的交通成本优势明显。这也很好地解释了前面发现的新乡城池图中的重要设施南北分异的现象。

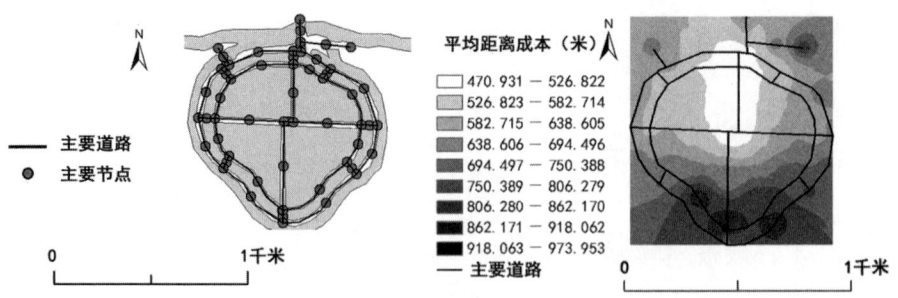

图 5-5　1690 年新乡县城交通成本差值分布

从 1950 年的新乡市主城区交通成本差值分布(图 5-6)可以发现,

1950年时由于在老城以西建立了结合铁路的新城,交通成本的优势区域已经西移,而城墙内的交通成本优势区域也从城北转向了城西。

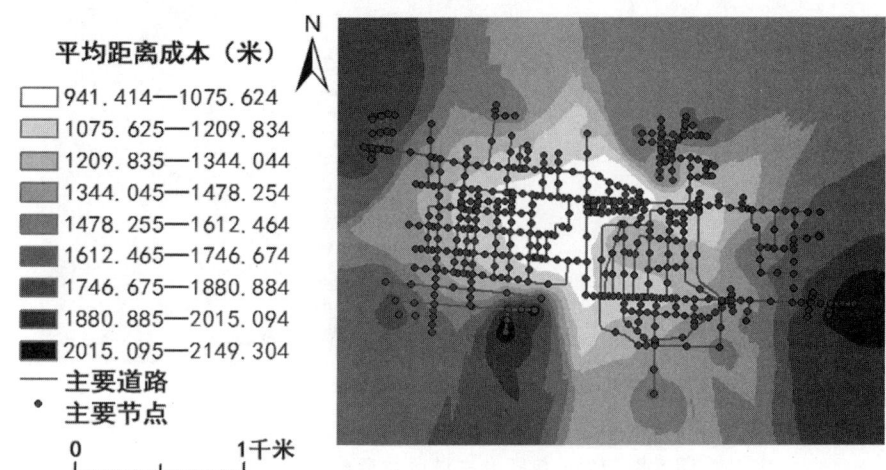

图 5-6　1950 年新乡主城区交通成本差值分布

1968年的新乡市主城区有了很大的拓展,道路网络规模增大。在交通成本的分布(图 5-7)上,处于成本优势的低值区更加接近圆形,也说明了这一时期的交通成本分布比较均匀。当时的新乡师院和洪门镇还都处于整个交通功能网络的成本高值区。

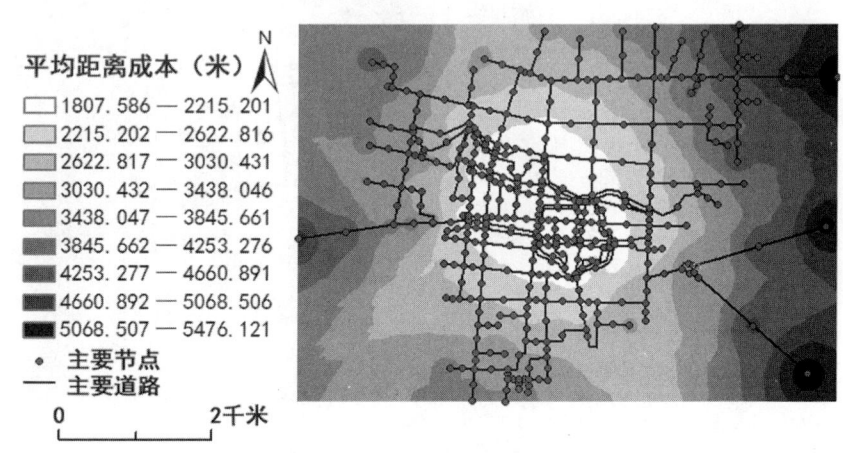

图 5-7　1968 年新乡主城区交通成本差值分布

1981年的新乡市主城区交通成本差值分布(图 5-8)与 1968 年的比较接近,由于城墙拆除和城市内部道路改造,火车站附近的路网相对更加密集,这也造成了 1981 年的交通成本优势区域向西部倾斜。

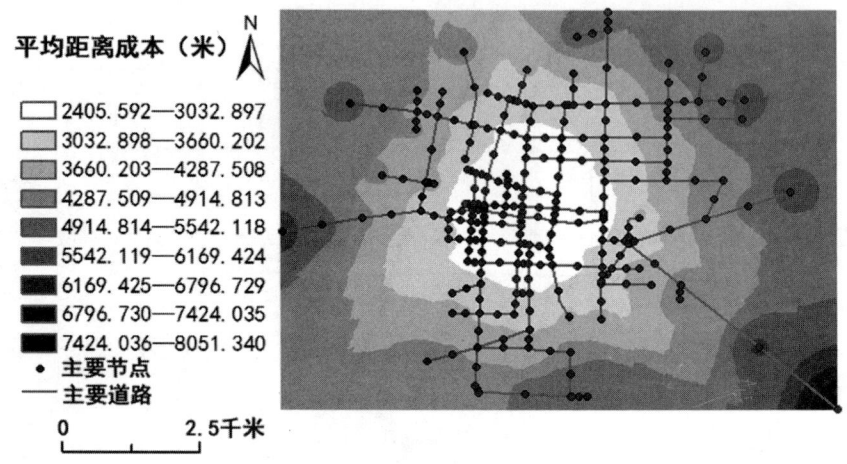

图 5-8　1981 年新乡主城区交通成本差值分布

1993 年,新乡市主城区的道路系统向东有了很大拓展(图 5-9),交通成本优势区的圆形格局再次被打破。这说明城市道路建设力度在东部加大,而很多未打通的断头路或尽端路使得城中出现了冷点区域。

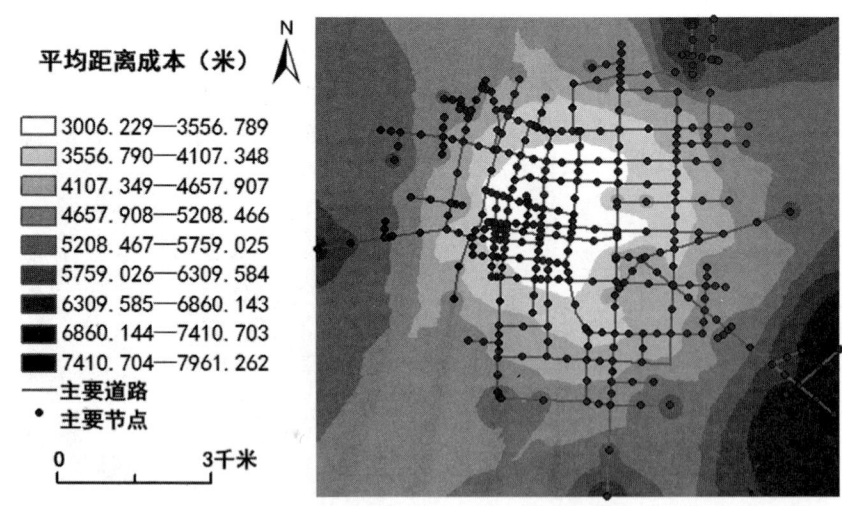

图 5-9　1993 年新乡主城区交通成本差值分布

5.3.3 重点观察时期的交通成本

2008—2016年为本次研究的重点观察时期。结合高清卫星影像,确定了各年的主次干道等道路信息,并分别分析了各年的距离成本和时间成本。其中,在时间成本分析中,快速路行车速度设置为70km/h,主干道为50km/h,次干道为40km/h,支路为20km/h。

从成本值来看,2008—2016年,无论是距离成本还是时间成本,主城区内最低值区域都有所减少,说明这一阶段的交通系统有一定的改善。但是从差值分布图(图5-10)来看,和2008年相比,2016年交通成本高值区和低值区的面积都有不同程度的扩大,说明交通成本分布有两极分化的趋势。尤其是铁路以西区域,其交通成本在绝对数值上有所降低,但在相对比较上有所上升。2012年最主要的特征就是荣校东路和向阳路两条干道与东环打通,荣校东路与平原路之间修建了多条支路,分割出了多个完整的四方地块。另外,北环等地周边的支路有一定的拓宽。2014年友谊路东段与新中大道接通,新五街连接了金穗大道、人民东路、平原路和荣校东路。东明路中段修通,连接了金穗大道、向阳路与新延路。新中大道以西的新延路基本废止。宏力大道牧村段完成,连接新中大道。这些变化基本上都发生在主城区东部,铁路以西区域的交通功能网络亟须关注和治理。2016年的新乡市开放空间交通功能网络高值区集中在主城区东部和火车站、长途客运站相关区域。铁路以西区域以及主城区东北部区域交通功能网络功能低下,效率不高,亟须改善。

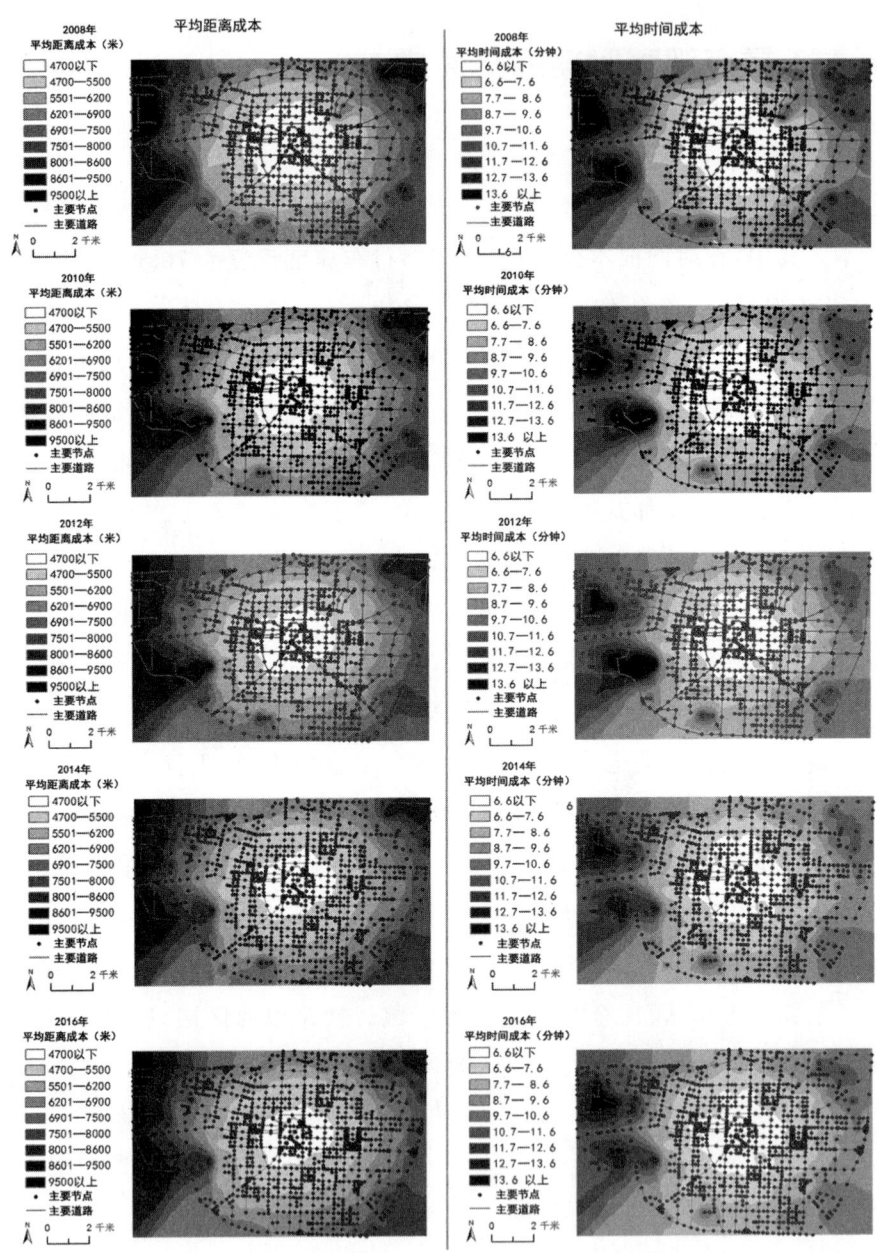

图 5-10 新乡主城区距离成本与时间成本差值分布(2008—2016 年)

5.4 交通承载

5.4.1 交通流动承载值

交通功能除了考虑道路形态因素，还要考虑面积因素。灰色开放空间是城市交通能力的重要载体，可以细分为深灰空间和浅灰空间。深灰空间即一般的道路空间，浅灰空间则为广场、停车场等硬质开阔场地，二者分别体现了交通流动空间与交通驻停空间。这些都可以以灰色开放空间的面积进行研究分析。交通功能网络的承载特征又可以通过交通流动承载网络与交通驻停承载网络来分析。本节的数据主要来源于作者对2008—2016年新乡市主城区的高清卫星影像的要素分类和提取。

此处的交通流动承载网络的主要体现指标即为深灰开放空间密度，即城市道路与内部道路的总面积和格网总面积的百分比。因为排除了广场类浅灰开放空间，深灰开放空间体现了格网内开放空间对车流与人流的承载情况。

将相关年份的深灰开放空间分布图与基础格网进行相交求值后，对每个格网单元的深灰开放空间密度基于2008年起始特征进行分类（图5-11），发现2008—2012年，主城区的深灰开放空间均呈现圈层式梯度分布，即中央区域面积比较大，向边缘逐渐减小。2012年后，由于主城区内道路面积扩大，中部地区的流动承载优势被摊薄，高值区已不连续。而低值区基本集中在北部河师大、东部大学城、西环东沿等边缘区域，这些区域的干道面积以及内部道路面积都需要增加，以弥补流通承载的不足。并且可知，一个区域的道路面积即深灰空间的面积也不是恒定不变的，其转变过程值得关注。

2008—2016年，处于交通流动承载值高高值区（35%以上）的空间单元是向主城区四周不断扩展的，这体现了城市交通建设的一些成就。但是，需要特别注意的是，在此期间空间格网单元与周边环境对比明显的区域,主要有 D05、D08、D13、B11 等单元。D05 单元与 D13 单元都处于城市核心发展轴以内,即平原路和金穗大道中间地带,但是却长期处于低值区(15%以下)。至 2016 年,两个单元周边已经"高值林立",这两个单元的"空间孤岛"状态十分明显。这两个单元一个临近直升机场(D05)、一个为城中村(D13),将是未来城市空间进一步发展的重点。D08 是以人民公园为主体的单元,交通流动承载值从高高值(35%以上)下降到低高值(25.1%—35%),其原因应是周边建设力度的加大,深灰空间向建筑空间、绿色开放空间等进行了转变。B11 单元则由一个孤立的高高值单元向周边产生了连续的高高值拓展,说明了周边是城市交通重点发展区域。

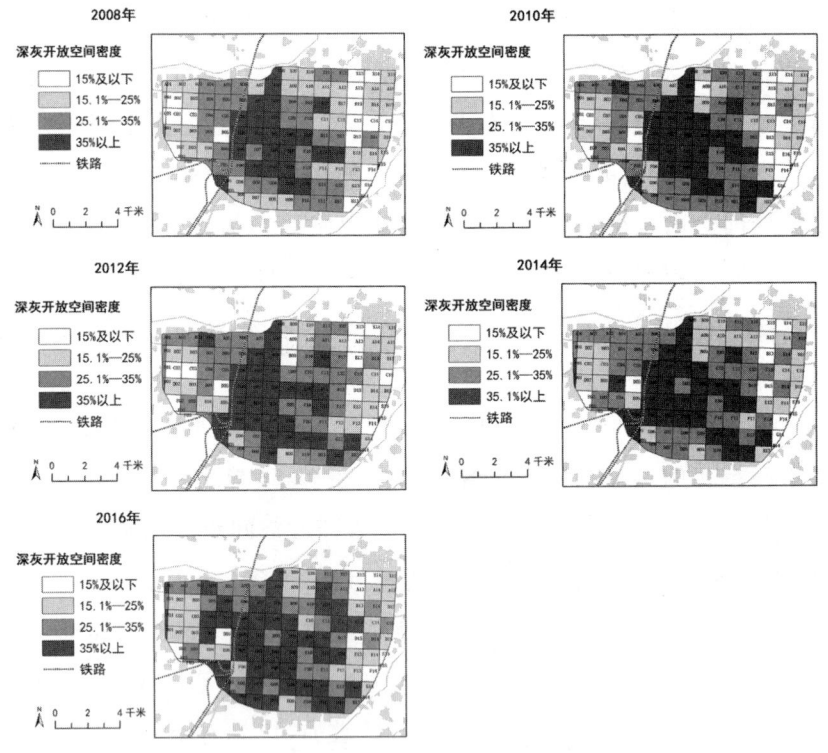

图 5-11　新乡市主城区交通流动承载网络格局(2008—2016 年)

5.4.2 交通驻停承载值

交通驻停承载网络主要体现在浅灰开放空间,即城市广场、停车场与

5 新乡市主城区开放空间系统的交通功能网络

内部硬质的开阔交通场地,其主要功能是为人、车、物的驻停提供露天场地,是有形物质流动的重要缓冲空间,同时还能承担部分人的游憩活动。

将相关年份的浅灰开放空间分布图与基础格网进行相交求值后,对每个格网单元的浅灰开放空间密度进行自然间断分类(图5-12)。由图5-12发现,2008年时主城区的浅灰开放空间有较明显的圈层结构,主城区靠外圈层有较明显的浅灰空间高值带分布。自2010年之后,这一格局逐渐被打破,东部城区逐渐成为浅灰空间的分布中心;而西部的浅灰空间下降相对严重,交通驻停承载力明显下降。

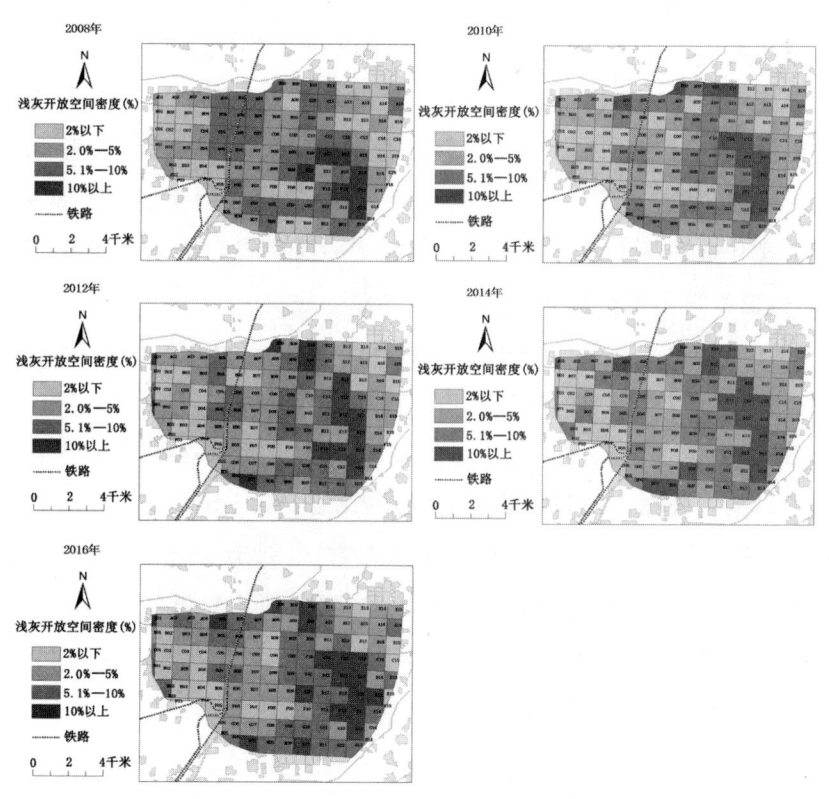

图5-12 新乡市主城区交通驻停承载网络格局(2008—2016年)

5.5 人群拥挤度

人群拥挤度是研究城市交通功能网络不能回避的因素，它体现了人群对交通的需求分布情况。交通功能网络的人群拥挤特征反映了城市中人口分布状况和人群的集中程度。拥挤程度是判断交通功能网络供需关系及有效性的重要参考。对城市的人口分布情况的获取一直是相关研究的难点，尤其是按照单元格网精确获取，按传统思维更是无从操作。近年来信息技术不断提高，大数据时代的到来以及智能手机等应用的普及，为交通功能网络研究方法的创新带来了无限的机会。更多的研究者开始利用爬虫技术获取网络上实时的数据资源，使得抓取市区级的人群拥挤数据成为可能。腾讯、百度、高德等公司均推出了相关的交通服务地图，其资源格式和资源特点各不相同。越来越多的研究者开始以这些数据为分析依据，也取得了不少成果。

"微信宜出行"是基于腾讯公司的各个客户端（微信、QQ 等）进行人口拥挤程度可视化服务的应用。由于腾讯公司的用户量大（截至 2016 年最新数据，微信月活跃用户已突破 8 亿），其人口拥挤程度是相对更加精确的人口稠密数据。通过网络爬虫程序，结合 ArcGIS 可以爬取动态分布数据，其精度高，点阵间的距离在 27 米左右，并带有 value 值的点要素数据资源（图 5-13）。其中，获取的点要素的 value 值为腾讯公司基于自己的算法而给出的参考值，并不是真正的人数或应用设备数量，只在同一时刻意义相同，所以还需要将其进行转换。

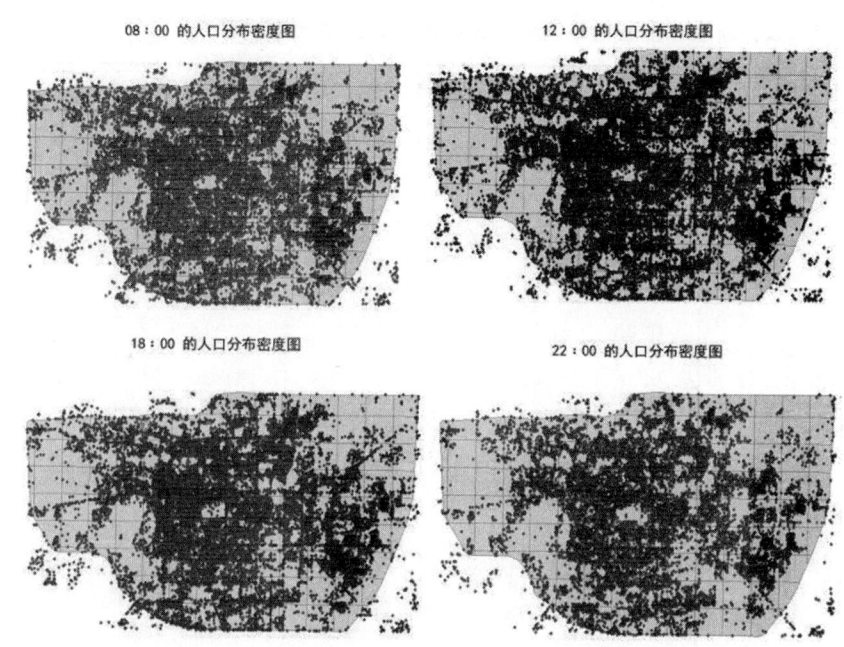

图 5-13 基于宜出行数据的新乡市人口拥挤度（2016 年）

本文将同一时刻主城区内所有点要素的 value 值相加，并假设主城区内全天总人口数基本恒定，以单元格网与点要素相交求出单元格网内 value 值之和，便可得到不同时刻单元格网内人群占主城区总人口的比例。经比对数据发现，新乡市主城区不同工作日的人口分时特征非常近似，所以作者选择了 2016 年某工作日 7 点至 24 点的 18 个整点宜出行数据进行连续爬取。根据上述方法，假设新乡市主城区内总人口恒定不变，求出各时刻单元内人口占主城区总人口的比例，进而得出各单元格网的全天主要时段（7：00—24：00）人口拥挤情况及其相关统计（表 5-2、表 5-3）。

表 5-2 新乡市主城区格网单元人口占主城区总人口的百分比（2016 年）

单元	最大值（%）	最小值（%）	平均值（%）	最大流动值（%）	高峰时刻（时）	低谷时刻（时）
A01	0.10	0.03	0.06	0.07	21	10
A02	0.20	0.09	0.13	0.12	8	17
A03	0.32	0.18	0.25	0.14	12	9
A04	0.41	0.23	0.33	0.19	13	14
A05	0.72	0.48	0.60	0.24	20	10
A06	0.67	0.45	0.54	0.22	20	15
A07	0.63	0.36	0.45	0.26	7	9
A08	0.79	0.54	0.70	0.25	14	23
A09	1.35	0.82	1.03	0.53	7	15
A10	1.36	1.01	1.19	0.35	13	14
A11	7.86	4.42	6.00	3.44	10	7
A12	0.56	0.23	0.39	0.33	22	16
A13	0.08	0.03	0.06	0.05	16	23
A14	0.19	0.09	0.14	0.09	19	11
A15	0.13	0.04	0.08	0.09	13	20
B01	0.08	0.02	0.05	0.06	12	14
B02	0.10	0.04	0.07	0.06	21	17
B03	0.37	0.15	0.25	0.22	13	9
B04	0.44	0.31	0.38	0.12	7	11
B05	1.08	0.72	0.87	0.36	7	9
B06	0.97	0.67	0.77	0.30	7	11
B07	1.58	1.13	1.30	0.45	24	10
B08	2.25	1.52	1.86	0.73	7	8
B09	1.53	1.10	1.28	0.43	24	15
B10	2.08	1.57	1.81	0.51	19	9
B11	1.39	0.89	1.08	0.50	24	10
B12	0.31	0.20	0.25	0.11	21	14

5 新乡市主城区开放空间系统的交通功能网络

续表

单元	最大值（%）	最小值（%）	平均值（%）	最大流动值（%）	高峰时刻（时）	低谷时刻（时）
B13	0.42	0.20	0.30	0.22	24	12
B14	0.27	0.15	0.22	0.12	13	23
B15	0.11	0.06	0.08	0.06	24	17
C01	0.04	0.00	0.02	0.04	18	23
C02	0.01	0.00	0.00	0.01	7	8
C03	0.06	0.00	0.03	0.06	8	17
C04	0.72	0.44	0.56	0.28	7	11
C05	1.61	1.13	1.37	0.48	7	13
C06	3.65	1.56	2.09	2.08	17	23
C07	3.85	1.97	2.58	1.88	16	8
C08	2.05	1.51	1.75	0.54	16	8
C09	1.61	1.25	1.38	0.36	11	21
C10	0.97	0.71	0.84	0.27	7	10
C11	1.13	0.73	0.92	0.40	23	10
C12	1.11	0.85	0.98	0.26	9	18
C13	1.16	0.83	1.02	0.34	7	10
C14	0.56	0.32	0.44	0.24	13	22
C15	0.55	0.12	0.28	0.43	9	24
D01	0.03	0.00	0.01	0.03	11	19
D02	0.32	0.17	0.22	0.15	18	10
D03	0.22	0.08	0.15	0.13	10	23
D04	0.84	0.58	0.70	0.26	7	23
D05	0.44	0.16	0.31	0.29	22	9
D06	2.31	1.12	1.60	1.19	17	23
D07	3.48	1.83	2.50	1.65	16	8
D08	2.26	1.09	1.57	1.18	17	7
D09	1.87	1.55	1.69	0.32	11	17

续表

单元	最大值（%）	最小值（%）	平均值（%）	最大流动值（%）	高峰时刻（时）	低谷时刻（时）
D10	1.70	1.41	1.57	0.29	20	12
D11	1.65	1.06	1.24	0.59	17	22
D12	1.77	0.52	1.19	1.25	14	7
D13	2.61	0.78	1.33	1.83	9	7
D14	3.12	1.78	2.45	1.34	22	20
D15	1.73	0.45	1.06	1.28	21	17
E02	0.10	0.05	0.08	0.05	7	12
E03	0.23	0.12	0.16	0.10	21	18
E04	0.23	0.09	0.15	0.14	21	17
E05	0.18	0.07	0.12	0.11	13	9
E06	1.44	1.01	1.24	0.43	7	10
E07	2.24	1.80	1.99	0.45	18	10
E08	1.87	1.12	1.43	0.75	24	9
E09	1.79	1.22	1.46	0.58	24	13
E10	0.90	0.56	0.72	0.35	10	20
E11	1.23	0.75	0.99	0.48	24	9
E12	2.12	1.28	1.67	0.84	9	13
E13	4.38	2.72	3.34	1.65	8	7
E14	3.12	1.58	2.30	1.53	23	10
E15	0.03	0.01	0.01	0.02	9	18
F02	0.03	0.00	0.01	0.03	22	10
F03	0.06	0.02	0.04	0.04	21	20
F04	0.14	0.06	0.09	0.08	21	15
F05	0.21	0.08	0.13	0.13	23	15
F06	0.88	0.65	0.75	0.23	23	9
F07	1.49	1.09	1.30	0.40	7	10
F08	1.89	1.43	1.66	0.47	17	9

5 新乡市主城区开放空间系统的交通功能网络

续表

单元	最大值（%）	最小值（%）	平均值（%）	最大流动值（%）	高峰时刻（时）	低谷时刻（时）
F09	1.46	1.03	1.21	0.43	24	10
F10	0.66	0.36	0.46	0.31	8	17
F11	0.81	0.59	0.68	0.22	7	23
F12	2.74	1.44	2.10	1.29	13	9
F13	9.00	6.41	7.59	2.59	23	17
F14	0.74	0.22	0.39	0.52	9	13
F15	0.01	0.00	0.00	0.01	17	8
G05	0.41	0.20	0.28	0.21	24	11
G06	0.57	0.37	0.47	0.20	21	8
G07	1.87	1.22	1.52	0.65	7	24
G08	0.98	0.76	0.86	0.22	15	19
G09	1.37	1.09	1.21	0.28	21	15
G10	1.10	0.80	0.93	0.30	24	8
G11	0.74	0.50	0.59	0.24	7	17
G12	0.28	0.12	0.20	0.16	15	16
G13	0.75	0.57	0.66	0.18	11	22
G14	0.03	0.00	0.01	0.03	11	8
H05	0.01	0.00	0.00	0.01	11	7
H06	0.50	0.33	0.40	0.17	20	9
H07	0.87	0.62	0.73	0.25	23	17
H08	2.15	0.94	1.65	1.21	22	17
H09	0.89	0.70	0.76	0.19	11	7
H10	0.79	0.47	0.61	0.33	24	15
H11	0.29	0.11	0.20	0.19	8	17
H12	0.34	0.13	0.21	0.21	12	22
H13	0.28	0.18	0.23	0.10	24	9
H14	0.04	0.00	0.01	0.04	17	11

续表

单元	最大值（%）	最小值（%）	平均值（%）	最大流动值（%）	高峰时刻（时）	低谷时刻（时）
X08	0.23	0.12	0.18	0.10	13	23
X09	0.40	0.24	0.30	0.16	7	17
X10	0.40	0.23	0.30	0.17	8	21
X11	1.40	0.64	0.91	0.76	23	12
X12	0.30	0.16	0.24	0.14	9	16
X13	0.03	0.00	0.02	0.03	8	9
X14	0.04	0.01	0.02	0.04	13	7
X15	0.11	0.02	0.05	0.08	10	22

表5-3 新乡市主城区格网单元人口拥挤峰值分布汇总（2016年）

时段（时）	7	8	9	10	11	12	13	14	15	16	17	18	19	20	21	22	23	24
最高值单元个数	19	7	7	4	7	3	10	2	2	4	7	3	2	4	10	5	7	13
最低值单元个数	8	9	15	14	6	4	4	7	3	14	3	2	4	2	5	10	2	
出现极值单元之和	27	16	22	18	13	7	14	6	9	7	21	6	4	8	12	10	17	15

从格网单元的人口拥挤峰值图（图5-14）、均值图（图5-15）、差值图（图5-16）以及峰值分布（表5-3）来看，早7点是格网单元人口高峰出现最多的时段，其次是晚24点。这可以看作居住的聚集情况分布。由出现极值单元之和发现，7点、9点和17点，是最高值与最低值同时出现最多的时段。这可以认为上下班与接送学生上下学是新乡市主城区内交通拥堵的最主要原因。

5 新乡市主城区开放空间系统的交通功能网络

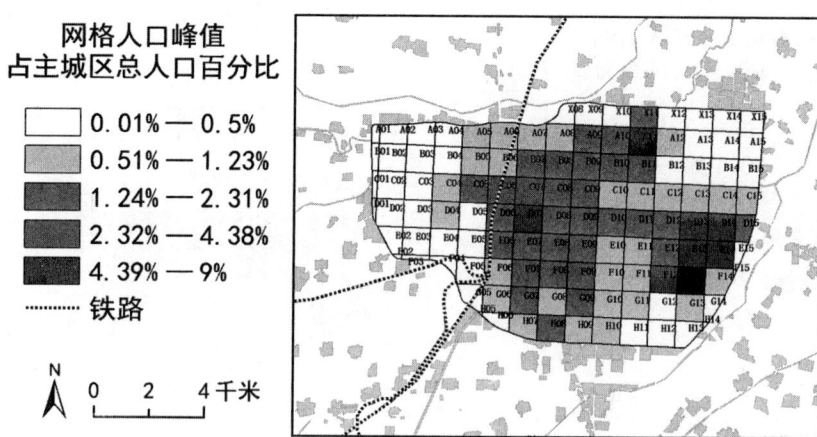

图 5-14 基于宜出行数据的新乡市主城区某工作日人口峰值分布(2016 年)

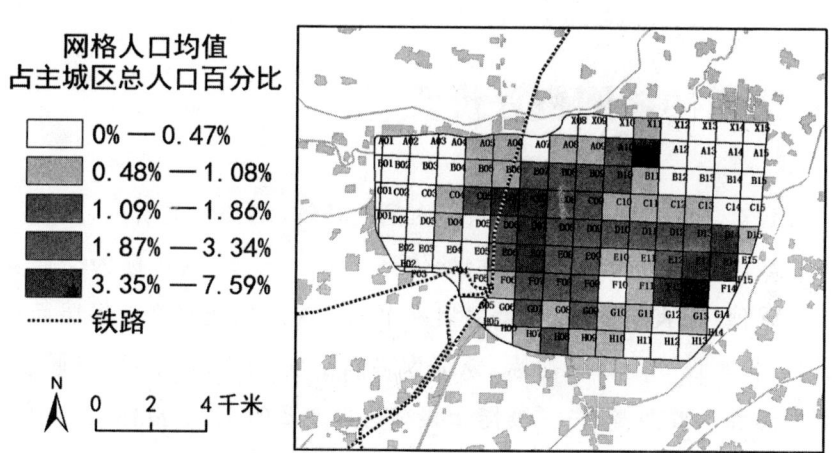

图 5-15 基于宜出行数据的新乡市主城区某工作日人口均值分布(2016 年)

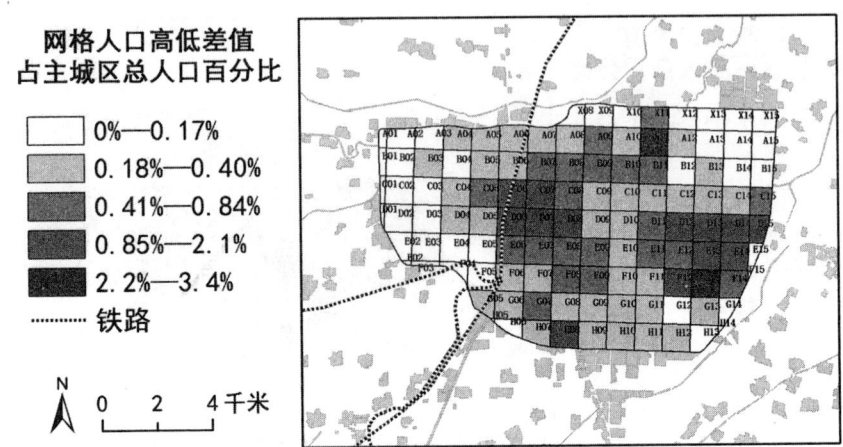

图 5-16　基于宜出行数据的新乡市主城区某工作日人口差值分布(2016 年)

5.6 交通功能网络评价

综合对开放空间交通功能网络内涵的理解,结合相关研究,构建了新乡市主城区交通功能网络评价指标体系(表 5-4)。一级指标为交通功能网络效果值,代表了 2016 年度的格网单元在交通功能网络效果层面横向比较情况;下设 5 个二级指标,分别为路网密度、道路拓扑度、交通成本、承载能力和人群拥挤度;三级指标共有前文涉及的 12 个指标。其中路网密度、承载能力和人群拥挤度的各指标均可以通过计算直接获取至每个单元;交通成本需要通过单元中心点对成本插值图进行数据提取;道路拓扑度的 3 个指标相对比较特殊,通过 ArcGIS 里的相交功能得到每个格网单元内的最高值,以此来分析整个区域内在空间逻辑关系上的总体分布情况。

5 新乡市主城区开放空间系统的交通功能网络

表 5-4 新乡市主城区交通功能网络评价指标体系

一级	二级	三级	效应
T 交通功能网络效果值	T1 路网密度	T11 主要道路路网密度	正向
		T12 干道路网密度	正向
	T2 道路拓扑度	T21 连接度	正向
		T22 控制度	正向
		T23 集成度	正向
	T3 交通成本	T31 距离成本	逆向
		T32 时间成本	逆向
	T4 承载能力	T41 流动承载面积	正向
		T42 驻停承载面积	正向
	T5 人群拥挤度	T51 单元内人口最高值	逆向
		T52 单元内人口平均值	逆向
		T53 单元内人口极差值	逆向

由此可得出基于熵权法的新乡市主城区交通功能网络评价指标体系权重（表 5-5）。由熵值计算出的结果看，各指标中道路拓扑度的权重最大，其次是承载能力和路网密度，人群拥挤度的权重则显得非常小。这也反映了有着合理空间逻辑的规划和交通物质空间基础对城市开放空间系统中交通功能网络的重要性。

表 5-5 基于熵权法的新乡市主城区交通功能网络评价指标体系权重

二级指标	T1 路网密度		T2 道路拓扑度			T3 交通成本		T4 承载能力		T5 人群拥挤度		
权重	0.194		0.416			0.131		0.217		0.042		
三级指标	T11 主要道路密度	T12 干道密度	T21 连接度	T22 控制度	T23 集成度	T31 距离成本	T32 时间成本	T41 流动承载	T42 驻停承载	T51 最大人数	T52 平均人数	T53 人口极差
权重	0.076	0.118	0.179	0.157	0.080	0.075	0.056	0.072	0.145	0.014	0.012	0.016

将所得权重与无量纲化后的各单元值相乘，得到最终评价结果（附录 B）。

从交通功能网络的最终评价结果（附录 B）和空间分布（图 5-17）可以看出，城市交通的主轴为处于格网单元东西向的平原路、金穗大道和南北向的和平大道、新飞大道。当前，新乡市主城区的交通优势区域主要还是集中在城市中心，但重心偏于城市东南方向。西环与东环还没有完全发挥出应有的城市快速路作用,其附近的低值区远远多于北环和南环。铁路以西地区和主城区东北部吕村区域的交通较全面地处于劣势,亟须加以改善。主城区中心地带还有一些被高值单元和较高值单元包围的中值单元,如 A08、B08、B11、F11 等单元,一般都为城中村所在地,是所处区域的交通影响因素,应加大改造力度。火车站平原路附近单元虽然拥挤程度非常高,但其综合评价仍然处于高值区,一方面是因为人群拥挤度指标的权重不大;另一方面也说明周边区域的相对指标过低,不足以对其有足够的支撑。

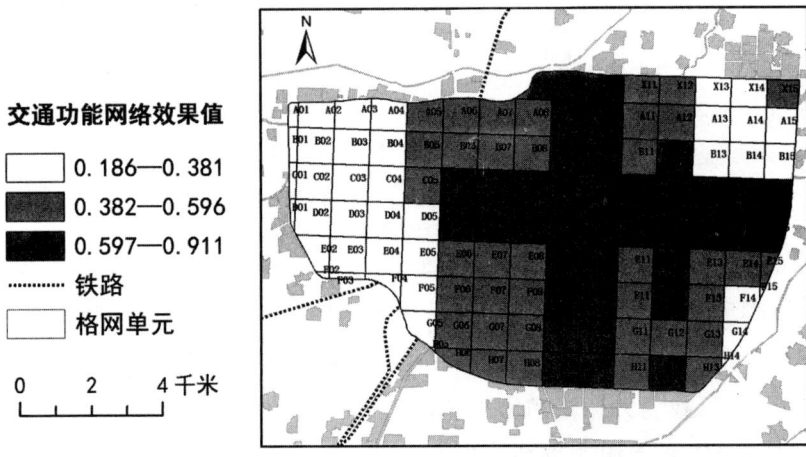

图 5-17　新乡市主城区开放空间交通功能网络评价格网(2016 年)

由于空间节点基本等距离分布,相邻空间节点之间的联系度可以简化为两点交通功能网络效果值的乘积。从交通功能网络的空间节点联系(图 5-18)来看,新乡市主城区的高值节点基本集中在铁路以东。铁路以西以及主城区东北角、东南角区域"点"与"线"都呈现低值连续分布。这种空间形态势必会影响主城区交通功能的全面发挥,致使上述三个区域不能很好地融入主城区交通功能网络,进而对这些区域居民的生产、生活造成影响。

5 新乡市主城区开放空间系统的交通功能网络

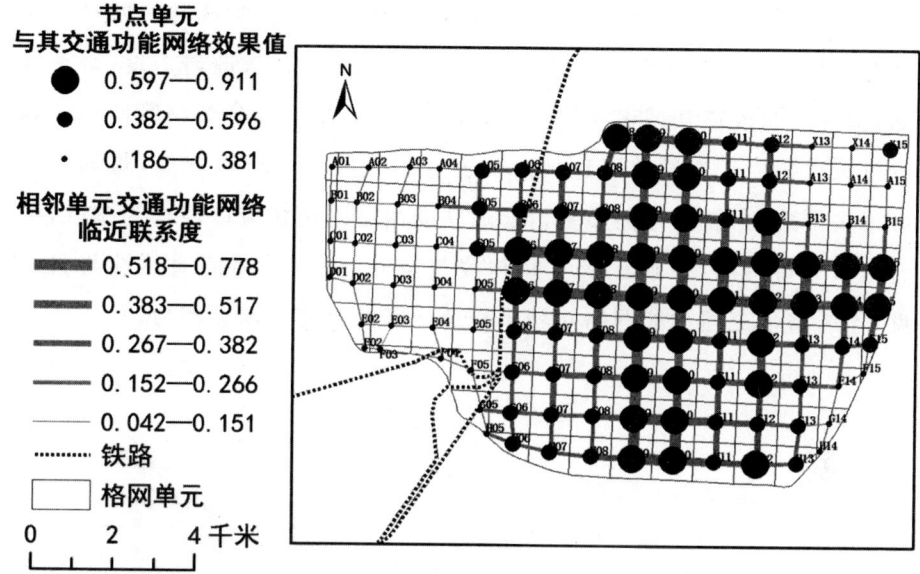

图 5-18　新乡市主城区开放空间交通功能网络节点联系(2016 年)

5.7 本章小结

对于交通功能网络的分析从形态、空间拓扑、承载面积、交通成本、需求等多种层面去理解。本章分析了新乡市主城区开放空间系统中交通功能网络的路网密度、道路拓扑度、交通成本、承载能力和人群拥挤度等相关特征,并基于基础格网对各种指标进行了提取和评价。研究表明,城市干道路网密度的作用较大,能更大程度地影响城市空间格局。同时,在空间逻辑关系上连接度好、整合度高的干道,其交通优势也十分明显。应加强主次干道的修建,使其在线形上通达畅通;同时要尽量减少尽端路,打通断头路,逐步打造开放式街区。在直升机场已经确定搬迁的情况下,要尽早谋划铁西片区的改造,将金穗大道等主要干道向西延伸。新规划的道路除拓宽道路(即深灰空间)本身外,还要增加广场、停车场等浅灰空间。深灰空间与浅灰空间共同提供了对人或物的交通承载功能。城市规划中应全局规划交通系统,加大道路周边的浅灰空间面积,这样才能充分发挥浅灰空间的交通承载作用。铁路以西区域、东北部吕村区域以及多处城中村是影响整个交通功能网络的顽疾所在,要加大改造力度,合理规划,引导旧城改造和城市发展,提高城市空间品质。部分新城区的地块划分过大也影响了交通的可达性。要因地制宜地加大路网密度,规划建设城市主干路网,提升道路质量。交通功能网络的优化应以需求为基础,结合人口分布特征,兼顾深灰空间与浅灰空间,提高道路的通达性与整合度,不断增强交通功能网络对城市交通运转的支持和承载能力。

6 新乡市主城区开放空间系统的生态功能网络

有关生态网络的研究众多，其内涵也有很多种解读。在生态学尤其是景观生态学的研究中，生态网络是由具有生态意义的绿地斑块和生态廊道组成的网络结构体系，它以城市绿地空间为基础，对保护生物多样性、恢复景观格局、保护生态环境、提升城市景观品质等有重要作用。但这类研究多集中在区域尺度，对城市尺度或更加中微观级别的尺度的研究相对较少。本章在生态网络内加入"功能"二字，强调了城市开放空间系统中的生态功能内涵。本章对景观生态格局、绿色斑块、蓝色斑块、棕色斑块、加权生态面积分别进行了分析，并在此基础上以建立的指标体系对新乡市主城区的生态功能网络进行了评价。

6.1 数据说明

6.1.1 宏观尺度

在宏观尺度，城市是人类聚居地，在生态研究中经常被作为一个连续的建设用地来研究，其内部生态特征很难在大尺度空间中表现出来。同时，在中微观层面，由于城市内部实质上被人工化的道路分割成不同的地块，其生态特征与生态功能也与宏观层面有很大的不同。城市开放空间系统中的生态功能网络，其实质是以基础空间单元为节点相互关联的有机整体。城市绿地曾经是城市生态功能网络的主要研究对象。但对城市绿地的分析与优化较多停留在图纸的地块分类上。图纸上的绿地带有很大的主观定性成分，并不能在中微观层面具体地反映区域内真正的绿化覆盖等生态效果,不能真正反映开放空间要素的分布,不能很好地量化城市开放空间生态功能网络。从这个角度来讲,在研究城市开放空间系统的中微观层面,城市的绿化覆盖数据比绿地数据更有意义。绿色开放空间、蓝色开放空间、棕色开放空间等要素都是城市中生态联系的重要影响因素,是重要的观测指标,因此需要对其进行精确化定量提取。

  本章在对比了不同分辨率数据来源的基础上,选择了高分辨率资源,并对其进行精细解译。在分析了近期5个时间节点的总体变化态势后,基于基础格网单元进行各种指标的量化,以此来考察不同格网单元之间的网络联系。需要指出的是,有关生态的研究和指标丰富而复杂,此处的生态功能网络指标是作者基于对开放空间系统的理解而提取的,在有目的性地选择了有代表性的多个指标后对案例区的相关网络特征进行了分析评价。

  从前文总结的几个历史阶段来看,历史地图和规划图虽然能很好地展现城市空间发展历程,但是无法对其进行更深一步的精确化,尤其是对城市开放空间这一有较多分类且需要结合较明确的建筑外轮廓进行分析时就显得不能担当重负。20世纪下半叶,遥感技术的迅速发展使得这一问题有了解决的可能。卫星遥感和航拍等影像资源已经成为生态类研究的重要数据媒介。只是在早期,遥感资料的分辨率都不高。一般情况下,遥感影像和航拍图片资源可以分为低分辨率(100－1000米)、中分辨率(5－80米)和高分辨率(米级及亚米级)等级别。低分辨率资源多用于调查大面积植被覆盖的国土资源规划,在城市尺度研究中很少用到。城市研究者普遍可以免费获取的基本都是几十米、上百米分辨率的遥感影像。借助这种素材,研究者可以在宏观上对城市的土地利用和较大斑块的自然要素空间进行分类提取,但是无法满足精细化研究的需要。本节探讨了中分辨率资源和高分辨率资源的前期研究,并对最终选择的高分辨率资源作了一定的介绍。

  宏观尺度一般用来研究区域级别的案例,一般选择中分辨率资源。其优点是时间跨度大,资源丰富,相对容易获取,对于较大尺度的应用如土地利用、生态环境分析有很好的效果;但其弊端是分辨率仍然不够高,同时对于边界固化阶段的地区分析不敏感,难以满足中微观层面内尺度较小且交织复杂的要素的研究的需要。

作者从空间数据云网站、黄河中下游地理信息数据库等不同渠道搜集获取了新乡市规划区界线内的 4 个时间节点(1980、1995、2000、2008 年)的中分辨率(30 米)遥感数据,进行了前期的校对、要素提取解译和制图(图 6-1)。这些数据尽管达到了 30 米的分辨率精度,能很好地显示建设用地的增长,但是放大后精度太低,城市内部物像不清晰,无法进行精细化分类、解译和提取。尤其是 2008 年以后,基础格网内建设用地日益丰满,对这一时期及其以后进行详细分析需要更精确的分类数据。

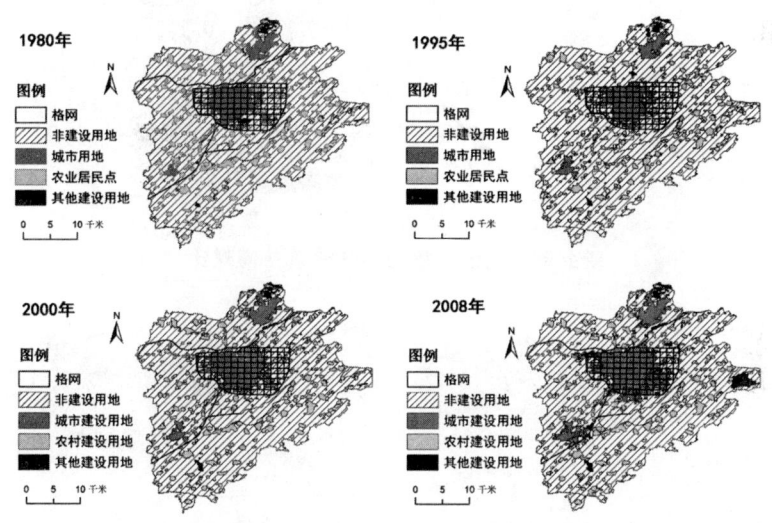

图 6-1 基于 30 米遥感影像的新乡市规划区内的用地演进(1980—2008 年)

6.1.2 中微观尺度及概况分析

本文的开放空间的生态功能网络需要基于较精细的要素分类进行分析。在比较了多种资源之后,最终选择了高清卫星影像(大部分为 0.85 米分辨率,少量为 1.85 米分辨率),综合采用了包括目视解译等多种方法,并结合基础格网单元进行了精细化的开放空间要素分类提取(图 6-2、图 6-3),以使其达到城市空间分类的全覆盖。这一过程工作量十分巨大,最终获得了新乡市主城区 5 个时间节点(2008、2010、2012、2014、2016

年)的分类数据资源。这 5 个时间节点涵盖了新乡市主城区成型后的 4 个重要时间点和之前的 1 个前期重要参考时间点,共生成图斑近 40 万个,能够较精细且全面地反映新乡市主城区自形成至今的开放空间要素的时空演化。本章以下内容均以此数据为基础。

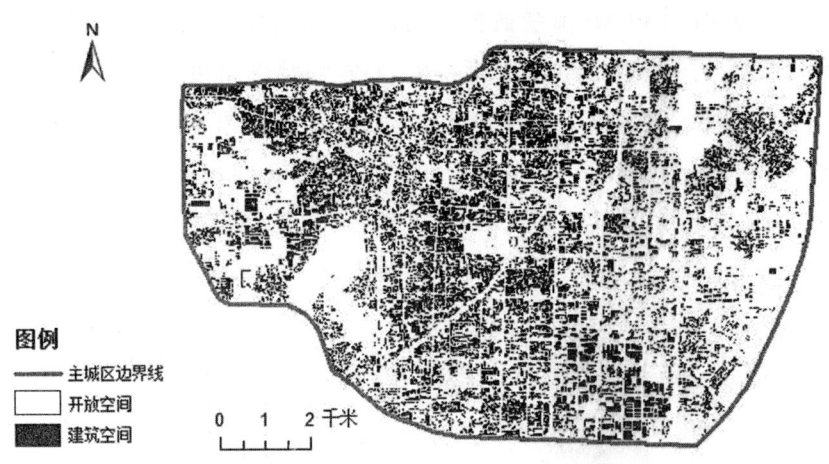

图 6-2　新乡市主城区开放空间与建筑空间对比(2016 年)

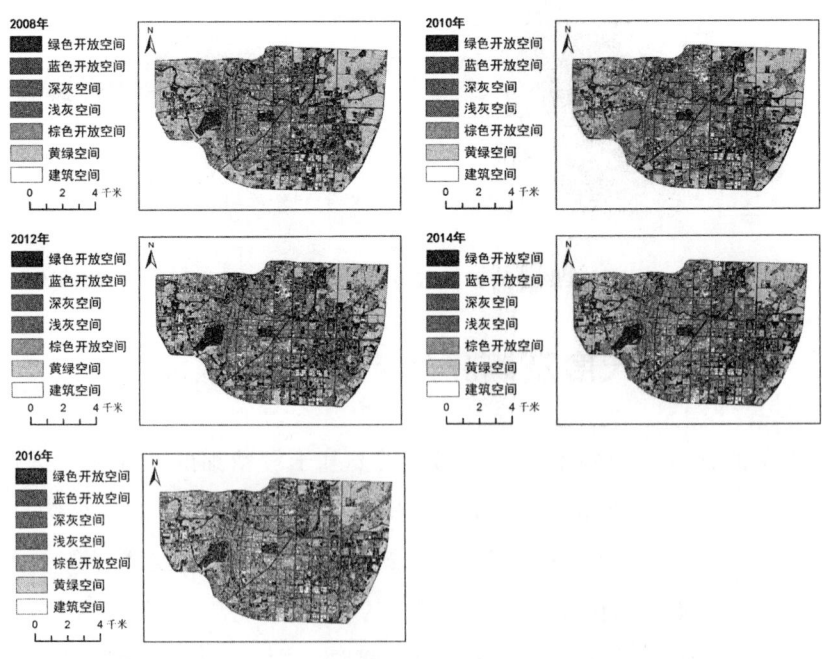

图 6-3　新乡市主城区空间类型分布(2008—2016 年)

6 新乡市主城区开放空间系统的生态功能网络

本文在第三章城市开放空间系统的再认识中,提出了城市开放空间系统的"灰—绿—蓝—棕"四分法和"蓝—绿—黄绿—浅灰—深灰—棕"六分法。结合景观生态学、城市生态学以及开放空间系统理论,笔者将案例区城市空间划分为建筑空间和"蓝—绿—黄绿—浅灰—深灰—棕"共7种可以覆盖案例区所有区域的城市空间。这7种空间类型在功能和作用上有较大的区别。可以通过矢量化后的成果(图6-3)或生成的栅格文件配合软件进行专门的分析。从结果看(表6-1),主城区内深灰空间和浅灰空间都是随着时间逐渐增加的,黄绿空间逐渐较少,这些都比较符合常规认识。而建筑空间、绿色开放空间、蓝色开放空间和棕色开放空间在不同年份都出现了波动,说明在建设速度加快的时期,绿色开放空间、蓝色开放空间、棕色开放空间的发展与建筑拆建有一定的关系。对新乡市主城区开放空间系统的生态功能网络进行分析,可以从景观生态格局、生态空间类型分类等量化生态效应等方面着手。

表 6-1 不同类型的空间的规模(2008—2016 年)

(单位:km²)

年份(年) 空间类型	2008	2010	2012	2014	2016
绿色开放空间	20.897	17.714	22.075	19.517	19.364
蓝色开放空间	1.132	1.339	1.319	1.495	1.423
棕色开放空间	3.307	6.912	3.183	5.345	4.028
浅灰空间	4.776	5.043	5.345	6.373	6.395
深灰空间	26.581	29.223	29.902	30.264	32.204
黄绿空间	21.561	15.627	14.577	12.3235	11.792
建筑空间	22.764	25.354	24.704	25.832	26.124
建设用地	79.439	85.373	86.423	88.676	89.208

注:资料为作者根据矢量化后的数据自测,其中建设用地面积等于主城区面积减去黄绿空间面积。

从表 6-1 可知,2008—2010 年,建设用地增长幅度较大,而绿色开放空间出现了大面积的减少,蓝色开放空间由于牧野湖的建成而有所增加,棕色开放空间则呈现较大面积的增加。可以认为,这一时期由于建设量加大,地表裸露面积增加,绿色开放空间受到了较大影响。同时,由于这一时期的飞机场区域地表由草坪转化为裸露土地,也增加了地表裸露面积。2010-2012年,和之前相比,出现了较好的转变,建设用地增长减缓,建筑空间则在这一阶段出现了意外的负增长。综合分析认为,这应该是由于这一阶段的新旧建筑更替所致,由于部分老旧建筑拆迁,新建城市用地中的建筑容积率提升,而建筑密度则相应降低。同时,这一阶段的棕色开放空间大幅下降,绿色开放空间大幅提高,说明这一时期的开放空间和之前相比得到了一定的优化。2012年后的建设用地和建筑空间均呈现较平稳的增长,且增幅逐渐趋缓;而绿色开放空间则呈现逐年下降的趋势,棕色开放空间的总量波动是最大的,应该重点关注。

6.2 景观生态格局

6.2.1 整体格局

景观生态格局是生态学中的重要概念,它被定义为由自然或人为形成的一系列大小、形状各异,排列不同的景观要素共同作用的结果,是各种复杂的物理、生物和社会因子相互作用的结果,也是一定区域生态环境体系的综合反映。其嵌块体的类型、形状、大小、数量和空间组合是各种干扰因素长期相互作用的结果,同时,它也影响着城市景观内物种的丰富度、分布状况、种群的生存能力及抗干扰能力,影响到城市景观的生态过程和边缘效应。

对景观生态格局分析或模拟的软件有很多,如 Fragstats、Patch Analyst、APACK、SIMMAP 等。其中 Fragstats 是由美国俄勒冈州立大学森林科学系开发的一个计算景观指标的软件,由于免费且操作方便,最为常用,可以支持在斑块水平(Patch Metrics)、分类水平(Class Metrics)和景观水平(Landscape Metrics)等三个层次上的一系列景观格局指数。目前 Fragstats 已经推出了 4.2 版,作为一个定量分析景观结构组成和空间

6 新乡市主城区开放空间系统的生态功能网络

格局的计算机程序,它能够计算包括景观面积、密度、大小、差异、边缘、形状、核心斑块、最近邻结构、多样性结构、聚集与分散结构以及结合统计学衍生的指标等多达上百个指标的数值。

综合尺度等因素,本文首先从景观水平上进行计算。以 ArcGIS 10.1 为基本软件平台,将城市开放空间系统中的各类矢量数据转换为 1m×1m 的栅格数据。本文参考之前的研究成果,首先从景观水平选取斑块数(NP)、斑块密度(PD)、边缘密度(ED)、景观形状指数(LSI)、平均斑块面积(AERA-MN)、蔓延度(CONTAG)、香农多样性指数(SHDI)、聚集指数(AI)对 2008、2010、2012、2014、2016 年几个年份的主城区整体上的景观格局进行了分析(表 6-2)。

表 6-2 新乡市主城区景观水平变化对照(2008—2016 年)

年份(年)	NP (个)	PD (个/km²)	ED (km²)	LSI	AERA-MN (km²)	CONTAG (%)	SHDI	AI
2008	48425	482.290	664.055	167.860	0.207	47.355	1.649	90.059
2010	47008	468.196	671.744	169.820	0.214	46.154	1.687	89.943
2012	46867	466.767	665.248	168.244	0.214	47.562	1.637	90.039
2014	51191	509.865	702.224	177.523	0.196	46.086	1.675	89.484
2016	49519	493.580	679.349	173.527	0.203	47.250	1.641	89.773

从斑块数来看,从 2008 年到 2012 年是逐渐下降的,而从 2012 年到 2016 年总体上是上升的。这说明了一定的城市空间的破碎化程度并不是直线加剧而是波动发展的。

再从不同类型的斑块数量变化(表 6-3)来看,蓝色斑块和黄绿斑块的数量基本呈直线下降,其他类型的斑块数量都呈波动变化。景观形状指数变动不大,呈波动上升状态,说明人工行为对环境的干预有一定程度的增加。在 2008—2016 年,由于主城区边界的固化,总体层面的指标如蔓延度、香农多样性指数和聚集指数等变化都不大,指标需要缩小尺度进行比较。本文基于对城市开放空间系统的认识,分别选取了斑块密度、景观形状指数、蔓延度、斑块丰富度、香农多样性指数,结合新乡市主城区 2008—2016 年的栅格数据对格网单元进行了分析对比。

表 6-3　新乡市主城区空间类型斑块数量（2008—2016 年）

年份(年)	绿色斑块	蓝色斑块	浅灰斑块	深灰斑块	棕色斑块	黄绿斑块	建筑斑块
2008	7465	297	1850	10960	627	518	26708
2010	7590	224	1606	9183	817	404	27184
2012	7705	219	1801	9754	619	370	26399
2014	8937	190	2124	10784	837	335	27984
2016	7733	192	1933	10795	624	331	27911

6.2.2 斑块密度

　　斑块密度（PD）是区域斑块数量除以总面积，一般被用来观测景观破碎化程度。斑块密度值越大，代表破碎化越严重，所以在开放空间系统研究中斑块密度被看作逆向指标。从 2008—2016 年各格网单元的斑块密度分布（图 6-4）来看，存在较明显的空间分异。主城区西北部及中北部较长时间内存在着高斑块密度的连续单元。这些单元属于老城生活区和小工业厂区，建筑多为低层，建筑密度普遍较大，开放空间破碎化比较严重。主城区东南地块斑块密度则相对较低，建筑普遍为多层、高层，开放空间相对完整。

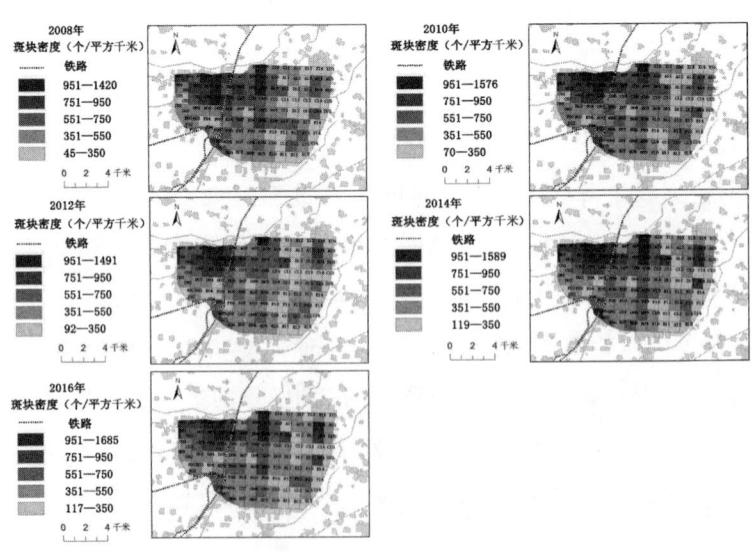

图 6-4　新乡市主城区格网单元斑块密度分布（2008—2016 年）

6.2.3 景观形状指数

景观形状指数(LSI)是景观中所有斑块边界的总长度 E(米)除以景观总面积 A(平方米)的平方根,再乘以正方形校正常数 0.25,其表达式为:

$$LSI = \frac{0.25E}{\sqrt{A}} \quad (6.1)$$

有学者认为,景观形状指数能够综合反映地类的面积与异质程度,其值也能够综合量化分析各地类的面积与整体分布复杂程度。在城市空间中,LSI 的高值区常常是人类活动比较密集、破碎化程度较高的区域。本文在分析城市开放空间的时候将其作为逆向的生态观测指标。从 2008—2016 年的景观形态指数分布状况(图 6-5)也可以看出,人民公园所在单元(D08)与周边的差异十分明显,西部老城区与东部新城区对比也较显著。绿色开放空间、黄绿空间比例大的区域,其景观形状指数都相对较低。由于城中村等因素,主城区东部和南部地块的景观形状指数呈现降低趋势,而中北部地块则长期处于高值区。

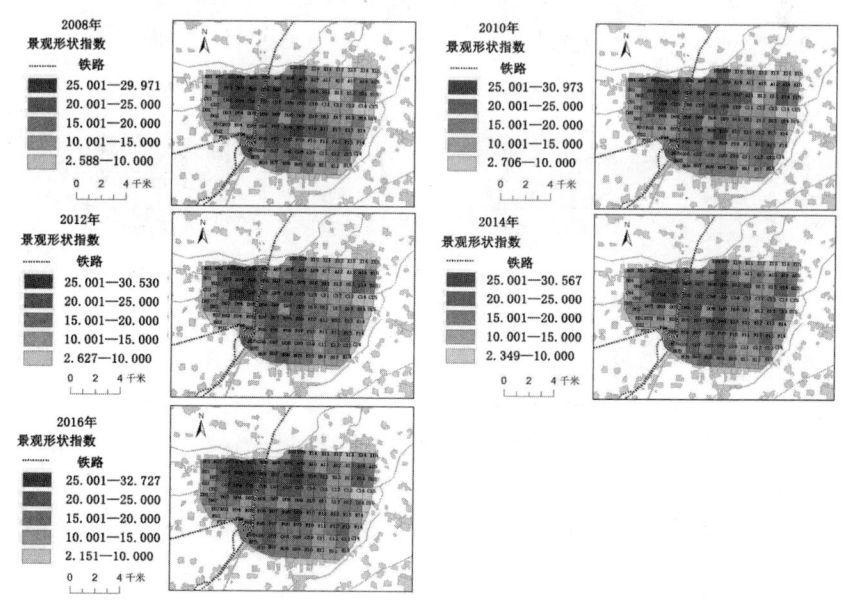

图 6-5　新乡市主城区格网单元景观形状指数分布(2008—2016 年)

6.2.4 蔓延度

蔓延度(CONTAG)描述的是景观中不同拼块类型的团聚程度或延展趋势。蔓延度像其他生态格局指标一样,其数字的意义会由于不同专业和方向的解读而有所不同。一般来说,高蔓延度值说明景观中的某种优势拼块类型形成了良好的连接,而低值则说明景观破碎化程度高。该指标包含空间信息,是描述景观格局的最重要的指标之一。有学者用蔓延度进行生态风险评估等研究,这一指标在景观生态学中运用较为广泛。从2008—2016年各格网单元的蔓延度分布(图6-6)来看,蔓延度的高值单元从主城区的边缘地带逐步转向了主城区的中心地带。这反映了近10年来城市建设对黄绿空间(近郊农田)的侵蚀。而城市中部地区高值单元与相邻低值单元的对比愈发鲜明,反映了这一指标在城市中心区仍然存在着较大的不均衡性。

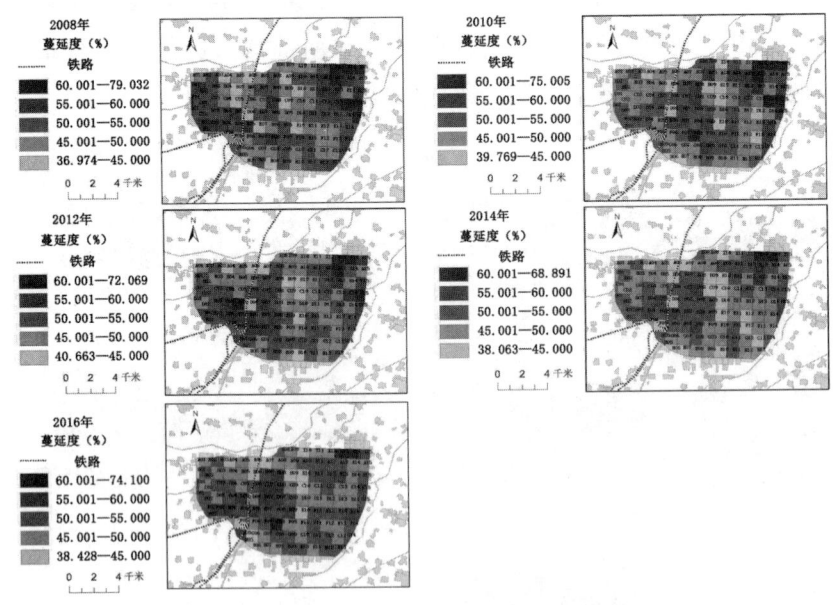

图6-6 新乡市主城区格网单元蔓延度分布(2008—2016年)

6.2.5 斑块丰富度

斑块丰富度(PRD)是指单位面积内斑块类型的数量,是在类型层面最直观地体现多样性的指标。由于研究区被无遗漏地划分为7种空间(6种开放空间与建筑空间),整个主城区的斑块丰富度就是7。但是,在1千米尺度的格网单元内,斑块丰富度却不尽相同。根据斑块丰富度在时间和空间上的分布,可以观测生态多样性。2008—2016年新乡市主城区格网单元斑块丰富度的分布如图6-7所示。2008—2016年,新乡市主城区格网单元的斑块丰富度呈现较明显的中心低、四周高的格局。至2016年,在主城区中心形成了较明显的圈层形态,而最低值单元有逐渐南移的趋势。

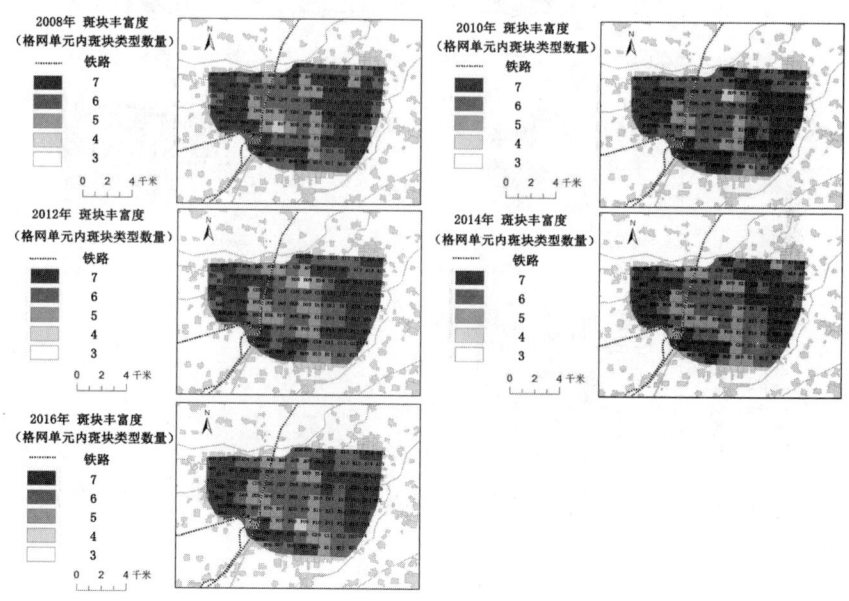

图6-7 新乡市主城区格网单元斑块丰富度分布(2008—2016年)

6.2.6 香农多样性指数

香农多样性指数(SHDI)是通过将各类斑块的面积比乘以该值的自

然对数之后的和的负值得到的。在生态学上,香农多样性指数是一个敏感性的指标,它一般被用来反映景观的异质性。其值越大,说明各类斑块越均衡,土地利用度越高;当该指数为 0 时,说明这个地块为一个单独的斑块。

从 2008—2016 年新乡市主城区格网单元的香农多样性指数分布(图 6-8)来看,新乡市主城区整体呈现中央低、四周高的分布格局。铁路线两边区域与主城区东北部有较明显的低值单元连续存在。近 10 年来,极低值单元与极高值单元的数量都有所下降,这反映了主城区的城市建设进入较稳定时期。

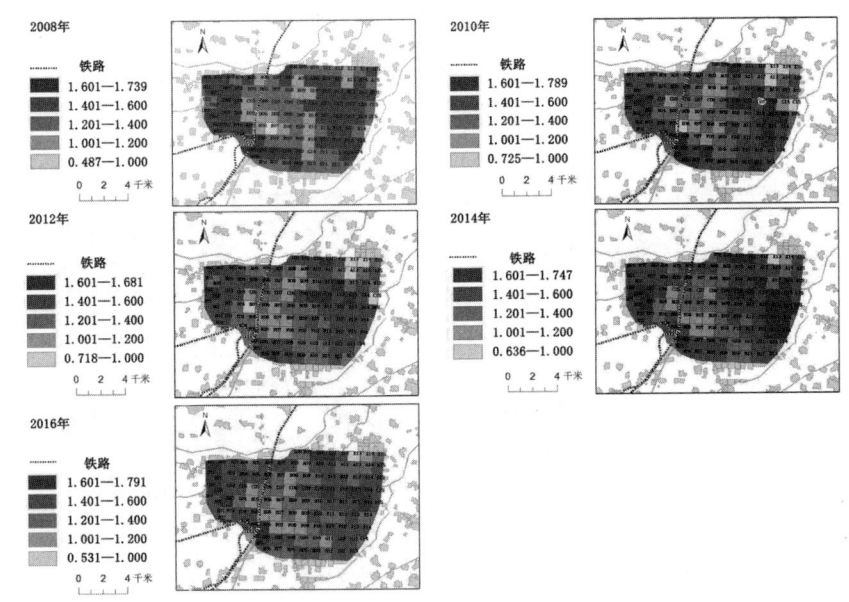

图 6-8　新乡市主城区格网单元香农多样性指数分布(2008—2016 年)

6.3 绿色斑块

6.3.1 绿色斑块基本情况

绿色斑块即绿色开放空间,是城市开放空间系统中体现生态性的重要要素。绿色开放空间在本文中被理解为城市中一切被植物覆盖或非成片农业植物覆盖为主的空间的统称,包含了城市中一切非农业植物覆盖的空间。其中园林绿地系统是其主体,它在保护城市生态环境、城市景观、城市生态系统的生物多样性等多方面起着举足轻重的作用,是城市开放空间系统最重要的生态依托,是建设宜居城市、生态城市和改善人居环境的重要基础。

将相关年份的绿色开放空间分布图(图 6-9)与基础格网进行相交求值后,对每个格网单元的绿色开放空间所占的比例进行分类。参照总体分布情况和相关标准共分为 4 类:一类值区间为 35% 以上,二类值区间为 25.1%－35%,三类值区间为 15%－25%,四类值区间为 15% 以下。

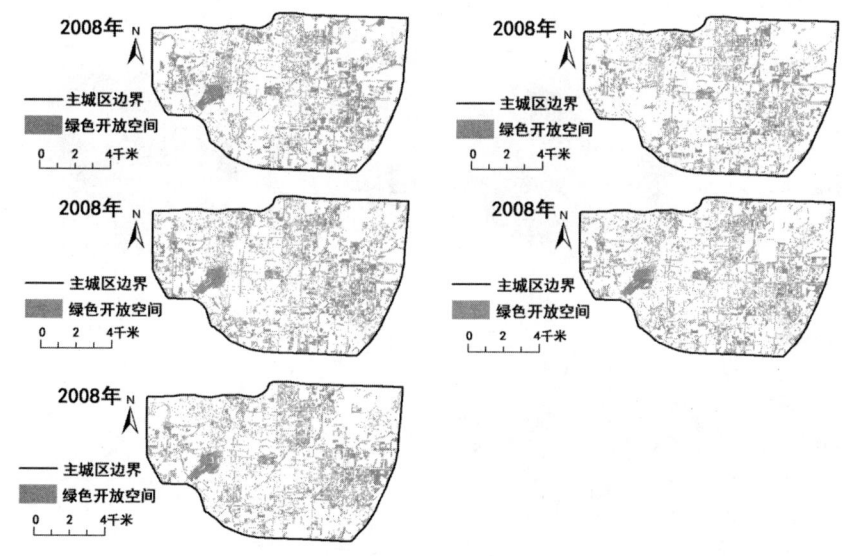

图 6-9　新乡市主城区绿色开放空间分布(2008－2016 年)

对比新乡市主城区绿化覆盖网络分布(图 6-10)可以发现,自 2008 年开始,主城区内绿化覆盖率是趋于下降的。2008 年,人民公园(D08)作为整个城市的绿心并不十分明显,东区有大量的一类值格网单元,人民公园以东的绿化覆盖与其相比差距也并不大。2010 年是变化巨大的时间节点,人民公园(D08)的中心性开始明显,北部区域和西部区域开始出现连续的三类值格网,但东部的一、二类格网单元仍然紧密联系。经过 2012 年绿化覆盖率有较全面的提升后,至 2016 年四类格网单元大幅连续扩大,人民公园作为一类格网与周边对比鲜明,已经成为老城区的"绿心孤岛",主城区其他区域的一类格网则主要集中在大型单位内部地块,如北部和东部高校教育用地区域、西部飞机场特殊用地区域。绿化覆盖环境有所恶化,一、二类格网逐渐收缩,三、四类格网呈现全面扩张之势,生态环境在绿化覆盖层面面临严峻挑战。

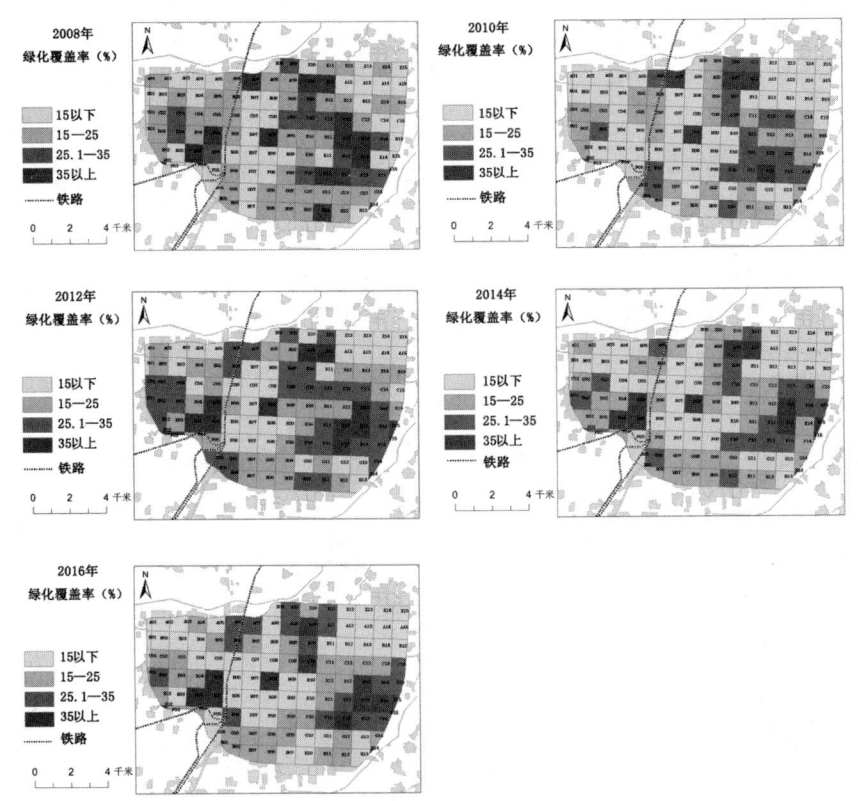

图 6-10　基于格网的新乡市主城区绿化覆盖网络分布(2008—2016 年)

2008—2016 年是新乡市城镇化发展的重要阶段,观察这个过程可以发现,人民公园(D08)和牧野公园(C10)所在格网单元表现得最为稳定。这些要归功于城市发展初期(20 世纪 60 年代)所规划的预留用地。其他绿色斑块相对稳定的地块主要集中在事业单位用地和新建的小区,高校区域有较好的表现,特殊用地则有一定的不确定性。2016 年,主城区东南以格网斜线排列的三类格网与赵定排渠的走向契合,它之所以能够分割周边的四类格网应归功于水体的稳定性。而主城区内的其他用地格网面对快速的城镇化建设,绿化覆盖均表现出不稳定性的特征。含有牧野公园和部分牧野湖的C10单元在2016年之前还不处于高值区,主要是由于周边的开发用地在项目初期还没有进行大量的绿化。随着近年金宸国际等小区开发项目的收尾,整个区域的绿化总量也相应提高,而牧野湖南部开发区域由于一定时间的搁置,已经转为低低值单元,对比十分明显。

6.3.2 绿色斑块相关指标

基于对开放空间系统及其分类的理解,本节选取并计算了最大斑块指数和绿色斑块聚集度等生态格局指标作为绿色斑块的相关指标加以分析。

最大斑块指数为同一类型的最大斑块面积除以该类型的总面积,它代表了最大斑块对整个类型或者景观的影响程度。

2008—2016年,主城区内各格网单元的最大斑块指数(图6-11)呈总体下降趋势。D08(人民公园)作为主城区中心区域的"绿色核心"格局愈发明显,铁路以西区域飞机场处的绿色斑块规模较大且逐渐稳固,主城区东部的高校区域有形成新的大型绿色斑块的趋势。

绿色斑块聚集度的取值在0—100,体现了同一种类型斑块被分散的状况。值越小,说明聚集程度越低,分散程度越高;值越大,说明同类斑块的聚集性越好。根据对城市开放空间系统的理解,该指标能够体现一定类型斑块的规模性和连续性,作为正向指标来分析。从主城区的绿色斑块聚集度分布(图6-12)来看,各格网的单元聚集程度总体较高,这一指标对低值单元的反映较为明显。长期存在的几个低值单元(A09、B09、C05、E09)都是亟须改造的城中村或棚户区;东北部有出现连续低值单元(X13、A14、A15)的迹象,需要密切关注。

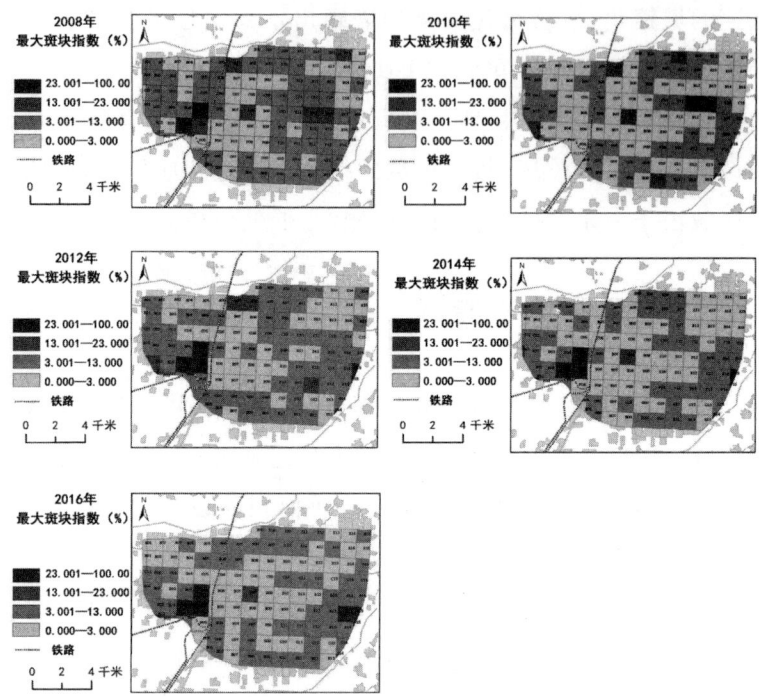

图 6-11 新乡市主城区绿色斑块最大斑块指数分布(2008—2016年)

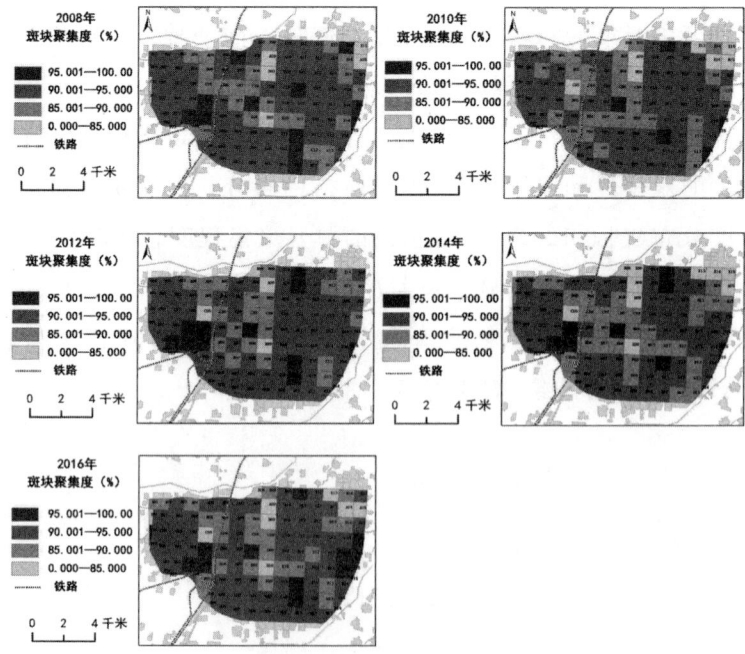

图 6-12 新乡市主城区绿色斑块聚集度分布(2008—2016年)

6.4 蓝色斑块

6.4.1 蓝色斑块基本情况

此处的蓝色斑块即为蓝色开放空间。蓝色开放空间是城市内部的河流、湖泊、沟渠等水体以及城市其他露天水面的总称,是城市生态系统中最关键的生命通道,扮演着重要的传导和疏通角色,承担着城市开放空间系统内部物质流、能量流的交换沟通功能。市区水景观增加了城市视觉空间的丰富性,也为市民提供了更多的游憩场所。国外研究表明,蓝色开放空间对市民的日常锻炼及身体健康都有很大的促进作用(Sebastian Völker & Thomas Kistemann,2015)。蓝色开放空间是城市开放空间系统中最富生命力的组成部分之一,是植被和人类社会不可或缺的资源,是重要的生态廊道。生物体的生命延续、大地景观的形成和发育,都与蓝色开放空间息息相关。在一切感官可以触及的景观当中,水都是人类最宝贵的财富。

将相关年份的蓝色开放空间分布图(图 6-13)与基础格网进行相交求值后,对每个格网单元的蓝色开放空间所占的比例进行分类。蓝色开放空间在城市中的体量比绿色开放空间要小得多。参照总体分布情况和相关标准把蓝色开放空间分为 4 类:一类值区间为 10.0% 以上,二类值区间为 5.0%—10.0%,三类值区间为 1.0%—4.9%,四类值区间为 1.0% 以下。对比新乡市主城区蓝色支撑网络分类分布(图 6-14)可以发现,自 2008 年开始,主城区内的单位面积水体呈现东西分异。2008 年,卫河与人民胜利渠构成了整个主城区的蓝色支撑骨架,东部区域蓝色开放空间并不连续。随着牧野湖的开挖和东部赵定排渠的引水贯通,东部的三、四类区域开始增多且连续。而西部区域除了卫河与人民胜利渠,富含零星水体的三类格网开始减少。牧野湖则逐渐成为城市的"蓝心"。

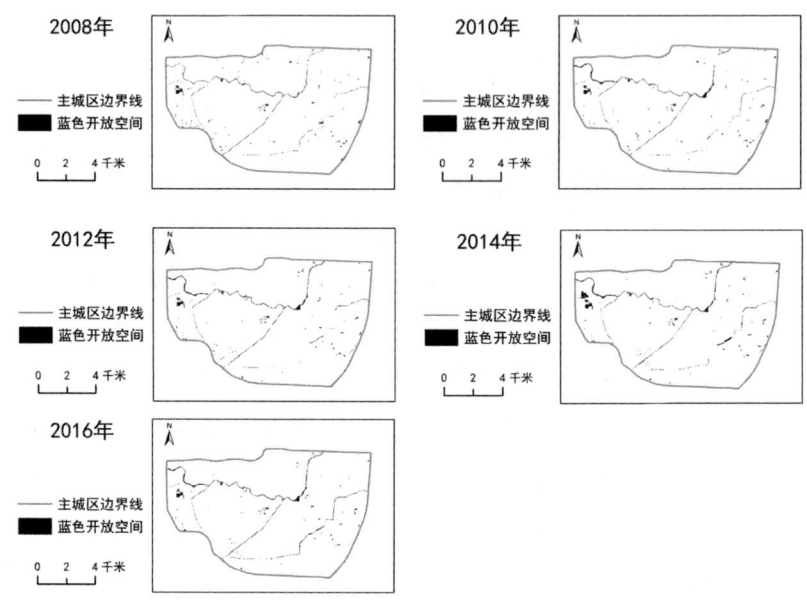

图 6-13 新乡市主城区蓝色开放空间分布（2008—2016 年）

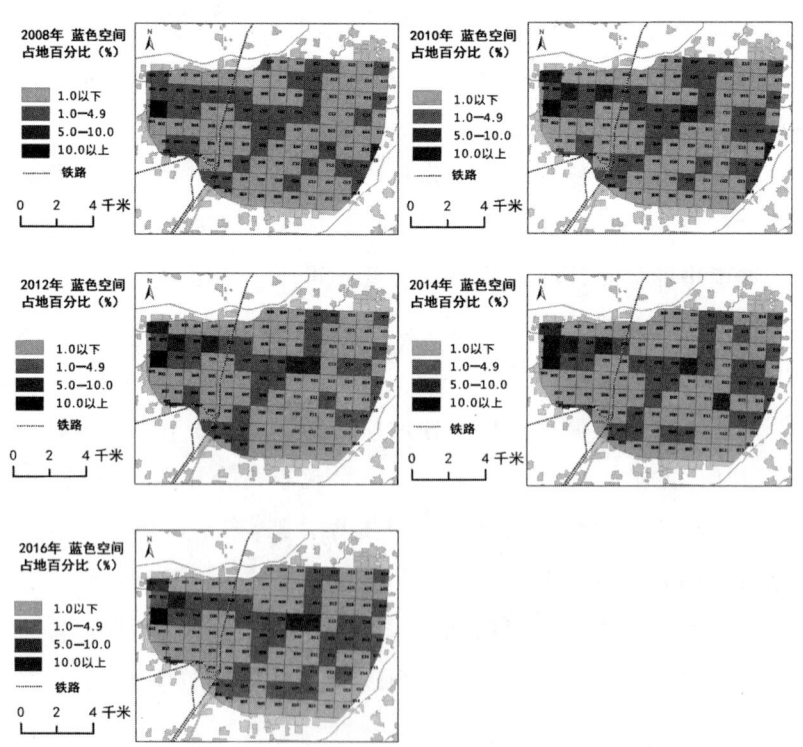

图 6-14 基于格网的新乡市主城区蓝色支撑网络分类分布（2008—2016 年）

6 新乡市主城区开放空间系统的生态功能网络

蓝色开放空间比绿色开放空间稳定,尤其是河渠类线性空间。蓝色开放空间的减少主要发生在城市边缘区域,根据观察这与城市内部的经济状况有一定的正向关系,主城区东部经济发展明显快于西部。这一相关性有待继续论证和观察。

6.4.2 蓝色斑块相关指标

针对蓝色斑块选取了与绿色斑块类似的最大斑块指数和聚集度作为蓝色斑块的相关指标进行分析。

从蓝色斑块最大斑块指数分布(图 6-15)来看,卫河与人民胜利渠流经的地块一直是新乡市主城区蓝色斑块最大斑块分布最为突出和连续的区域。2012 年时,蓝色斑块最大斑块指数回落较大,随着卫河周边景观的整治以及东部赵定排渠景观改造的完成,至 2014 年蓝色斑块最大斑块指数有了较全面的提高。

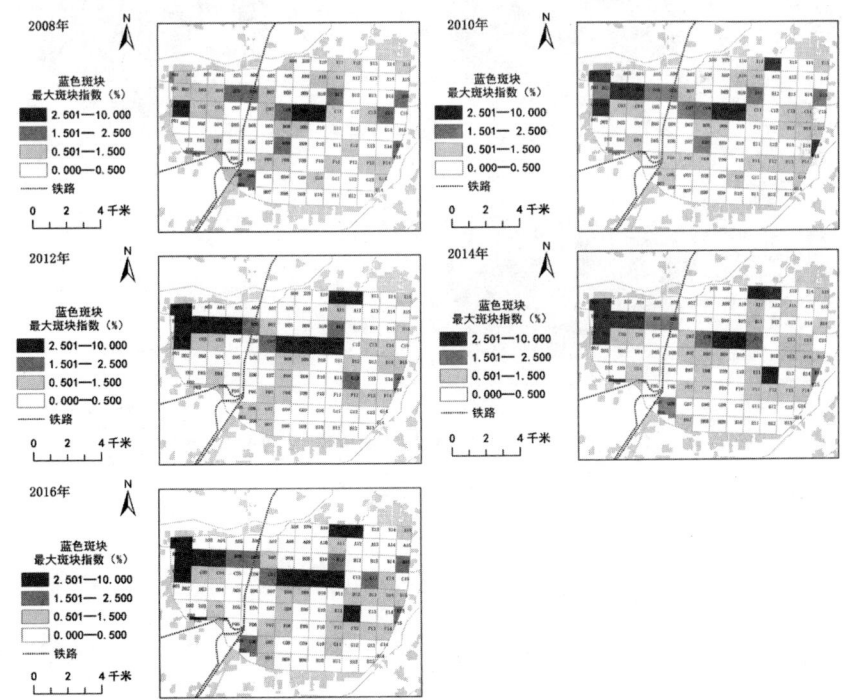

图 6-15　新乡市主城区蓝色斑块最大斑块指数分布(2008—2016 年)

从蓝色斑块的聚集度分布(图 6-16)来看,2008—2016 年蓝色斑块的时空分布发生较大变化,整个主城区的蓝色斑块聚集重心向东部偏移。主城区东部区域的蓝色斑块聚集度高值单元明显呈现聚集态势,主城区西部区域的蓝色斑块则主要聚集在卫河与主城区交接区域。在主城区边缘地带,则出现大面积的连续的蓝色斑块聚集度低值分布区。这说明在蓝色斑块的聚集分布层面,出现了较为明显的两极分化现象,这一现象也与本文问卷调查中群众对水景需求的反映有很大的一致性。

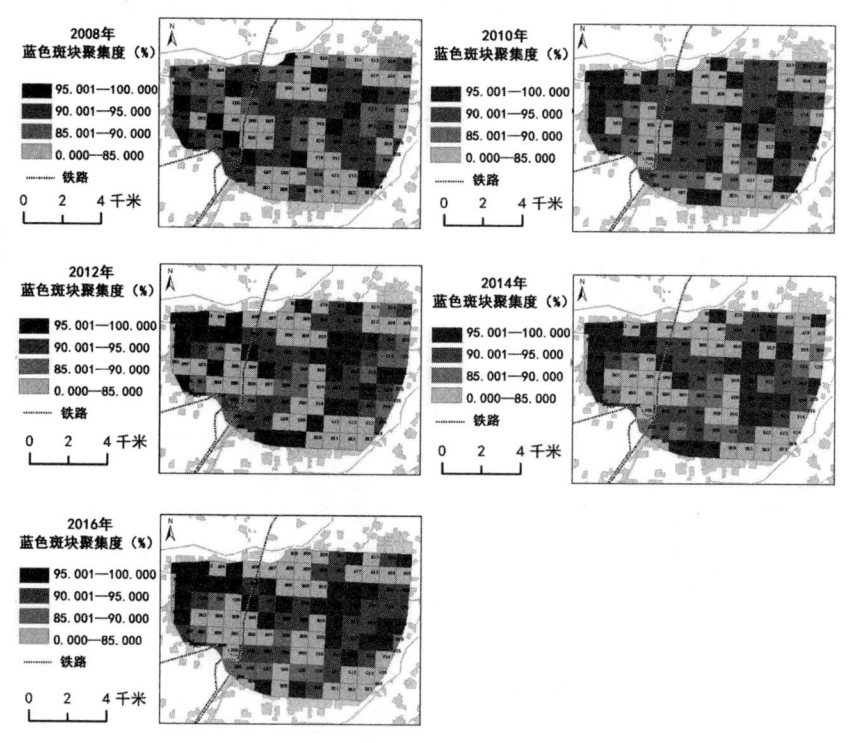

图 6-16　新乡市主城区蓝色斑块聚集度分布(2008—2016 年)

6.5 棕色斑块

6.5.1 棕色斑块基本情况

　　此处的棕色斑块即为棕色开放空间。棕色开放空间有一定的特殊性，对其需要特别关注。棕色开放空间作为城市开放空间系统中的重要一级分类，它是城市中一切地表裸露、拆迁或建筑周围施工场地、废弃地等不宜开展市民活动的空间的总称。棕色开放空间是整个城市开放空间系统中非常特殊的要素，它对于城市居民所需要的生态、交通、人文等方面的作用不大，是容易被忽视的开放空间类型，同时也具有随时转化为高价值开放空间的潜力。棕色开放空间一直以来被归在灰色开放空间内，但其实棕色开放空间时常在灰色开放空间、绿色开放空间甚至建筑空间之间转化。一个区域的棕色开放空间变化可以反映该区域的人工干涉程度，其变化的剧烈程度也明显大于蓝色开放空间和绿色开放空间。

　　将相关年份的棕色开放空间分布图（图6-17）与基础格网进行相交求值后，对每个格网单元的棕色开放空间所占的比例进行分类。研究后发现，棕色开放空间在城市中的体量比之前预想的要大。参照总体分布情况把棕色开放空间分为4类：一类值区间为10%以上，二类值区间为5.1%—10%，三类值区间为1%—5%，四类值区间为1%以下。对比新乡市主城区棕色干扰网络分类分布（图6-18）可以发现，棕色开放空间的分布十分广泛，几乎每个格网都会或多或少地有棕色开放空间存在，而东部新城区比西部老城区更为明显。这可以解释为东部新城区的建设力度大，所引发的建筑施工、土地裸露、拆迁地搁置等问题也非常明显。而牧野湖作为东部的蓝色开放空间及绿色开放空间的聚集区域，周边竟然也长期存在大量的棕色开放空间。这一方面说明了其区位的优越所带来的建设及拆迁热的存在；另一方面也提示我们在中微观层面，不能将绿化作为评价生态的唯一重要指标。

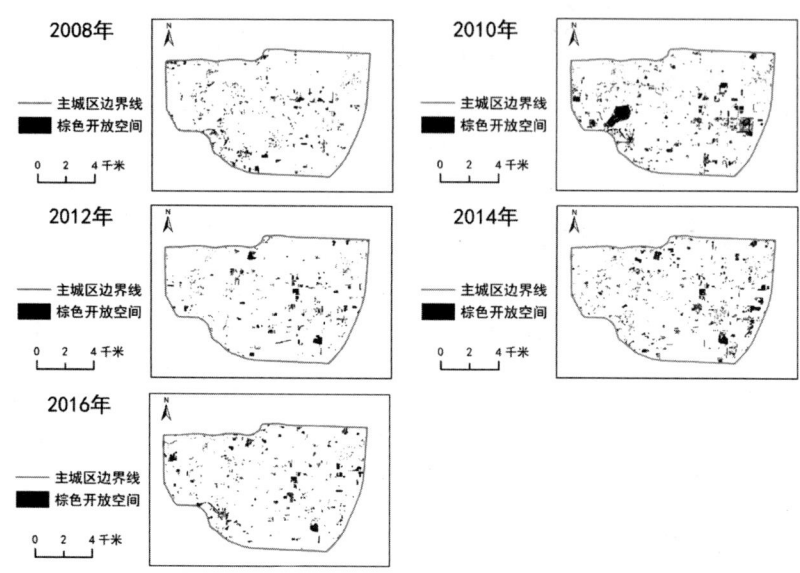

图 6-17　新乡市主城区棕色开放空间分布（2008—2016 年）

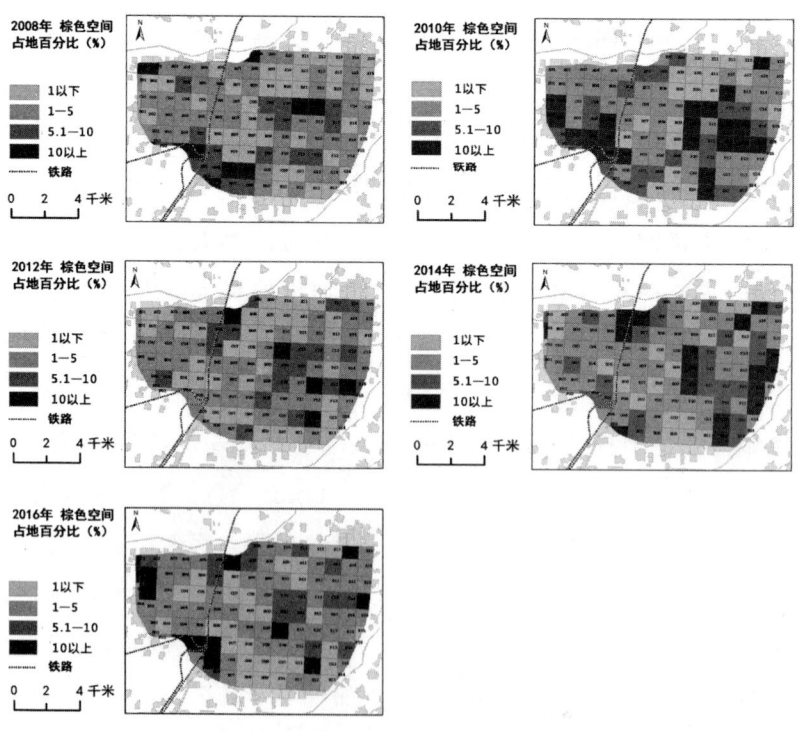

图 6-18　新乡市主城区棕色干扰网络分类分布（2008—2016 年）

6.5.2 棕色斑块与其他斑块转换情况

棕色斑块所代表的棕色开放空间的特点是边界极不稳定,与其他类型的斑块之间不断发生转换。在这些转换过程中,既有其他类型的斑块向棕色斑块的转换,也有棕色斑块向其他类型的斑块的转换。通过 ArcGIS 的分析工具中叠加分析的相交功能,将相邻两个时间节点的各类图斑再次叠加细分,可绘制出棕色开放空间转换图(图 6-19),并在此图基础上统计出不同时段的棕色斑块即棕色开放空间与其他类型的空间之间转换的详细情况(表 6-4)。

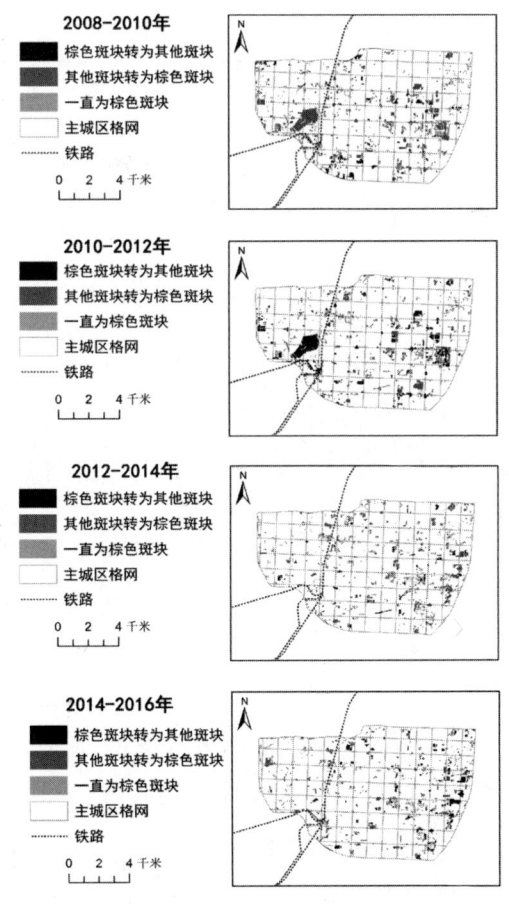

图 6-19　棕色斑块与其他斑块转换示意(2008—2016 年)

由上图可以观察到棕色斑块在不同时段的变化是不一样的。2008—2010年由其他斑块转换为棕色斑块的面积最大，这一方面是由于主城区东部建设项目增多；另一方面是由于在这一时段作为特殊用地的直升机场草坪退化严重，出现了大面积的裸露地表。这一阶段由其他斑块转化为棕色斑块的面积远远大于由棕色斑块转换为其他斑块的面积，而在此时间段内一直为棕色斑块的面积非常小。2010—2012年棕色斑块转换为其他斑块的面积开始大量增加，无论是主城区东部的建设场地还是铁路以西的直升机场，棕色斑块都大幅减少。由其他斑块转换为棕色斑块的区域从上一时间段的城市边缘区开始转向主城区内部。2012—2014

表6-4 棕色斑块与其他斑块转换面积统计（2008—2016年）

（单位：km²）

转换类型	2008—2010年	2010—2012年	2012—214年	2014—2016年	类型合计
建筑斑块转换为棕色斑块	0.602	0.540	0.340	0.161	1.643
蓝色斑块转换为棕色斑块	0.042	0.031	0.349	0.149	0.571
绿色斑块转换为棕色斑块	2.743	0.597	1.594	0.707	5.641
浅灰开放空间转换为棕色斑块	0.242	0.173	0.242	0.109	0.766
黄绿空间转换为棕色斑块	1.620	0.320	1.041	0.500	3.481
深灰空间转换为棕色斑块	0.939	0.527	0.677	0.445	2.588
其他斑块转为棕色斑块合计	6.188	2.188	4.243	2.071	14.690
棕色斑块转换为建筑斑块	0.600	0.622	0.410	0.482	2.114
棕色斑块转换为蓝色斑块	0.058	0.042	0.022	0.018	0.140
棕色斑块转换为绿色斑块	0.625	3.412	0.440	1.463	5.940
棕色斑块转换为浅灰开放空间	0.340	0.363	0.157	0.346	1.206
棕色斑块转换为黄绿空间	0.054	0.254	0.031	0.168	0.507
棕色斑块转换为深灰开放空间	0.884	1.301	0.591	0.925	3.701
棕色斑块转为其他斑块合计	2.561	5.994	1.651	3.402	13.608

年由其他斑块转为棕色斑块的面积又开始增多，其总体重心继续向东部和南部移动，体现了城市建设的发展方向。同时，这一时期一直为棕色斑块的面积开始明显大于之前的两个阶段。2014—2016年又呈现出由棕色斑块转化为其他斑块增多的势头。而一些区域，如张庄、洪门等地的拆迁场地以及牧野湖南部的房地产开发场地作为较长时间存在的棕色斑块

在规模上更加扩大。从以上不同时期棕色斑块的变化可以看出,棕色斑块确实具有不稳定性及易转化性;以上四个时期棕色斑块也恰好出现了"增加—减少—增加—减少"的周期性波动,这更加说明了棕色斑块即棕色开放空间作为重要观测对象的代表性。

由表 6-4 可知,棕色斑块与其他类型的斑块之间转换规模是存在差异的。其中,棕色斑块与蓝色斑块转换的规模是最小的,而且棕色斑块与黄绿斑块(即代表市区范围内农田的黄绿空间)的转换也主要发生在由黄绿斑块向棕色斑块转换的过程中,这可以看作城市建设用地扩张过程中容易造成的地表裸露等缺乏管理的情况。棕色斑块与浅灰斑块之间的转换规模也不大。与棕色斑块转换量较大的从高到低依次为绿色斑块、深灰斑块和建筑斑块。建设、拆迁工地是形成棕色斑块的重要原因之一,但从表中数字分析可知,同一时间段内由建筑斑块和深灰斑块转换为棕色斑块的面积与由棕色斑块转为建筑斑块和深灰斑块的面积差别并不大。而绿色斑块与棕色斑块之间,无论在转换总量还是在互相转换的差异上表现都是最明显的。绿色斑块与棕色斑块之间的转换总量几乎等于其他所有斑块与棕色斑块的转换量;同时绿色斑块与棕色斑块的转换总能表现为相反的趋势,即由绿色斑块转换为棕色斑块多的时间段内由棕色斑块转换为绿色斑块的规模就会相对较小,反之亦反。这一方面说明了城市中生态系统的脆弱性,另一方面也说明了棕色斑块在生态恢复中的重要地位。由于在总量变化上,棕色斑块与其他斑块之间的转换周期性现象十分明显,所以棕色斑块规模逆向变化反映的是该区域的斑块转化程度,同时也能反映该区域的城市建设被关注和推进的程度。

6.5.3 棕色斑块相关指标

通过以上分析可以发现,在以棕色斑块的指标来评价一个地块生态效果的时候,不宜像绿色斑块或蓝色斑块那样直接用当年的面积或密度进行评判。棕色斑块本身也具有生态价值,只是生态价值相对较低。同时,棕色开放空间的最大特征为不稳定性和易转变性,所以基于棕色斑块对格网单元进行观察评价时,宜加入时间因素。本文拟定了以下3个指标。

(1) 棕色斑块的扩大趋势指标。将各格网单元评价年度的棕色斑块面积减去上一个时间节点的棕色斑块面积即为棕色斑块扩大趋势指标。其值越大,说明低生态效果扩大的趋势越强;反之,则说明有一定的减缓趋势。两个观察时间节点的跨度以1—2年为宜。

$$Zg_i = Z_i - Z_{i-n} \tag{6.2}$$

式中,Zg_i代表第i年的棕色斑块扩大趋势,Z_i代表第i年的棕色斑块总面积,Z_{i-n}代表上一个时间节点的棕色斑块总面积,n代表两个时间节点的时间间距。

(2) 棕色斑块的未变规模指标。这个指标代表两个近邻时间节点的棕色斑块的交集。它反映的是该区域在一定时间内低生态效果因素较长时间存在的情况,是该地块是否缺少高效转换及城市良性管理的参考指标。

$$Zs_i = Z_i \cap Z_{i-n} \tag{6.3}$$

式中,Zs_i代表第i年没有进行转换的棕色斑块规模,Z_i和Z_{i-n}分别代表最近两个时间节点的棕色斑块,n代表两个时间节点的时间间距。

(3) 棕绿转化指标。由之前的研究(6.5.2)可知,其他斑块与棕色斑块之间转换相对平衡,蓝色斑块与棕色斑块之间转换规模非常小,绿色斑块与棕色斑块之间的转换最为显著。故将棕色斑块与绿色斑块之间的转换作为评价因素。

$$Zt_i = Zd_i - G_{Z_i} \tag{6.4}$$

式中,Zt_i代表第i年的棕绿斑块转化指标;Zd_i代表由上一个时间节点的绿色斑块转化为当前的棕色斑块的总面积,G_{Z_i}则代表上一个时间节点的棕色斑块转化为当前的绿色斑块的总面积,两者相减也体现了生态性的转换趋势,其值越大则生态性转换趋势越弱,反之则生态性转换趋势越强。

以上3个指标可以作为评价棕色斑块即棕色开放空间生态意义的重要指标。

6.6 生态功能网络评价

6.6.1 加权面积评价

前面对基于格网单元的城市开放空间系统生态功能网络的景观格局、绿色斑块、蓝色斑块、棕色斑块等指标进行了论述和分析，还有必要选取一个基于开放空间系统要素的效果或当量的和值指标，此处命名为加权生态面积。类似的研究指标有生态系统服务、生态服务价值等，都是给不同的用地或空间类型赋予一定的权重值，然后求和。1997 年，科斯坦萨（R Costanza）等在《自然》杂志上发表的《全球生态系统服务价值和自然资本》，明确了有关生态价值的估算理论和方法。在此基础上，对生态系统中各加权估算的研究如雨后春笋般涌现出来。在国内，谢高地等人在生态系统服务价值评估体系的基础上分别在 2002 年和 2006 年对中国 700 位具有生态学背景的专业人员进行问卷调查，得出了新的生态系统服务评估单价体系，并在之后研究中进行了修正（谢高地、甄霖、鲁春霞、肖玉、陈操，2008；谢高地、张彩霞、张雷明、陈文辉、李士美，2015）。与本文不同的是，上述研究得出的单位面积赋值均是针对区域尺度用地类型的，而在区域尺度内整个市区基本上都被算作建设用地。本章是基于 1 千米格网单元的尺度，要素类型不是用地而是城市开放空间，所以会有一定不同。结合之前的研究，我们发现各种空间的单位面积价值的排序基本为水体＞植物覆盖＞农田＞荒漠＞建设用地。在咨询专家以及作者对城市开放空间中生态价值理解的基础上，本章对相应的城市开放空间生态类要素的面积进行了权重赋值。参考上述研究成果，首先定义绿色开放空间价值权重为 2；蓝色开放空间所代表的水体在一般的研究中价值当量均为 2 倍以上于植物覆盖，所以权重取 4；黄色开放空间所代表的植物覆盖用地的生态价值一般 2 倍以上于农田，所以黄绿空间权重取 1；棕色开放空间类似于区域尺度上的废弃地，相关研究中的废弃地的生态价值当量一般为农田的 1/10－1/5，但在城市中的生态价值又高于区域尺度内的废弃地，所以棕色开放空间的权重最后取 0.2；建筑空间和灰色开放空间由于相比较而言生态价值当量极小，可以忽略。最终加权的总值公式为：

$$E_i = 4\alpha B_i + 2\alpha G_i + 1\alpha Y_i + 0.2\alpha Z_i \tag{6.5}$$

式中，E_i 代表 i 区域的生态加权总值，主要用于横向对比；B_i 代表 i 区域内水域即蓝色开放空间的面积；G_i 代表 i 区域内绿色开放空间的面积；Y_i 代表 i 区域内农田即黄绿空间的面积；Z_i 代表 i 区域内棕色开放空间的面积；α 为常量，此处为方便比较取值为 1。通过加权算出总值，可以用来横向评价生态效应或价值。

将 2008－2016 年各观测年份的单元数据代入公式 6.5 进行计算，并将结果输入 ArcGIS，最终可得到观测年份的生态加权面积格网图（图 6-20）。从图中可以看出，加权生态面积可以很好地反映基于格网单元的生态格局。2008 年，加权生态面积在主城区格网基本呈现外高内低的分布状态，人民公园所处单元 D08 则在低值区中间十分突出。自 2010 年开始，低值区开始向南北方向蔓延，周边的高值区也开始出现"分裂"迹象。到 2016 年，高值区连续分布的规模已大大缩小，中低值区的范围不断扩大。从这一指标来看，自 2008 年到 2016 年，主城区的整体生态加权面积是在下降的，生态格局亟须恢复和修补。

6.6.2 熵权指标法评价

加权生态面积较好地量化了新乡市主城区生态功能网络的格局，但还不够全面，可以将其作为评价指标中的一个重要指标。综合对开放空间生态功能网络内涵的理解，结合相关研究，本文构建了新乡市主城区生态功能网络评价指标体系（表 6-5）。一级指标 E 为生态功能网络效果值，代表了 2016 年度的格网单元在生态功能网络效果层面横向比较的情况；下设 5 个二级指标，分别为 E1 景观格局、E2 绿色斑块、E3 蓝色斑块、E4 棕色斑块和 E5 加权生态面积；三级指标共有前文所涉及的 15 个指标。首先要对二级指标进行无量纲化处理，然后根据熵权法确定各指标的权重。

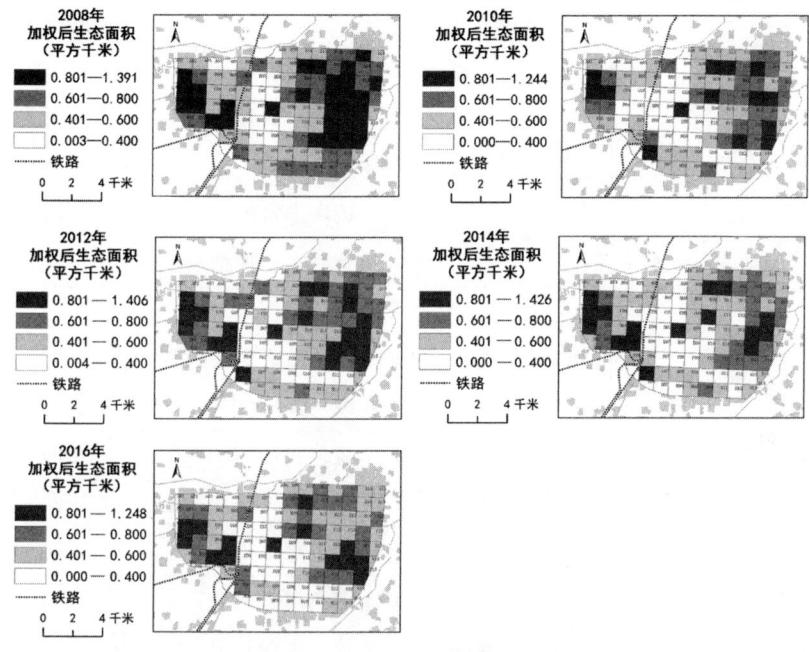

图6-20 新乡市主城区开放空间生态加权面积格网(2008—2016年)

表 6-5 新乡市主城区生态功能网络评价指标体系

一级	二级	三级	效应
E 生态功能网络效果值	E1 景观格局	E11 斑块密度	逆向
		E12 景观形状指数	逆向
		E13 蔓延度	正向
		E14 斑块丰富度	正向
		E15 香农多样性指数	正向
	E2 绿色斑块	E21 绿色密度	正向
		E22 绿色最大斑块指数	正向
		E23 绿色聚集度	正向
	E3 蓝色斑块	E31 蓝色密度	正向
		E32 蓝色最大斑块指数	正向
		E33 蓝色聚集度	正向
	E4 棕色斑块	E41 棕色增长趋势	逆向
		E42 棕色未变规模	逆向
		E43 棕绿转化	逆向
	E5 加权生态面积	E51 赋值面积之和	正向

由此可得出基于熵权法的新乡市主城区生态功能网络评价指标体系权重(表 6-6)。由熵值计算的结果看,二级指标中蓝色斑块的各指标权重最大,其次是绿色斑块,说明蓝色开放空间和绿色开放空间在生态功能网络中占有非常重要的地位。而三级指标中,E33 蓝色聚集度最高,E22 绿色最大斑块指数、E31 蓝色密度、E43 棕绿转化也有着很大的权重值。综合以上可以看出,蓝色开放空间在生态功能网络中非常重要,而棕绿色空间的转换也非常值得关注。将此权重结果代入指标体系最终计算结果见附录 C。

表6-6 基于熵权法的新乡市主城区生态功能网络评价指标体系权重

二级指标	E1				E2			E3			E4			E5
权重	0.149				0.201			0.454			0.143			0.053
三级指标	E11	E12	E13	E14	E15	E21	E22	E23	E31	E32	E33	E41	E42	E43	E51
权重	0.018	0.032	0.039	0.043	0.015	0.064	0.130	0.004	0.141	0.146	0.163	0.018	0.007	0.117	0.063

将结果输入 ArcGIS 后,基于之后多重功能网络分析的需要,利用 Jenks 自然断裂法将格网类型分为3种,并生成了新乡市主城区开放空间生态功能网络评价格网图(图6-21)。

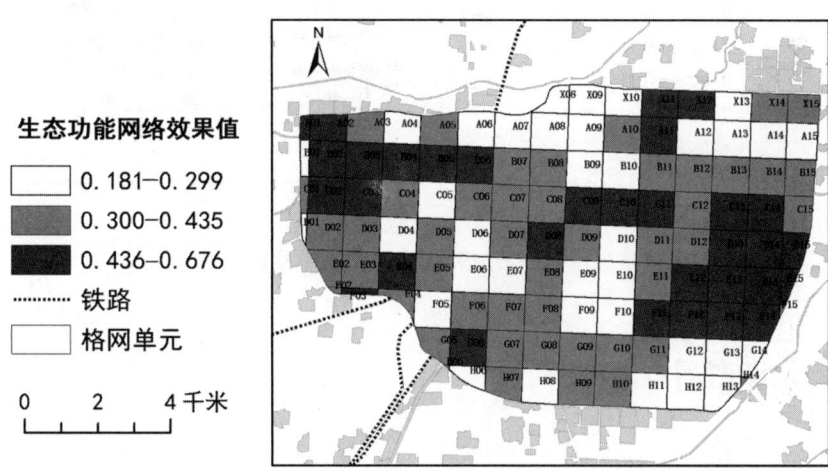

图6-21 新乡市主城区开放空间生态功能网络评价格网(2016年)

从图中可以看出,至2016年,新乡市主城区东部区域的生态功能网络的效能明显高于西部区域。优质的城市公园及高校校园是重要的生态功能网络节点,赵定排渠经过改造对周边起到了生态引领作用,卫河及人民胜利渠则由于周边环境的破坏没有在生态功能网络中体现出应有的地位。人民公园仍然是老城区的绿心,但其周边存在潜在的恶化趋势。飞机场是铁西重要的生态斑块,但由于现实的封闭性,生态作用不能得到很好的发挥,可以考虑搬迁后将其改造成新的城市公园绿地。

从生态功能网络的空间节点联系(图6-22)可以更清晰地发现,新乡市主城区生态功能网络相比于交通功能网络更加破碎化,节点呈现明显的边缘高、中部低的分布状态。尤其是主城区中部出现了几处明显的"空心"区域。沿卫河、人民胜利渠、赵定排渠附近区域生态联系较强，是主城区内重要的生态廊道，但需要发挥其辐射能力，带动围合的低值区域的生态建设。

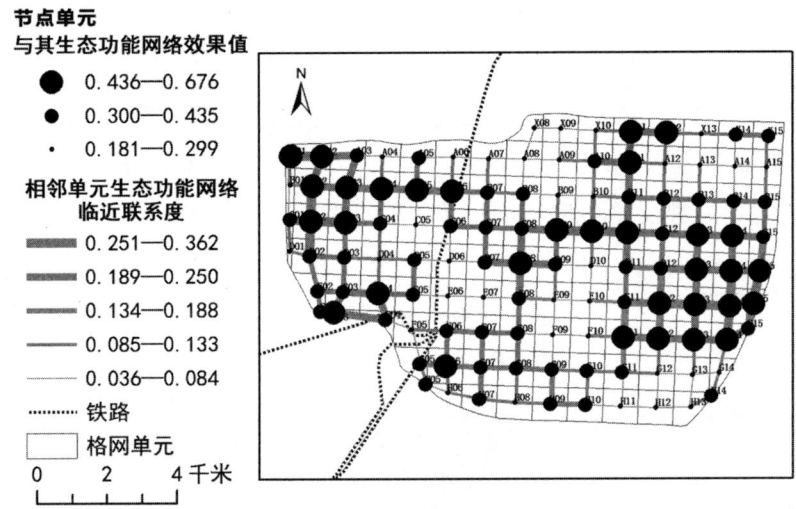

图 6-22　新乡市主城区开放空间生态功能网络空间节点联系（2016 年）

6.7 本章小结

对于生态功能网络，不同的观测尺度和精度可以得到不一样的研究结果。在高分辨率影像的基础上，以"六分法"对新乡市主城区内的开放空间系统进行了分类提取。基于基础格网，分析了生态功能网络中各格网单元景观格局、绿色斑块、蓝色斑块、棕色斑块和加权生态面积的相关特征。研究发现，新乡市主城区的生态格局并不稳定。一方面，绿色开放空间与蓝色开放空间分布不均衡，老城区、棚户区、城中村的绿化覆盖率极低，是生态发展的重点改造地区。城市边缘区是生态格局变化最快的地区，应该格外引起重视。另一方面，棕色开放空间是影响城市生态环境的重要因素，而且体量很大。研究表明，蓝色开放空间的空间分布差异较大，应积极修复城市河道，打造生态廊道。棕色开放空间的产生更多地发生在城市更新改造的过程中，新增建设用地更容易产生棕色开放空间，同时棕色开放空间也有着迅速转变为绿色开放空间的特征。绿色开放空间与棕色开放空间的转换值得关注。对棕色开放空间加以重视，它就可以迅速转变为优良的开放空间资源；如果放任，就会对周边环境造成不良影响。城市建设与规划要及时监控和治理低质量的空间，为"城市修补"和"生态修复"的"城市双修"服务，提升整体生态的品质。

7 新乡市主城区开放空间系统的社会功能网络

马克思认为,人的本质"是一切社会关系的总和"。我们将其延伸开来,在任何一个系统中,某一个节点的本质都是其所有关系的总和。一般认为,社会功能网络是社会中的活动者及他们之间关系的集合。从人文地理学的角度来看,更有价值的是社会功能网络所能表现出的人地关系。城市开放空间系统的社会功能网络不仅包含人,也包含地。在城市开放空间系统中,人和地都可以是其网络的节点,它们互相交织的联系构成了社会功能网络特征。首先,它体现在城市中人群因相同的活动空间而产生的人与人的关系;其次,城市活动人群与其活动空间之间又有着人与地的联系;再次,不同区域的场地又会因为活动人的流动产生关联,又表现为地与地的关系。社会功能网络的特殊性就是具有"交互"的视角,因而不能用简单的因果分析来看待其网络特征。城市开放空间系统中的社会功能网络研究应本着这种联系而展开。由于历史上没有进行过类似的"全覆盖"式的调查,本章主要以2016年基于基础格网进行的新乡市主城区开放空间问卷调查作为主要的分析对象。

7.1 数据说明

7.1.1 调查数据来源

2016年4月中旬至5月中旬,针对新乡市主城区开放空间社会功能网络研究,本课题组组织开展了问卷调查。作者参考相关研究设计了调查问卷内容(附录A)。园林和城乡规划两个专业的165名本科生在课程

7 新乡市主城区开放空间系统的社会功能网络

实习内以调查者的身份按事先分配好的调查区域进行定点调查。调查者需要对被调查人进行当面的内容解释与介绍，以保证内容填写得完整顺利。期间共发放调查问卷 3200 份，最终收回 3057 份，其中有效问卷 2739 份，调查范围几乎覆盖了所有的 116 个格网单元（3 个边缘区单元被放在周边单元一起调查）。若按主城区常住人口 100 万人来计算，被调查人数接近区域总人口的 3‰，符合一般的抽样调查要求。

调查方式主要为实地随机发放问卷。被调查人群为调查区域内的活动者或经过者，所以被看作当地开放空间的使用者。大部分格网单元的调查问卷都在 20 份以上，有个别区域因有效性等原因未达到 20 份，但最少也在 15 份左右。有效问卷内容涵盖了以下三大块内容：

（1）被调查人员的基本情况：包括性别、年龄、居住来源、受教育程度、居住处的家庭成员情况、月收入、楼层等。

（2）被调查人员的行为方式：包括活动频率、活动时间、活动目的、出行距离、活动方式、交通工具等。

（3）被调查人员的评价记录：包括对附近开放空间的评价、对新乡市总体开放空间的评价、认为存在的问题、对新乡市重要开放空间的选择意向等。

7.1.2 调查基本情况

从有效问卷中基本情况的调查结果来看，男女比例（图 7-1）和年龄结构（图 7-2）都相对正常。其中，男性 53%，略多于女性（47%）。年龄结构上，18—60 岁的人数占到被调查者总数的 85%，代表着城市开放空间中活动的主力人群。在被调查者居住来源中（图 7-3），本地户口居民的比例为 57%，常住居民的比例达到了 36%，这应看作由近些年的快速城镇化所带来的人口流动造成的；外地游客的比例达到了 7%，可理解为外来游客多集中在户外的开放空间，所以不代表城市中总人口的比例关系。从被调查者的居住方式上（图 7-4）看，以两代人共同居住即核心家庭的方式最多，占到了 37%；其次是三代人或以上的居住方式占 30%；以夫妻二人为居住方式的有19%;最后是10%的独居者和4%的合租人群。被调查者的学历结构(图7-5)显示,初中以上学历占到了88%,其中以初中、高中、本科学历的人群为主。从被调查者自填的收入情况(图7-6)来看,主要集中在月收入1000—5000元,其中月收入1000—3000元的占42%,月收入3000—5000元的占32%。需要说明的是,在基本情况层面,本次调查结果反映的为主城区开放空间内活动人群这一群体的相关情况,并不一定能反映整个主城区内居民的人口特征。

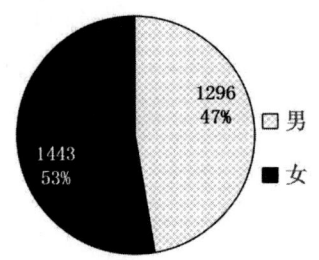

图7-1 被调查者的男女比例结构

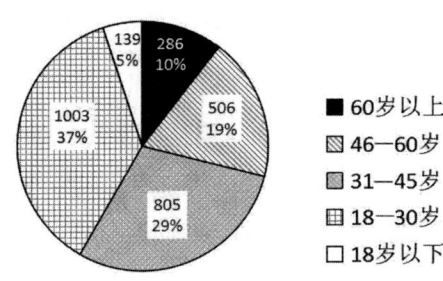

图7-2 被调查者的年龄结构

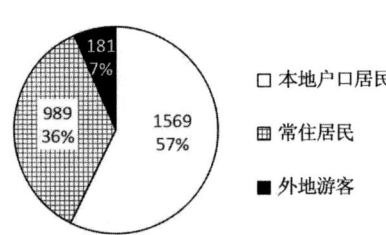

图7-3 被调查者的居住来源结构

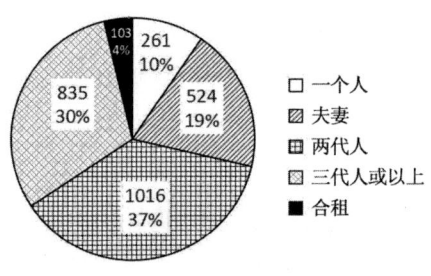

图7-4 被调查者的居住方式结构

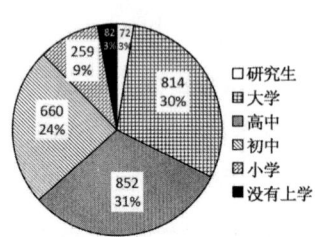

图7-5 被调查者的学历结构

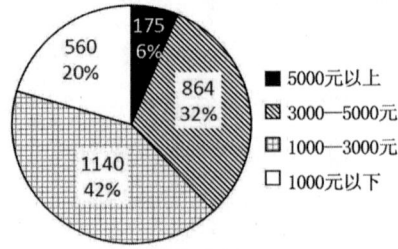

图7-6 被调查者的收入结构

从被调查者的行为方式看,保持每周1—2天到开放空间活动的人群最多(图7-7),其次是每天都活动和每周活动3—4天的人群,从不活动选项代表被调查人员仅仅是路过者。从被调查者的活动时长(图7-8)可以看出,70%的人在开放空间内活动超过30分钟,其中活动30—60分钟的人群最多,整体活动时长人群结构呈纺锤状分布。从被调查者距居住地的距离(图7-9)可以看出,活动者的数量随距居住地距离呈梯度分布,其中3千米以内的占绝大多数。从被调查者的出行时间(图7-10)来看,5—30分钟的人群有70%,占绝大多数;5分钟以内的数量也占18%以上,可见就近活动仍然是开放空间活动人群的主要选择。

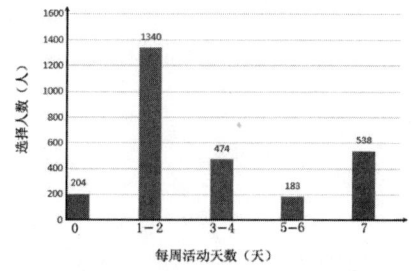

图7-7 被调查者的活动频率分布   图7-8 被调查者的活动时长分布

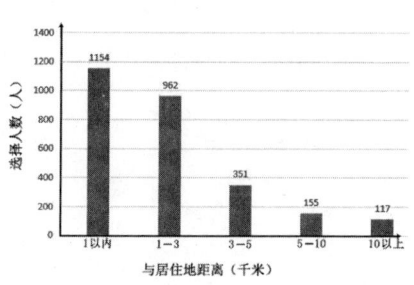 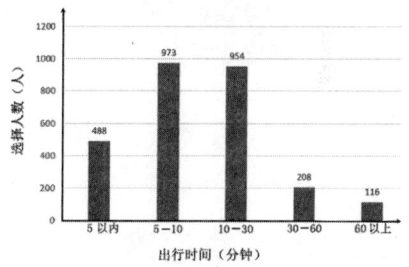

图7-9 被调查者距居住地的距离分布   图7-10 被调查者的出行时间分布

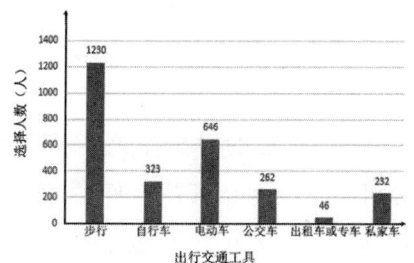 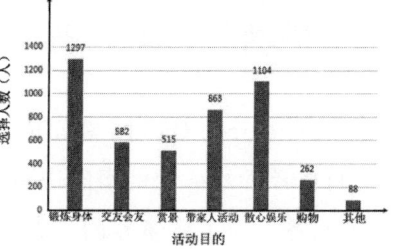

图7-11 被调查者的出行方式分布   图7-12 被调查者的活动目的分布

另外,从被调查者的出行方式分布(图 7-11)可以看出,步行仍然是开放空间中活动人群的最主要的出行方式,然后是以自行车和电动车为代步工具的轻便型出行。公交车和出租车等公共交通的使用频率很低,仅仅比私家车的人群稍多。从被调查者的活动目的分布(图 7-12)①来看,以锻炼身体为目的人数最多,其他依次为散心娱乐、带家人活动、交友会友、赏景等。在回答是否有固定的活动人群问题时(图 7-13),只有 16%的人为自己一个人活动,而剩余 84%的被调查者均有不同方面的固定活动人群。其中以与家人一起活动的最多,其他依次是同小区内的熟人、不固定人群和其他地方的熟人。有超过 40%的被调查者经常与非亲属关系的他人在开放空间内活动,这一结果也体现了开放空间活动中交互人群的社会关系分布。

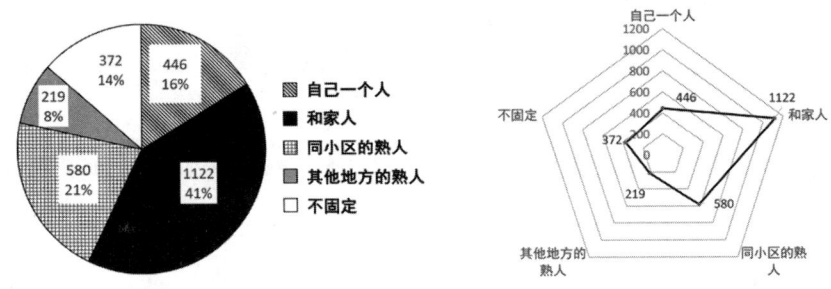

图 7-13 被调查者固定活动人群类型分布

7.2 空间满意度

7.2.1 格网单元本地满意度

本次问卷分别对格网单元中活动人群对附近的开放空间的满意度(视为调查者所处单元格网的满意度)和对整个新乡市开放空间的满意度进行了调查。为了方便被调查者分类判断,选项分为 5 个:A. 非常满意,

---

① 本项调查非单选,因此各选项的人数之和为 4711 人,多于被调查人数 2739 人。

7 新乡市主城区开放空间系统的社会功能网络

B. 比较满意，C. 一般，D. 比较不满意，E. 非常不满意。为方便量化计算，对这5个选项依次赋值10、8、6、4、2。然后根据其单元格网内的算术平均值来依次计算开放空间的满意度，其公式如下：

$$M_i = \frac{10A_{in} + 8B_{in} + 6C_{in} + 4D_{in} + 2E_{in}}{A_{in} + B_{in} + C_{in} + D_{in} + E_{in}} \tag{7.1}$$

式中，M_i代表调查单元i的满意度，A_{in}、B_{in}、C_{in}、D_{in}、E_{in}分别代表调查单元内选择A、B、C、D、E选项的数量。该公式适用于对本格网单元的满意度评价，也适用于反映单元格网内部人群对城市主城区的满意度分布格局。

将调查问题"您对附近的开放空间满意度"结果代入公式7.1，得到了各单元格网内人群对附近（所在格网单元）的开放空间满意度评价值（表7-1）。其中最高值为F08单元的7.889，最低值为X08单元的3.600，平均值为6.660。将此结果输入ArcGIS，并利用Jenks自然断裂法进行分类，得到了开放空间格网单元本地满意度分布格局（图7-14）。

表7-1 基于单元格网的开放空间本地满意度

列 行	01	02	03	04	05	06	07	08	09	10	11	12	13	14	15
X	—	—	—	—	—	—	3.600	6.538	6.545	7.400	6.400	6.727	6.500	6.267
A	6.500	5.750	6.286	6.606	7.400	5.739	6.600	6.769	4.308	6.462	6.933	6.462	4.000	6.522	6.333
B	6.600	6.400	6.378	6.348	6.348	6.400	7.091	6.286	6.900	6.750	6.741	6.957	7.304	7.185	7.241
C	6.857	7.310	5.929	5.310	6.500	6.429	7.125	6.727	7.000	7.294	6.267	7.474	6.640	7.263	6.839
D	6.455	6.857	5.926	6.519	5.241	6.759	7.226	7.000	7.040	6.875	7.371	7.136	6.900	7.053	6.471
E	—	6.300	7.310	6.000	6.727	6.273	6.815	6.333	7.500	7.143	6.643	6.857	6.741	6.417	7.029
F	—	6.182*	6.182	6.353	7.059	6.800	6.417	7.889	6.600	7.000	6.909	7.053	7.478	7.565	8.000
G	—	—	—	—	6.000	7.000	7.100	5.619	7.130	7.130	7.154	7.000	7.043	6.160	—
H	—	—	—	—	6.640*	6.640	6.000	6.952	6.696	7.545	6.957	7.143	6.783	6.160*	—

注：结果保留三位小数。—代表非统计单元；带*的F02、H05、H14单元格由于面积过小无调查数据，分别取邻近的F03、H06、G14单元的值。

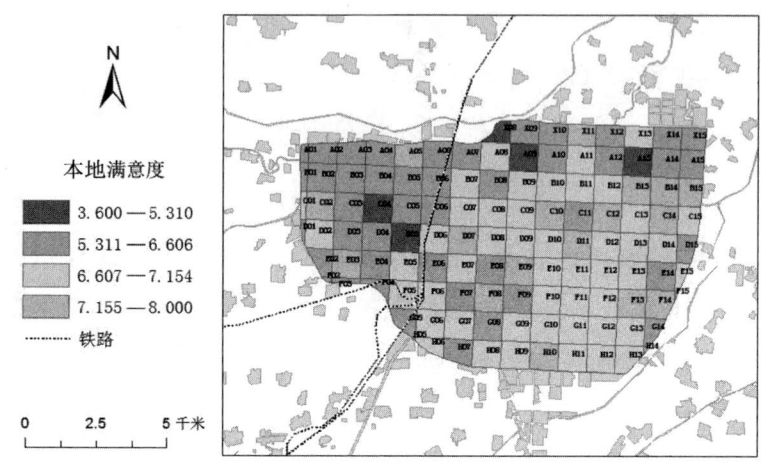

图 7-14　新乡市主城区开放空间本地满意度分布格局

从图 7-14 可明显看出,新乡市主城区开放空间格网单元本地满意度在空间上呈现明显的空间分异。低值基本位于格网 06 列及其以西区域,而 06 列正是铁路线所在区域。格网 06 列以东区域虽然集中了大量的高值单元,但是在其东北部,格网 A 行与 X 行却存在较明显的低值聚集,甚至最低值基本集中在此两行。格网 X08 与 A09 单元处于整个格网系统的边缘地带,是低低值的集中区域。从地图信息看,该区域既有村落式居民点,也有新修小区、厂区及家属院,社会关系十分混杂。A13 单元与 B13 单元低值、高值对比明显,体现了这一带人群评分的不稳定性。社会成分的复杂、环境的鲜明对比应该是这一区域人群评分出现上述情况的重要原因。

7.2.2 格网单元主城区满意度

将调查问题"您对新乡市的开放空间满意度"结果代入公式 7.1,得到了各格网单元内人群对整个新乡市主城区的开放空间满意度评价值(表 7-2)。其中最高值为 F13 单元的 7.826;最低值为 A13 单元的 4.800;平均值为 6.680,略高于本地满意度的平均值。将此结果输入 ArcGIS,并利用 Jenks 自然断裂法进行分类,得到了新乡市主城区开放空间满意度分布格局(图 7-15)。

表 7-2 基于单元格网的新乡市开放空间满意度

列 行	01	02	03	04	05	06	07	08	09	10	11	12	13	14	15
X	—	—	—	—	—	—	—	5.800	6.308	6.364	6.600	6.000	6.727	6.833	6.533
A	6.500	6.750	6.762	6.545	7.500	5.826	7.200	6.769	5.077	6.308	6.933	6.154	4.800	6.870	6.333
B	7.200	7.000	6.216	6.087	6.696	6.240	6.788	6.571	7.350	6.500	6.444	7.130	6.870	6.963	7.103
C	6.190	7.241	6.571	6.345	6.357	6.571	7.250	7.030	7.313	7.176	7.111	6.842	6.320	6.947	7.355
D	6.545	7.071	6.889	6.370	6.345	6.552	6.710	6.500	6.960	7.125	6.857	6.682	6.650	6.474	5.471
E	—	6.700	7.310	5.917	7.091	6.636	6.815	6.500	6.875	7.357	6.857	6.629	6.889	6.167	6.686
F	—	6.000*	6.000	6.588	6.706	6.700	6.000	7.444	6.800	7.000	6.818	7.158	7.826	7.130	7.077
G	—	—	—	—	6.111	6.364	6.100	5.524	6.957	7.217	7.077	6.917	7.043	6.960	—
H					6.400	6.800	6.095	7.238	6.609	7.364	6.609	7.071	6.435	6.960*	—

注:结果保留三位小数。—代表非统计单元;带 * 的 F02、H14 单元格由于面积过小无调查数据,分别取邻近的 F03、G14 单元的值。

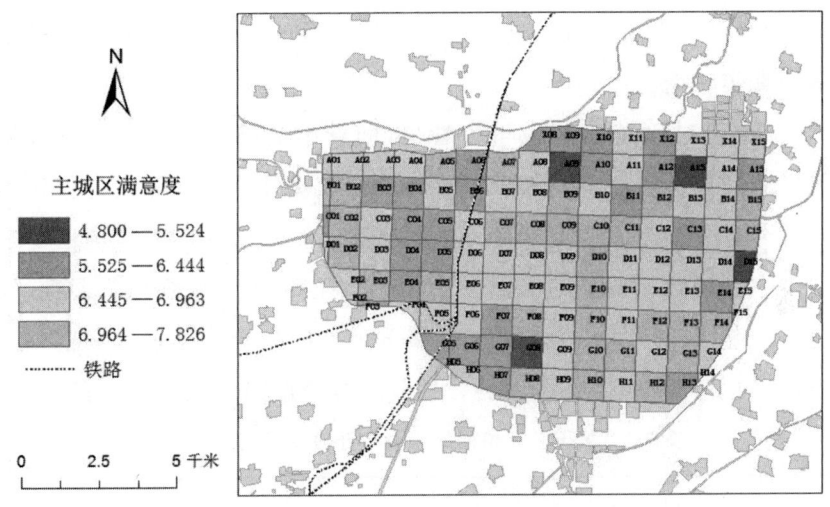

图 7-15 新乡市主城区开放空间满意度分布格局

与之前的本地满意度相比,高值区格网单元数量明显增多。铁西区域的低值区域虽仍有聚集,但范围要缩小很多。平原路中部沿线区域、牧野路中南部沿线区域、华兰大道东段大学城区域均有明显的高高值区连续聚集。在主城区的东部、西部、南部边缘也有高高值的单元连续出现。

在城市主干道沿线的人群对新乡市开放空间状况打分较高,是因为当地人群可以很便利地到达活动场所,这不难理解。而城市边缘区分值的偏高则可理解为,虽然所在区域环境不佳,但仍对整个城区的开放空间环境有着美好的向往。

7.2.3 格网单元满意度差值

基于上述推理,将开放空间的本地满意度与主城区满意度两值相减,得到新乡市主城区开放空间本地—主城区满意度差值表(表 7-3)及格局图(图 7-16)。此值为间接求出,从中可以看出格网单元内人群对所在区域与整个市区的开放空间的定位比较。从中可以看出在之前并不明显的人民公园单元即 D08 成了高高值区,其附近区域及人民胜利渠沿线南部区域、市政府附近区域均存在高高值单元的聚集,而之前对比并不明显的飞机场区域则出现了低低值单元的聚集。此值并不是问卷中的直接打分项,在参照了对全市打分的基础上进行的二次计算,更能反映当地受访者群体的真实感受。

综合以上 3 种满意度值可以看出,问卷中的满意度调查在基础格网中很好地反映了空间上的人群评价特点。二次计算的满意度差值比当地人群对全市开放空间的满意度评价更有意义。差值中的低低值区一般处于城市边缘和对比明显的区域附近,而这些区域多是城乡结合混乱、社会利益要求混杂的区域。大型的城市级开放空间附近都出现了高值的空间聚集,说明了大型的城市级别的开放空间有着很强的区域影响力。

表 7-3 基于单元格网的新乡市开放空间满意度差值

列 行	01	02	03	04	05	06	07	08	09	10	11	12	13	14	15
X	—	—	—	—	—	—	−2.2	0.23	0.181	0.8	0.4	0	−0.333	−0.266	
A	—	−1	−0.476	0.061	—	−0.1	−0.087	−0.6	—	−0.769	0.154	0	0.308	−0.8	−0.348	0
B	−0.6	−0.6	0.162	0.261	−0.348	0.16	0.303	−0.285	−0.45	0.25	0.297	−0.173	0.434	0.222	0.138
C	0.667	0.069	−0.642	−1.035	0.143	−0.142	−0.125	−0.303	−0.313	0.118	−0.844	0.632	0.32	0.316	−0.516
D	−0.09	−0.214	−0.963	0.149	−1.104	0.207	0.516	0.5	0.08	−0.25	0.514	0.454	0.25	0.579	1
E	0	−0.4	—	0.083	−0.364	−0.363	—	−0.167	0.625	−0.214	−0.214	0.228	−0.148	0.25	0.343
F	—	0.182*	0.182	−0.235	0.353	0.1	0.417	0.445	−0.2	0	0.091	−0.105	−0.348	0.435	0.923
G	—	—	—	—	−0.111	0.636	1	0.095	0.173	−0.087	0.077	0.083	0	−0.8	—
H					0.24	−0.16	−0.095	−0.286	0.087	0.181	0.348	0.072	0.348	−0.8*	

注:结果保留三位小数。—代表非统计单元;带 * 的 F02、H14 单元格由于面积过小无调查数据,分别取邻近的 F03、G14 单元的值。

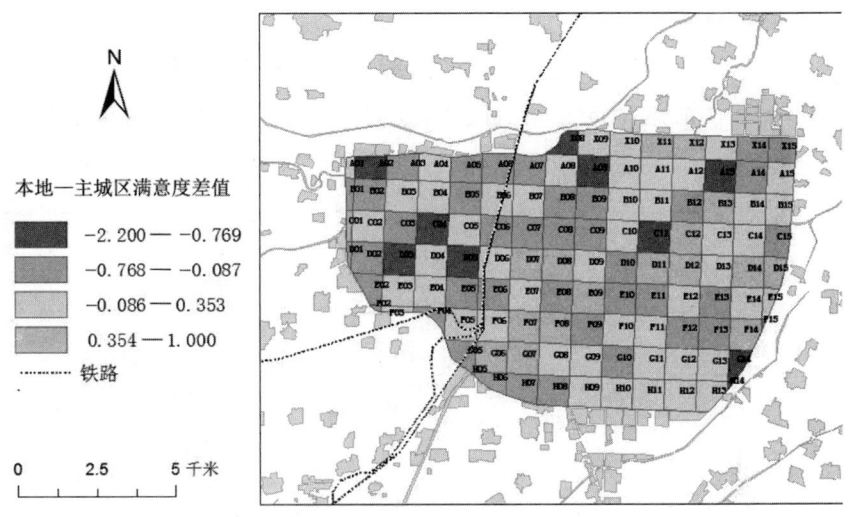

图 7-16　新乡市主城区开放空间本地—主城区满意度差异格局

7.3 空间活动人群行为习惯

7.3.1 出行距离

出行距离是影响社交范围的重要因素。一个区域内人群的出行范围也代表了这个区域的社会辐射距离。对问卷中关于"您的住所离这里有多远"的单选结果进行了统计。根据公式 7.2 计算了每个格网的平均出行距离。

$$F_i = \frac{\sum_{i=1}^{n} \lambda_{di}}{n} \quad (7.2)$$

式中,n 为每个格网的受访人数,λ_{di} 为每个受访者选择的选项距离参考值(根据选项 A.1 千米以内, B.1—3 千米, C.3—5 千米, D.5—10 千米, E.10 千米以上,分别赋值 A=1,B=2,C=4,D=7.5,E=10)。将结果输入 ArcGIS 后,利用 Jenks 自然断裂法将格网类型分为 4 种。

从新乡市主城区开放空间出行距离格网图(图 7-17)可知,较大的出行距离基本都在主城区的中心部位,边缘区域出行距离较小,东部边缘地区因靠近 107 国道也有较大的出行距离。铁西区域靠近铁路附近,出行距离低低值单元较连续;而铁路以东区域靠近车站广场,出行距离多为高高值单元。

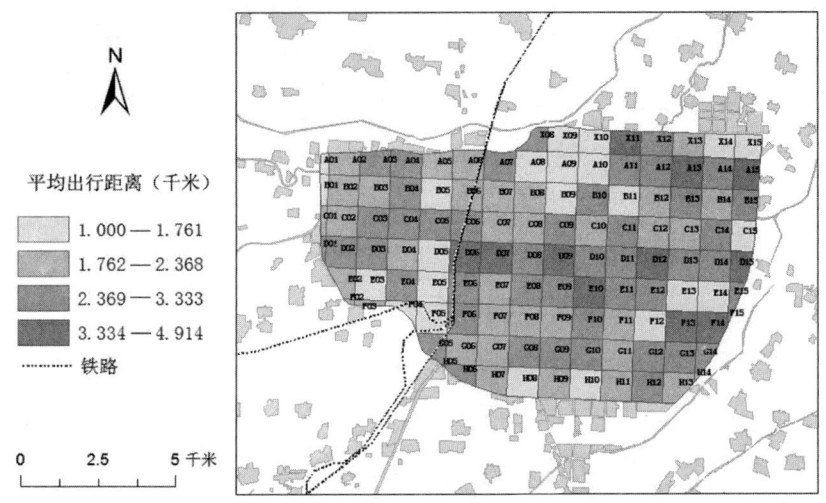

图 7-17　新乡市主城区开放空间出行距离格网

以上出行距离格网反映了量化后的格网人群出行距离情况,还可以选出每个格网单元中活动人群选择最多的一项进行分析。其结果生成了新乡市主城区开放空间出行距离众数格网图(图 7-18)。

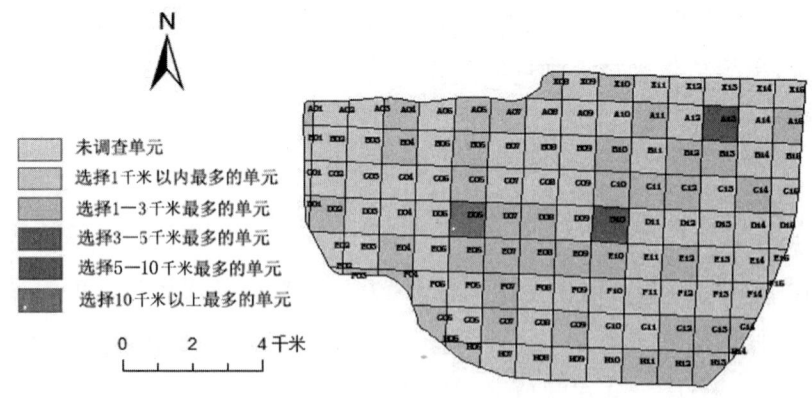

图 7-18　新乡市主城区开放空间出行距离众数格网

由图可知，大多数的格网内人群出行距离在 1 千米以内或 1—3 千米。仅有 D06 单元为 10 千米以上，而 D06 单元中存在长途汽车客运站、紧邻火车站和商业批发市场，是流动人口最大的区域，结果为正常显示。选择 3—5 千米较多的则出现在 D10 和 A13 单元。D10 北邻牧野公园，东邻新飞大道，3—5 千米的出行距离是适宜的。A13 区域处于新老建设用地交接部位，需要进一步研究。

7.3.2 活动时长

除人群的出行距离比较重要外，在所在区域停留活动的时间也非常重要。活动时间的长短决定了活动人群进行社会活动的可能性的大小以及区域吸引力。

参考平均出行距离的量化指标与公式，设计了平均活动时间量化方法。对问卷中关于"您一般在本区块活动多长时间"的单选结果进行了统计。根据公式 7.3 计算了每个格网的平均活动时间。

$$T_i = \frac{\sum_{i=1}^{n} \lambda_{ti}}{n} \tag{7.3}$$

式中，n 为每个格网的受访人数，λ_{ti} 为每个受访者选择的选项时间参考值（根据选项 A. 10 分钟以内，B. 10—30 分钟，C. 30—60 分钟，D. 1—2 小时，E. 2 小时以上，分别赋值 A=10，B=20，C=45，D=90，E=120）。将结果输入 ArcGIS 后，利用 Jenks 自然断裂法将格网类型分为 4 种。

从新乡市主城区开放空间平均活动时间格网图（图 7-19）可知，新乡市主城区内各格网单元的活动人群活动时间一般在 30 分钟以上，这是差异最小的一种网络分布，西部区域的时长还要超过东部区域。这说明人群的基本活动需要受外界环境的影响并不太大，在空间上活动的需求并不呈现明显的空间分异，未来开放空间的布置应以人的活动需求为本。

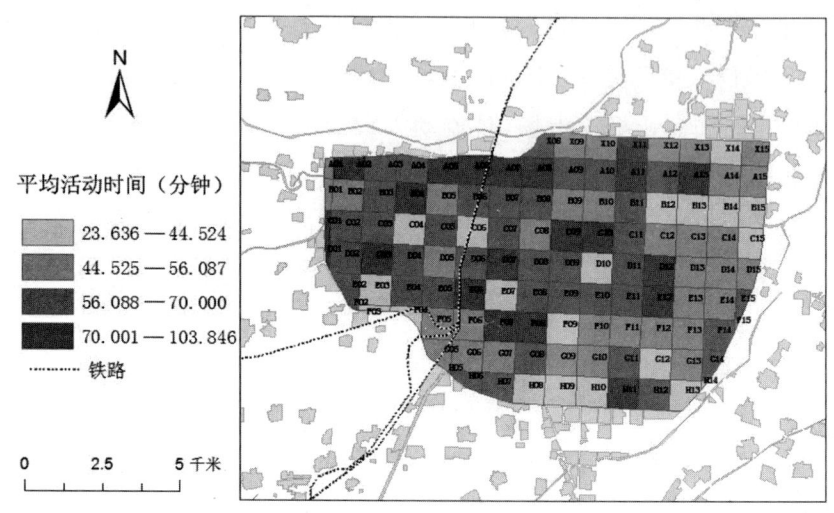

图 7-19　新乡市主城区开放空间平均活动时间格网

由新乡市主城区开放空间活动时长众数格网图(图 7-20)可知,大多数的格网内人群停留活动的时间为半个小时到 1 个小时。选择停留时间 2 小时以上的为人民公园所在的 D08 单元和西部边缘地带的农村居民点和厂区的人群。这说明停留时间过长的区域存在两极分化,即条件过于优越或过于偏僻。还有一个异常单元 C04,选择 10 分钟之内的最多,此区域位于西高村片区,低层建筑密集、开放空间匮乏可能是其中的原因。

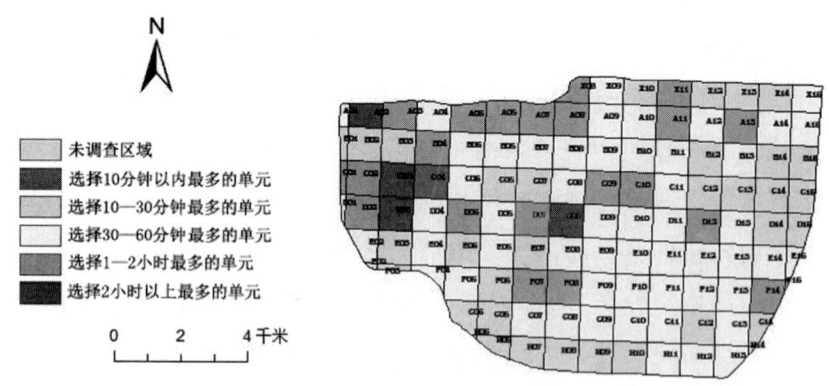

图 7-20　新乡市主城区开放空间活动时长众数格网

7.4 格网单元的关系半径

社会功能网络重点考察的还有活动人群之间的社会关系紧密程度。对问卷中关于"您在本区域活动是否有固定的活动人群"的单选结果进行了统计。参考平均出行距离和平均活动时间的量化指标与公式,设计了格网内人群关系的量化方法。其公式如下:

$$S_i = \frac{\sum_{i=1}^{n} \lambda_{si}}{n} \tag{7.4}$$

式中,n 为每个格网的受访人数,λ_{si} 为每个受访者选择的人群选项参考值(根据选项 A. 自己一个人,B. 和家人,C. 同小区的熟人,D. 其他地方的熟人,E. 不固定,分别赋值 A=1,B=2,C=3,D=4,E=5)。将结果带入 ArcGIS 后,利用 Jenks 自然断裂法将格网类型分为 4 种。计算了每个格网的平均人群关系半径。半径值越大,代表该区域的社会交往的深度越大;反之,则说明社会交往的深度越小。

从新乡市主城区开放空间平均人群关系格网图(图 7-21)可知,新乡市主城区内各格网单元的人群关系,东部比西部紧密。沿平原路一带的行 C 平均人群关系呈小连续分布,而其南侧行 D 人群关系较紧密。关系较紧密的单元除人民公园外均处于城市边缘区域和高校区域。

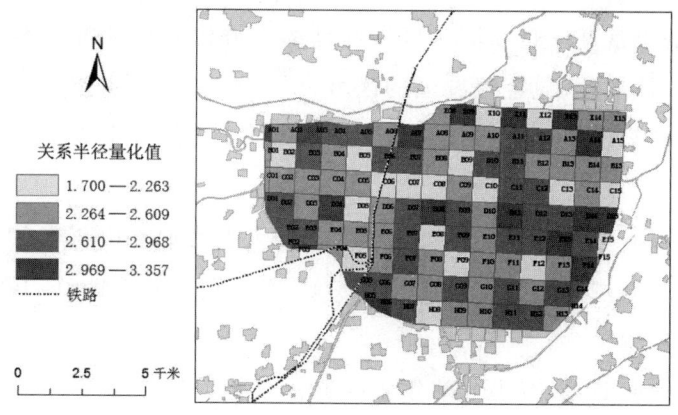

图 7-21 新乡市主城区开放空间平均人群关系格网

由新乡市主城区开放空间人群关系众数格网图(图7-22)可知,大多数的格网内人群选择活动人群为家人。选择单独一个人活动的则基本集中在06—09列单元区域,选择同小区熟人较多的单元则位于主城区次边缘圈层,选择不固定最多的单元都位于主城区的边缘。

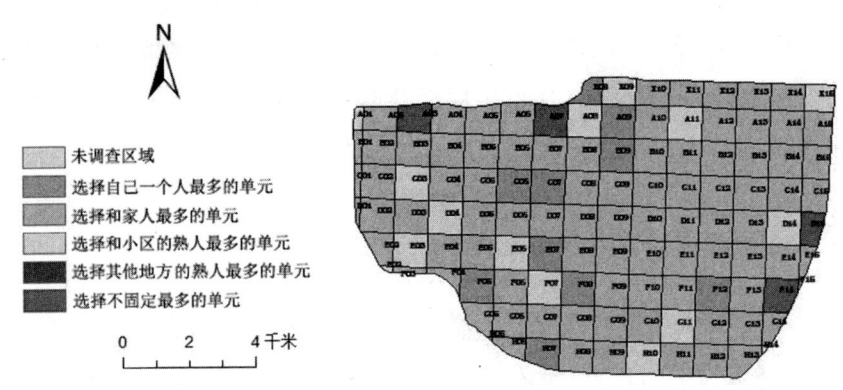

图7-22 新乡市主城区开放空间人群关系众数格网

7.5 空间活动人群的丰富度

7.5.1 年龄丰富度

丰富度可以从多个角度来理解,对于城市开放空间中的活动人群来说,所谓的丰富度就是在同一区域活动的人群的多样性和包容度。其逻辑为,多样性越大、包容性越强的区域,引发产生新的社会关系的可能性就越大。丰富度代表了一个区域的活力和联系强度,应该是社会功能网络的重要参考和评价指标。

活动人群的年龄段能反映一个区域的人群特征。由于本次问卷调查针对各单元格网内的活动人群随机发放,有一定的偶然性,但其结果也能反映一定的规律。

需要说明的是,本小节的年龄丰富度代表问卷中关于年龄分段的出现情况而非平均年龄。通过量化指标也可以计算出每个格网单元的平均年龄,但是平均年龄与社会功能网络之间并无直接评判关系。受访者平均年龄的高低可以反映一个区域的活动人群结构,但不宜作为判断当地社会功能网络优劣的指标。所以采用年龄丰富度而不采用平均年龄指标。调查问卷中的年龄选项共有 5 项。年龄丰富度的计算公式为:

$$AR_i = a \qquad (7.5)$$

式中,AR_i 代表格网单元 i 内受访人群的年龄类型总数,$1 \leqslant a \leqslant 5$。

从统计结果(图 7-23)来看,年龄段的丰富度在新乡市主城区空间分异明显。主城区西部拥有全年龄段的比例明显大于东部;而从平均年龄的统计结果看,东部则小于西部。这说明西部老城区及铁西地区的社会结构比较稳定,主城区东部区域的人群年龄类型相对较少。主城区东部的低值区主要出现在东部厂区和高校附近,而主城区中部和东北部的低值区主要出现在吕村、公村、马小营等城中村附近,其他低值区主要分布在北环和西外环沿线附近。这说明这些区域活动人群在年龄类型上不够丰富。

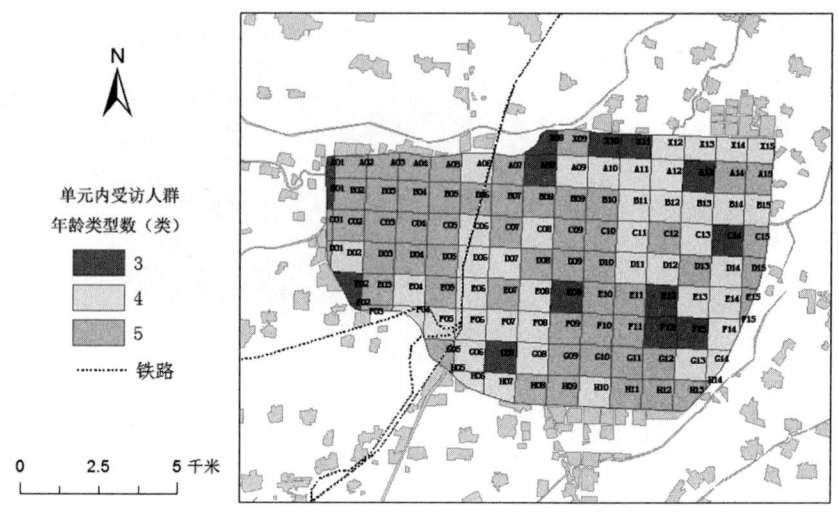

图 7-23　新乡市主城区开放空间年龄丰富度格网

7.5.2 活动目的丰富度

活动目的丰富度可以说明区域空间内活动人群行为的多样性,它也会在某种程度上影响社会关系的丰富程度。调查问卷中可选的活动目的有锻炼身体、交友会友、赏景、带家人活动、散心娱乐(包括带宠物)、购物、其他共 7 种。活动目的丰富度的计算公式为：

$$PR_i = p \tag{7.6}$$

式中，PR_i 代表格网单元 i 内受访人群选择的活动目的类型总数，$1 \leqslant p \leqslant 7$。

统计结果(图 7-24)显示，在主城区东部和西部，高值区都呈线型连续分布，这可以理解为城市街区对人群活动的影响。劳动路、和平大道、宏力大道、牧野大道、金穗大道、化工路等城市主干道沿线高值区聚集明显，铁西区金龙集团区域属于中低值区，但其周边却围绕高值单元，说明该区域城市空间功能类型丰富。其他低值单元主要出现在北部吕村附近以及北环、西外环的几个边缘单元。

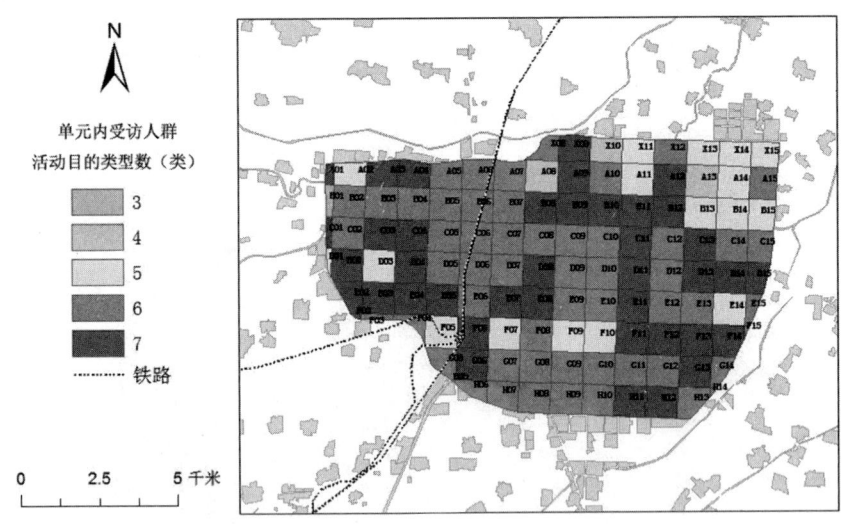

图 7-24　新乡市主城区开放空间活动目的丰富度格网

7.5.3 经济状况丰富度

经济因素与年龄因素有类似的情况，即社会功能网络的效果是看所能聚集的各种类型人群的多样性，而不宜以量化的平均状况来比较开放空间内社会功能网络的优劣。经济收入区间的丰富程度能反映区域社会

7 新乡市主城区开放空间系统的社会功能网络

交往的经济结构是否丰富。调查问卷中的经济收入选项共有 4 项。经济状况丰富度的计算公式为：

$$ER_i = e \tag{7.7}$$

式中，ER_i 代表格网单元 i 内受访人群的收入类型总数，$1 \leqslant e \leqslant 4$。

从统计结果（图 7-25）来看，新乡市主城区东部和南部的经济状况丰富度要大于西部和北部。而 A13 吕村附近、E09 马小营附近、G05 朱召附近等几个低值单元值得重点关注。尤其是 E09 单元与相邻单元对比十分鲜明。再结合收入平均值进行分析，收入丰富度低值的单元其收入平均值也很低，但收入平均值低的区域丰富度却有可能较高。这也说明了收入丰富度指标的必要性。

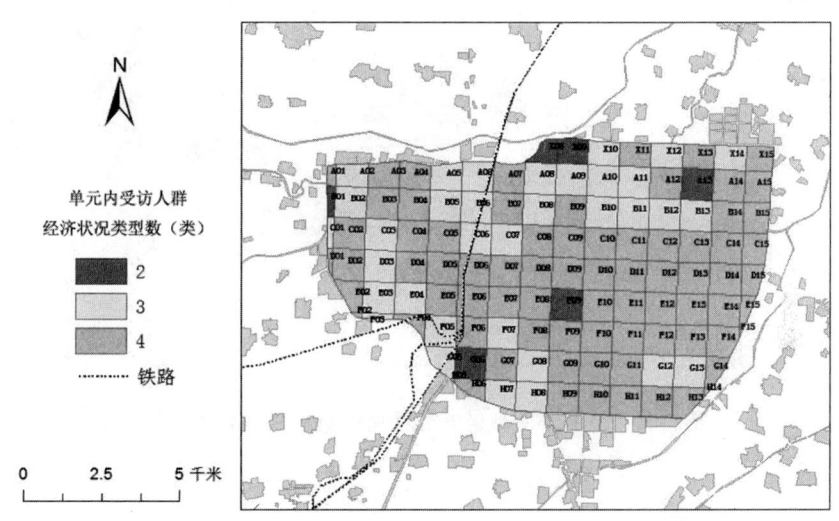

图 7-25　新乡市主城区开放空间经济状况丰富度格网

7.5.4 交通方式丰富度

开放空间中人群的丰富程度还可以通过交通方式的丰富度来判断。交通方式种类的丰富度能够说明开放空间对不同人群的吸引力的大小，它也是出行距离网络的一个补充。本次问卷中的交通方式选项有步行、自行车、电动车、公交车、出租车或专车、私家车共 6 项，基本涵盖了新乡市主城区可能出现的交通方式。交通方式丰富度的计算公式为：

$$TR_i = t \tag{7.8}$$

式中，TR_i 代表格网单元 i 内受访人群出行的交通工具类型总数，$1 \leqslant t \leqslant 6$。

统计结果(图 7-26)显示，新乡市主城区内的低值区主要集中在主城区北部和西南角。主城区东、西部皆有高值区分布，但东部的高值单元数量远多于西部。尤其是东环和西环附近均有高值单元连续出现，这说明东西两个环路附近更有生活气息。

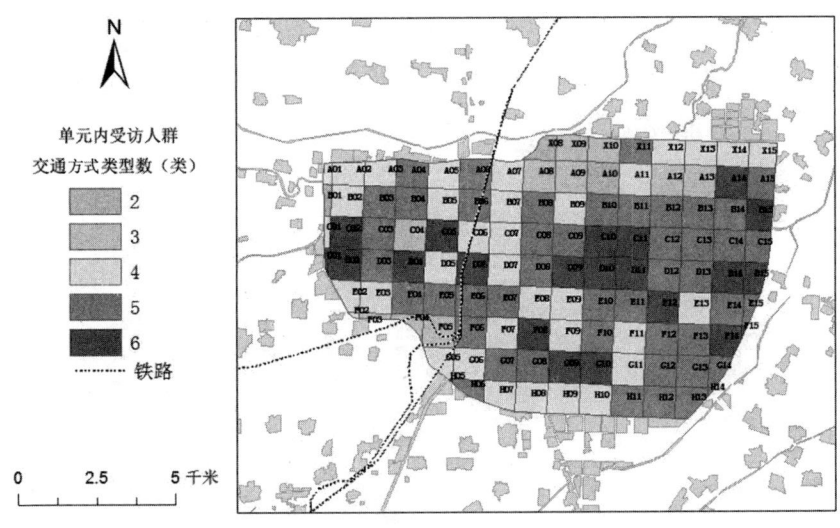

图 7-26　新乡市主城区开放空间交通方式丰富度格网

7.6 社会功能网络评价

综合对开放空间社会功能网络内涵的理解，结合本次调研结果，构建了新乡市主城区社会功能网络评价指标体系(表 7-4)。一级指标为 S 社会功能网络评价值，代表 2016 年的格网单元在社会功能网络层面横向比较情况；下设 4 个二级指标，分别为 S1 满意度、S2 行为习惯值、S3 关系半径和 S4 丰富度；三级指标共有前文涉及的 10 个指标，分别为 S11 本地满意度、S12 满意度差值、S21 出行距离量化值、S22 活动时长量化值、S23

7 新乡市主城区开放空间系统的社会功能网络

活动频率量化值、S31 人群关系量化值、S41 人群年龄丰富度、S42 活动目的丰富度、S43 经济状况丰富度、S44 出行方式丰富度。这些指标的效应均为正向,说明了所在单元反映出的对社会功能网络的正向引导作用。其值越高,则说明本地单元对人的吸引力越大,能够促进更多的社会关系发生。利用前面所运用的熵值法计算出各指标的权重(表 7-5)。

表 7-4 新乡市主城区社会功能网络评价指标体系

一级	二级	三级	效应
S 社会功能网络评价值	S1 满意度	S11 本地满意度	正向
		S12 满意度差值	正向
	S2 行为习惯值	S21 出行距离量化值	正向
		S22 活动时长量化值	正向
		S23 活动频率量化值	正向
	S3 关系半径	S31 人群关系量化值	正向
	S4 丰富度	S41 人群年龄丰富度	正向
		S42 活动目的丰富度	正向
		S43 经济状况丰富度	正向
		S44 出行方式丰富度	正向

表 7-5 基于熵权法的新乡市主城区社会功能网络评价指标体系权重

二级指标	S1 满意度		S2 行为习惯值			S3 关系半径	S4 丰富度			
权重	0.062		0.282			0.083	0.573			
三级指标	S11 本地满意度	S12 满意度差值	S21 出行距离	S22 活动时长	S23 活动频率	S31 人群关系	S41 人群年龄	S42 活动目的	S43 经济状况	S44 出行方式
权重	0.032	0.029	0.122	0.082	0.078	0.083	0.190	0.046	0.102	0.235

由熵值计算结果看,二级指标里,S4 丰富度的权重最大,其次是 S2 行为习惯值,而 S1 满意度和 S3 关系半径的权重较小,说明其空间差异不大。三级指标中 S44 出行方式的权重最大,其次是 S41 人群年龄、S21 出行距离。这些指标都能较明显地反映社会功能网络的效果。将所得权重与无量纲化后的各单元值相乘,得到最终评价结果(见附录 D)。

将最终得出的社会功能网络评价值输入 ArcGIS,可得到 2016 年新乡市主城区开放空间社会功能网络评价格局(图 7-27)。由图可知,社会功能网络的空间格局与交通功能网络、生态功能网络存在明显不同的特征。社会功能网络的高值区并不像后两种网络那样大片集中,而是在主城区内散落分布,城市西部包括铁路以西区域的社会功能网络在总体上明显高于其他地区,而主城区东部则相对较低。高值单元在城市边缘也有所分布,而低值单元在主城区中心区域也有存在。这一方面说明社会功能网络并不像交通、生态那样可以快速建立,老城区有着很强的社会功能网络基础;另一方面体现了社会问题的复杂性,要特别关注低值区域,避免其成为城市及空间的死角。

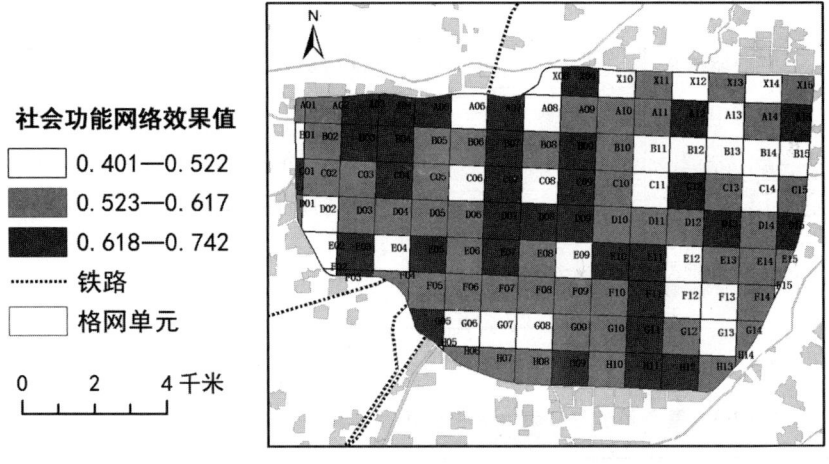

图 7-27　新乡市主城区开放空间社会功能网络评价格局

从新乡市主城区社会功能网络空间节点联系图(图 7-28)可以看出,主城区西部的社会功能网络的空间节点分布较好,而东部则出现大量的"断裂"地带。比较明显的是市政府广场与和谐公园为高值节点,但其周边存在大量低值节点。这一区域存在政府机关、高校、工厂等用地,社会结构较简单是其中的原因。这也说明新乡市主城区东部在快速城镇化过程中虽然取得了比较明显的建设成就,但还需要积极营造人文氛围。

7 新乡市主城区开放空间系统的社会功能网络

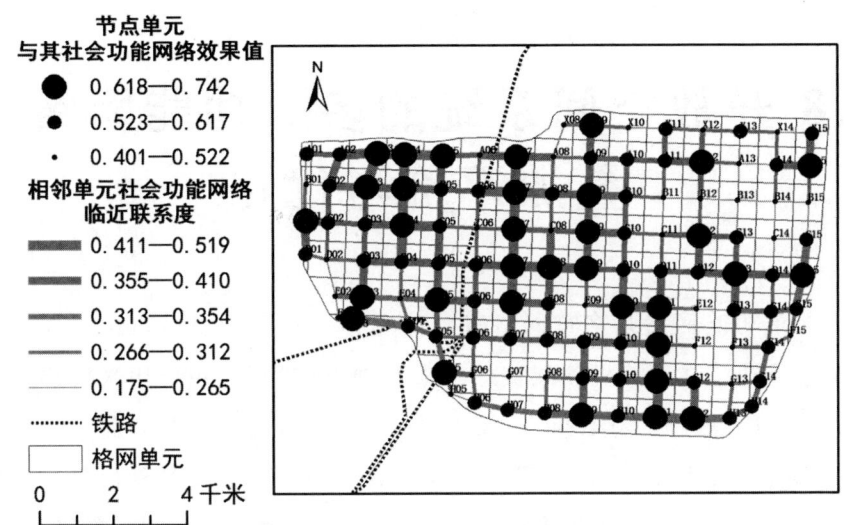

图 7-28 新乡市主城区开放空间社会功能网络空间节点联系

7.7 本章小结

开放空间中的社会功能网络以格网单元作为网络节点,以其中活动人群的各种调查数据作为数据来源的空间分析,也是基于人—地关系思考的一种量化方法。通过按格网发放调查问卷进行的社会功能网络分析研究,发现新乡市的主城区内对开放空间的满意度存在明显的空间分异,社会交往的需求也不尽相同。通过通勤习惯和活动习惯的调查,得出了城市开放空间系统社会功能网络分布格局。通过需求的调查,得到了新乡市主城区需求网络和问题所在。研究发现,老城区及城市边缘区的居民有着较为强烈的交往愿望和改善环境的愿望。通过对活动人群丰富度的调查,分别分析了年龄、活动目的、经济状况、出行方式等方面的丰富度,以此作为评价开放空间系统社会功能网络的重要参考指标。最终评价结果显示,新乡市主城区社会功能网络分布并不规则,主城区西部的分值高于主城区东部的分值。同时也发现了多个社会功能网络"冷点区",是城市社会交往的"死角",需要特别关注并进行改善。

8 开放空间系统的多重功能网络叠加评价与优化

多重功能网络是多重网络概念的延伸。多重网络(multi-networks)的概念最初是在计算机领域被提出来并加以应用的,主要用来解决因特网的技术问题。随着学科的交叉发展,多重网络的应用开始向各个领域渗透。其思维主要体现在以不同种类的网络的分工处理整体决策。2016年成功地挑战了人类顶尖围棋选手的AlphaGo程序正是选择了不同的网络,使其分工不同、各尽所能,最终实现了历史性的突破。当然,这背后还有着如蒙特卡罗树搜索(MCTS)等算法程序的技术进步,此处仅作思维方式上的借鉴。

多重功能网络的最关键的功能就是将不同性质的网络特征综合于统一的网络单元之中。由基本单元作为网络节点,分析其不同性质的网络联系是多重功能网络的基本思路。本文在结合2016年最新数据的基础上,立足解决当前问题,对多重功能网络的评价运用了两种方法:一种是综合交通、生态、社会三种功能网络建立更高级别的指标体系,通过指标体系的评价得出主城区内各格网单元的最终评价值;另一种是基于木桶理论的思维,以紧要次序为出发点,将三种网络看作交织的整体,以多重网络的等级组合作为系统优化的指导,最终提出优化建议。

8.1 多重功能网络叠加评价

8.1.1 综合评价

在前文有关交通功能网络、生态功能网络、社会功能网络评价指标的基础上，建立最终的综合指标评价体系，仍然利用熵权法确定权重。其优点是可以对所有指标进行综合判定，对每个格网单元评出分值，也是对整个开放空间系统的一个量化评价，结果简单直观。其缺点是，重要指标的高值容易掩盖其低值，这容易混淆之后的优化步骤。

指标体系中的一级指标为 X 开放空间系统多重功能网络综合评价，二级指标有 X1 交通功能网络评价、X2 生态功能网络评价、X3 社会功能网络评价，三级指标与四级指标则沿用前文章节设定。最终根据 2016 年最新数据，重新根据熵权法计算权重（表 8-1）。

表 8-1　新乡市主城区开放空间系统多重功能网络评价指标体系权重

一级（权重）	二级（权重）	三级（权重）	四级（权重）	效应
X 开放空间系统多重功能网络综合评价（1）	X1 交通功能网络评价（0.342）	X11 路网密度（0.066）	X111 主要道路路网密度（0.026）	正向
			X112 干道路网密度（0.040）	正向
		X12 道路拓扑度（0.142）	X121 连接度（0.061）	正向
			X122 控制度（0.054）	正向
			X123 集成度（0.027）	正向
		X13 交通成本（0.045）	X131 距离成本（0.026）	逆向
			X132 时间成本（0.019）	逆向
		X14 承载能力（0.075）	X141 流动承载面积（0.025）	正向
			X142 驻停承载面积（0.050）	正向
		X15 人群拥挤度（0.014）	X151 单元内人口最高值（0.005）	逆向
			X152 单元内人口平均值（0.004）	逆向
			X153 单元内人口极差值（0.005）	逆向
	X2 生态功能网络评价（0.480）	X21 景观格局（0.071）	X211 斑块密度（0.009）	逆向
			X212 景观形状指数（0.016）	正向
			X213 蔓延度（0.018）	正向
			X214 斑块丰富度（0.021）	正向
			X215 香农多样性指数（0.007）	正向
		X22 绿色斑块（0.096）	X221 绿色密度（0.031）	正向
			X222 绿色最大斑块指数（0.063）	正向
			X223 绿色聚集度（0.002）	正向
		X23 蓝色斑块（0.216）	X231 蓝色密度（0.068）	正向
			X232 蓝色最大斑块指数（0.070）	正向
			X233 蓝色聚集度（0.078）	正向
		X24 棕色斑块（0.067）	X241 棕色增长趋势（0.008）	逆向
			X242 棕色未变规模（0.003）	逆向
			X243 棕绿转化（0.056）	逆向
		X25 加权生态面积（0.030）	X251 赋值面积之和（0.030）	正向
	X3 社会功能网络评价（0.178）	X31 满意度（0.013）	X311 本地满意度（0.007）	正向
			X312 满意度差值（0.006）	正向
		X32 行为习惯值（0.059）	X321 出行距离（0.026）	正向
			X322 活动时长（0.017）	正向
			X323 活动频率（0.016）	正向
		X33 关系半径（0.017）	X331 人群关系（0.017）	正向
		X34 丰富度（0.089）	X341 人群年龄（0.040）	正向
			X342 活动目的（0.010）	正向
			X343 经济状况（0.021）	正向
			X344 出行方式（0.018）	正向

注：权重计算结果保留三位小数。

从指标的权重分布来看,二级指标中 X2 生态功能网络评价的权重最大,为 0.480;X1 交通功能网络评价的权重其次,为 0.342;X3 社会功能网络评价的权重相对最低,为 0.178。这可以看出生态功能网络指标的差异性要远大于社会功能网络指标。三级指标中,权重较大的有生态功能网络中的 X23 蓝色斑块、交通功能网络中的 X12 道路拓扑度和社会功能网络中的 X34 丰富度。最终得出的开放空间系统多重功能网络综合评价分值如表 8-2(详细见附录 E),将其输入 ArcGIS,并运用 jenks 自然断裂法得到新乡市主城区开放空间系统网络综合效果单元格网分布图(图 8-1)。

表 8-2 新乡市主城区开放空间系统多重功能网络综合效果单元格网分值

列 行	01	02	03	04	05	06	07	08	09	10	11	12	13	14	15
X	—	—	—	—	—	—	0.197	0.239	0.238	0.501	0.457	0.250	0.392	0.420	
A	0.495	0.511	0.366	0.208	0.348	0.224	0.241	0.232	0.266	0.433	0.467	0.235	0.278	0.215	0.234
B	0.192	0.466	0.521	0.475	0.464	0.456	0.404	0.329	0.194	0.248	0.429	0.399	0.391	0.392	0.433
C	0.382	0.682	0.461	0.384	0.184	0.366	0.419	0.425	0.462	0.626	0.505	0.423	0.451	0.466	0.426
D	0.238	0.435	0.394	0.245	0.411	0.204	0.371	0.529	0.387	0.211	0.386	0.405	0.491	0.454	0.474
E	—	0.412	0.410	0.537	0.352	0.191	0.193	0.374	0.299	0.205	0.435	0.556	0.491	0.644	0.536
F	—	0.296	0.534	0.381	0.214	0.416	0.375	0.375	0.195	0.227	0.467	0.456	0.455	0.468	0.384
G	—	—	—	—	0.356	0.452	0.398	0.406	0.371	0.352	0.360	0.286	0.228	0.256	—
H	—	—	—	—	0.337	0.212	0.392	0.240	0.393	0.360	0.218	0.288	0.243	0.359	—

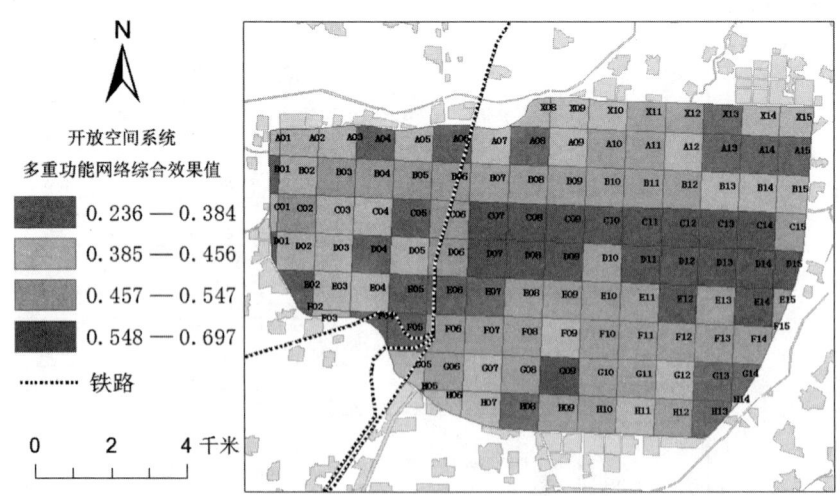

图 8-1 新乡市主城区开放空间系统网络综合效果单元格网分布

从最终结果(图 8-1)来看,新乡市主城区开放空间系统网络综合效果的分布呈现明显的中心高、四角低的空间格局。在铁路以东平原路、金穗大道、牧野大道、新中大道沿线,高值单元呈现明显的连续的聚集分布,是新乡市主城区开放空间系统中综合网络评价最高的区域。而铁路以西区域、主城区建设路北部区域以及主城区东北部吕村区域低值单元成片连续分布,是亟须改善的"木桶短板"。

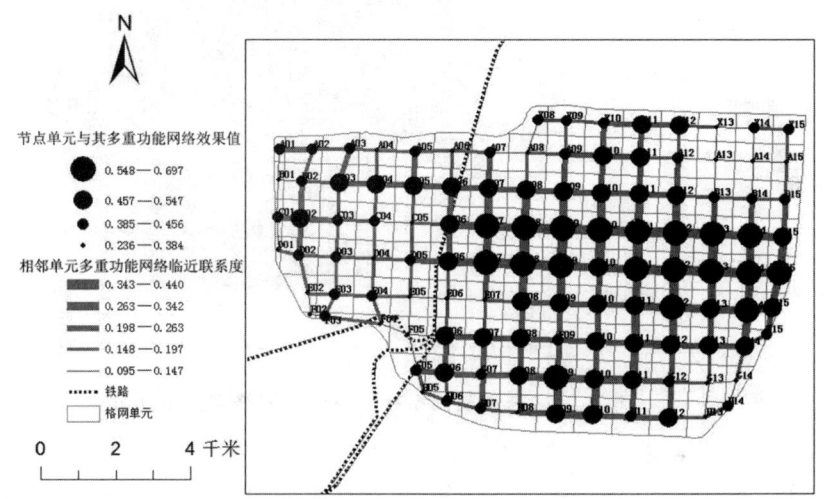

图 8-2　新乡市主城区开放空间系统多重网络综合节点联系

从评价效果看,综合的评价可以给人比较直观的定量数值,但却容易忽略不同网络之间的差异性。比如生态功能网络的权重为 0.480,而社会功能网络的权重仅为 0.178,二者差距太大,这样的结果也容易造成对社会层面问题的忽略。同时,综合评分也会造成优化时的盲目性。基于前文对多重功能网络的探讨,下面尝试对每个网络类型进行分类,然后通过分类组合的方法确定优化步骤与顺序。

8.1.2　分类组合评价

城市开放空间中的交通、生态、社会是三种不同类型的功能网络。由于类别不同,与此三类相关的指标应分别形成评价体系。本文在研究和总结了类似研究后,将交通、生态、社会三个评价体系测算的结果(见附录

B、附录 C、附录 D）在 ArcGIS 中利用 Jenks 自然断裂法分成 3 类。可以将高值定义为 A、中间值定义为 B、低值定义为 C，得到每个网络的格局图（图 8-3、图 8-4、图 8-5）。

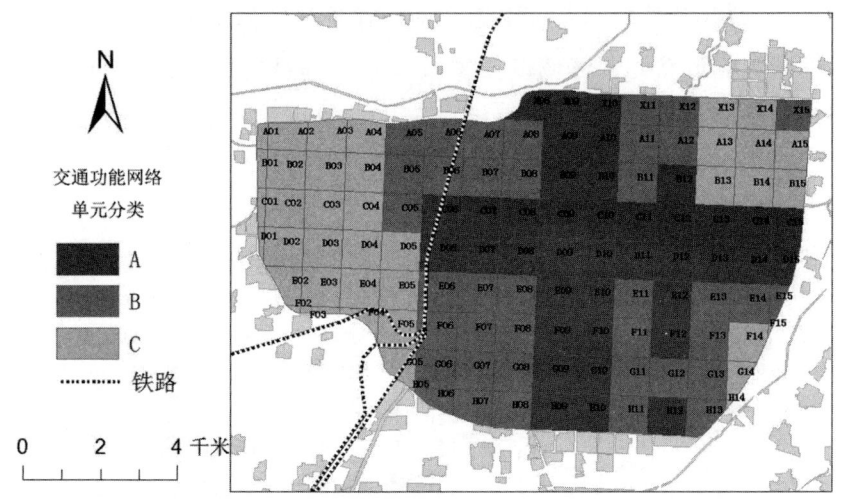

图 8-3　新乡市主城区开放空间系统交通功能网络空间单元分类

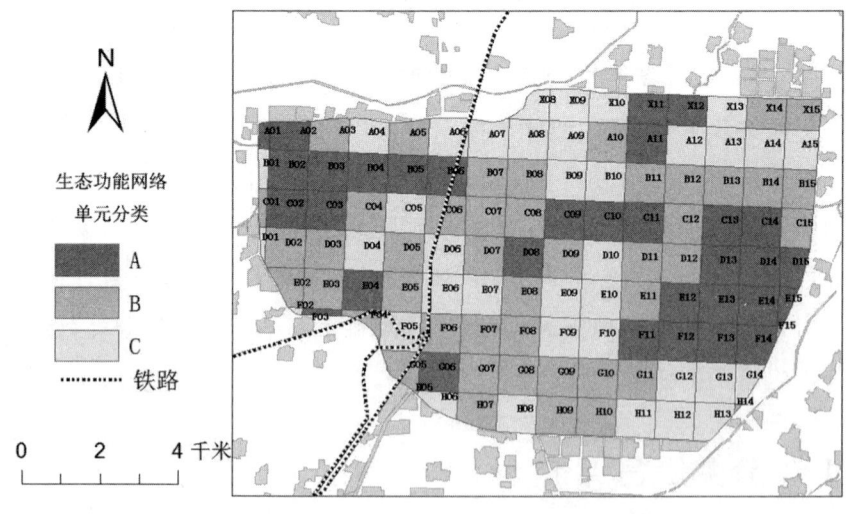

图 8-4　新乡市主城区开放空间系统生态功能网络空间单元分类

8 开放空间系统的多重功能网络叠加评价与优化

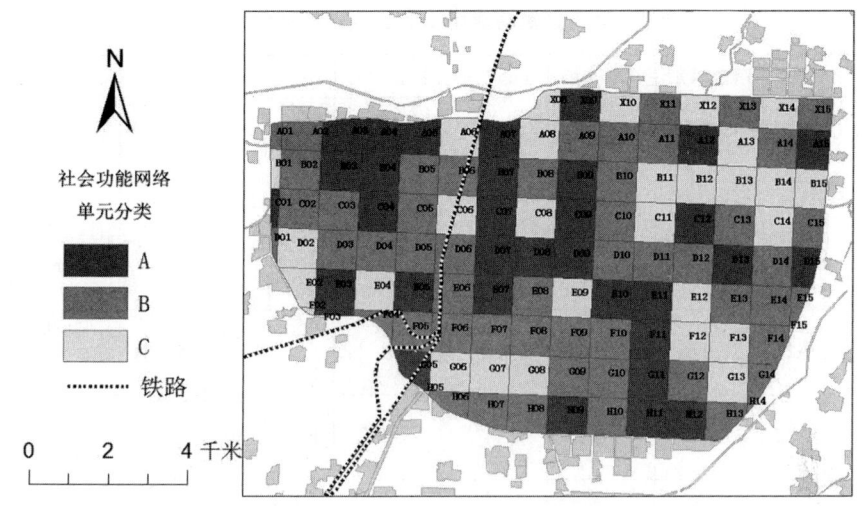

图 8-5　新乡市主城区开放空间系统社会功能网络空间单元分类

　　从图中可以看出,交通功能网络的空间形态最为规则,三个分值区都连片分布,高值单元大多分布在城市中心,城市干道的作用十分明显。生态功能网络的空间格局则显得相对散乱。公园和高校等单位是生态功能网络高值集中的区域,河渠等水体经过的单元在分值上有一定的连续性,其界面相比于交通功能网络已经不太规则。社会功能网络的分布格局与交通功能网络和生态功能网络又有较大差异,其高、中、低三个分值区完全呈现无规则分布,相对来说,主城区西部的分值要普遍高于东部区域的分值。据此,三种功能网络各有特点,分别反映不同功能类型的评价情况,宜采用分类组合的方法找出每个单元的优化焦点。

　　将每个格网单元的不同网络评价依次进行排列,组合成评价矩阵,根据其类别、得分划分评价及优化策略。三种功能网络分析结果的组合排列分为3个大类27个小类,针对不同的类别制定不同的优化途径,第Ⅰ大类以保护为主,第Ⅱ大类要补足短板、挖掘强项,第Ⅲ大类则以改造重建为主。在分类内涵中 C 值即"短板"是重要的观察指标。其中大类中的Ⅰ类代表三种网络评价都没有 C 值,且最少有一项 A 值的区域,是综合网络效果较好的类别;Ⅱ类代表三项均为 B 值或只有一项 C 值的区域,是综合网络效果一般的类别;Ⅲ类则说明有两项及其以上 C 值的区域,是综合网络效果较差的类别。

表 8-3 基于多重功能网络的综合评价及优化途径

大类	小类	组合级别	交通功能	生态功能	社会功能	单元	评价	优化途径
Ⅰ	A11	AAA	A	A	A	C09、D08、D13、D15	优秀	保护
Ⅰ	A21	AAB	A	B	A	B07、C07、C12、D07、D09、H09	较优秀	保护加提升短板
Ⅰ	A22	AAB	A	A	B	C10、C13、D14	较优秀	保护加提升短板
Ⅰ	A23	AAB	B	A	A	F11	较优秀	保护加提升短板
Ⅰ	A31	ABB	A	B	B	A10、C15、D11、D12、G09、G10、H10	有优势方面	保护优势,提升整体
Ⅰ	A32	ABB	B	A	B	A11、B05、B06、E13、E14、E15、X11	有优势方面	保护优势,提升整体
Ⅰ	A33	ABB	B	B	A	A05、E11、G11	有优势方面	保护优势,提升整体
Ⅱ	B10	BBB	B	B	B	B08、E08、F06、F07、F08、H07、X15	全面中等	挖掘优势潜力
Ⅱ	B11	AAC	A	A	C	C11、C14、E12、F12	全面中等	挖掘优势潜力
Ⅱ	B12	AAC	A	C	A	B09、E10、H12、X09	全面中等	挖掘优势潜力
Ⅱ	B13	AAC	C	A	A	B03、B04、F03	全面中等	挖掘优势潜力
Ⅱ	B21	ABC	A	B	C	B12、C06、C08、E09	优劣并存	弥补劣势,重点突破

8 开放空间系统的多重功能网络叠加评价与优化

续表

大类	小类	组合级别	交通功能	生态功能	社会功能	单 元	评价	优化途径
Ⅱ	B22	ABC	A	C	B	A09、B10、D06、D10、F09、F10	优劣并存	弥补劣势，重点突破
Ⅱ	B23	ABC	B	A	C	F13、G06、X12	优劣并存	弥补劣势，重点突破
Ⅱ	B24	ABC	B	C	A	A07、A12、E07、H11	优劣并存	弥补劣势，重点突破
Ⅱ	B25	ABC	C	A	B	A01、A02、B02、C02、C03、F14	优劣并存	弥补劣势，重点突破
Ⅱ	B26	ABC	C	B	A	A03、C01、C04、E03、E05、G05	优劣并存	弥补劣势，重点突破
Ⅱ	B31	BBC	B	B	C	B11、G07、G08	有劣势方面	重点改造劣势
Ⅱ	B32	BBC	B	C	B	C05、E06、G12、G13、H06、H08、H13	有劣势方面	重点改造劣势
Ⅱ	B33	BBC	C	B	B	D03、D05、F04、H14	有劣势方面	重点改造劣势
Ⅲ	C11	ACC	A	C	C	X08、X10	较差	保持长项，大力改造
Ⅲ	C12	ACC	C	A	C	E04	较差	保持长项，大力改造
Ⅲ	C13	ACC	C	C	A	A04、A15	较差	保持长项，大力改造

续表

大类	小类	组合级别	交通功能	生态功能	社会功能	单元	评价	优化途径
Ⅲ	C21	BCC	B	C	C	A06、A08	很差	全面改造
Ⅲ	C22	BCC	C	B	C	B13、B14、B15、D02、E02、F02、F15、H05、X14	很差	全面改造
Ⅲ	C23	BCC	C	C	B	A14、D01、D04、F05、G14、X13	很差	全面改造
Ⅲ	C31	CCC	C	C	C	A13、B01	很差	因地制宜，彻底改造

8.2 解读与思考

8.2.1 空间单元网络分级

由以上评价结果可以看出，无论是多重功能网络还是分类网络，新乡市主城区开放空间系统均存在较明显的空间分异。城市中心沿主干道区域的分值远远领先于其他区域，而主城区四条环路相交的边角地带则明显呈现低值单元的聚集。在此基础上可以使用网络分区及层级分析对结果进行解读和思考。在ArcGIS中将前文得出的交通、生态、社会三种功能网络分类结果转换为点要素，并以A类节点为准生成主城区相关网络的VORONOI图，可以得到A类网络节点的空间辐射区域。利用这个方法可以按照相同辐射区内A类为一级、B类为二级、C类为三级的原则确定网络层级和连接关系。

由交通功能网络的VORONOI分区图（图8-6）和层级图（8-7）可以看出，新乡市主城区空间格网单元的09列、10列、C行和D行的中东部是交通功能网络的中心地带，基本处于网络的最高层级。而主城区西部区

8 开放空间系统的多重功能网络叠加评价与优化

域层级相比于中东部明显冗繁,两极差异突出,这是该地区交通功能发挥不佳的主要原因。

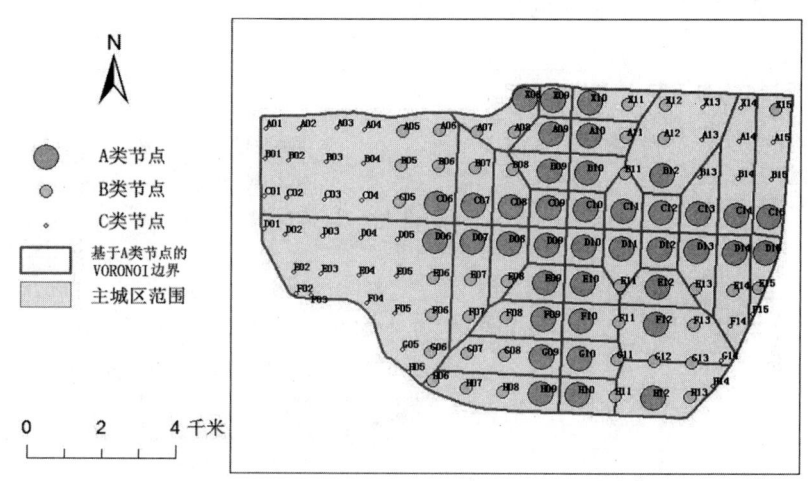

图 8-6 新乡市主城区开放空间系统交通功能网络 VORONOI 分区

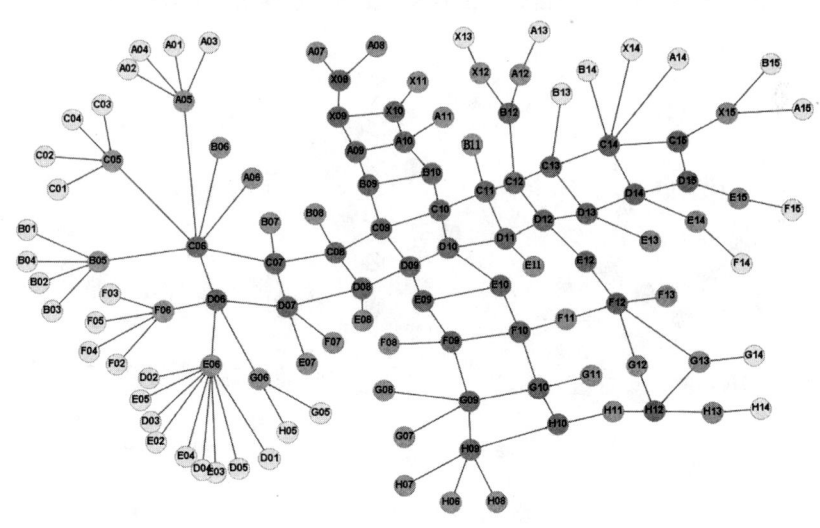

图 8-7 基于 VORONOI 分区的交通功能网络空间单元层级

由生态功能网络的 VORONOI 分区图(图 8-8)和层级图(8-9)可以看出,与交通功能网络的连接性相比,生态功能网络可以分成几个独立的区域,有多个"高值孤岛"型单元出现。中东部与西北部网络连接性较好。

生态功能网络相比于交通功能网络,更大的问题是缺少联系通道。北部卫河周边生态连接性较好;而南部相关水体周边缺少连贯性,应着力建设生态廊道,营造贯穿城区的生态走廊。

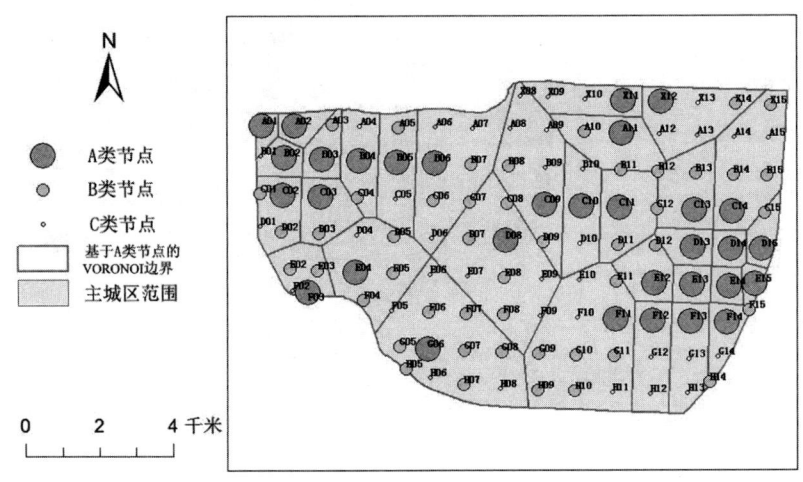

图 8-8 新乡市主城区开放空间系统生态功能网络 VORONOI 分区

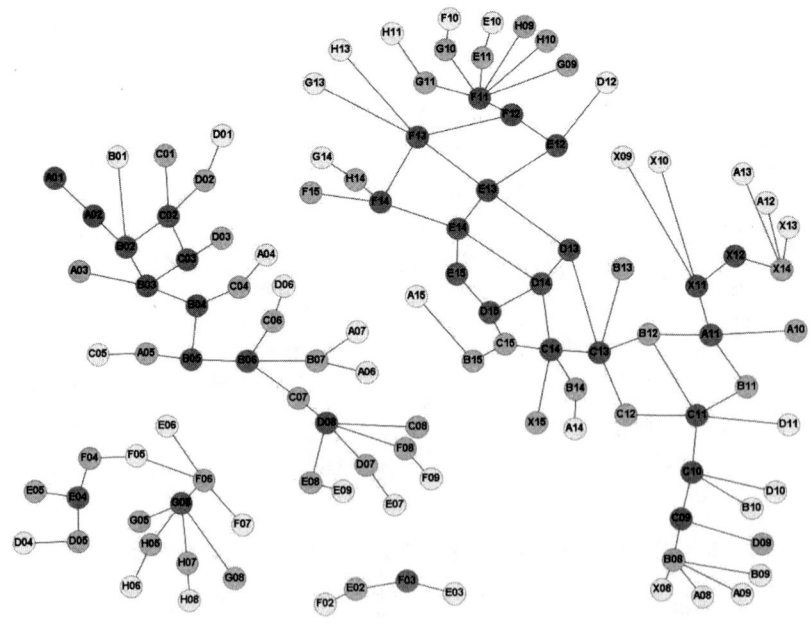

图 8-9 基于 VORONOI 分区的生态功能网络空间单元层级

8 开放空间系统的多重功能网络叠加评价与优化

由社会功能网络的 VORONOI 分区图(图 8-10)和层级图(8-11)可以看出,社会功能网络的层级关系相比于交通功能网络和生态功能网络更加复杂化和不规则化。总体上看,社会功能网络呈现西高东低的分布格局。在铁路东部老城区周边出现了类似中心地模型的网络分区形态;而在主城区东部则出现了漏斗型"凹陷"区,值得重点关注。

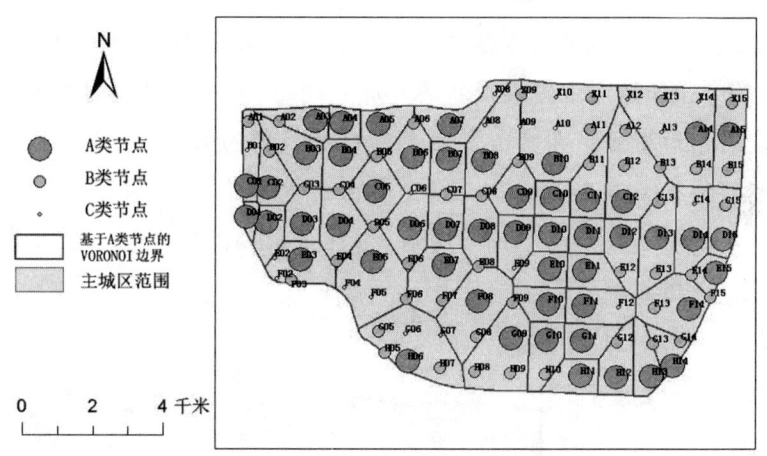

图 8-10 新乡市主城区开放空间系统社会功能网络 VORONOI 分区

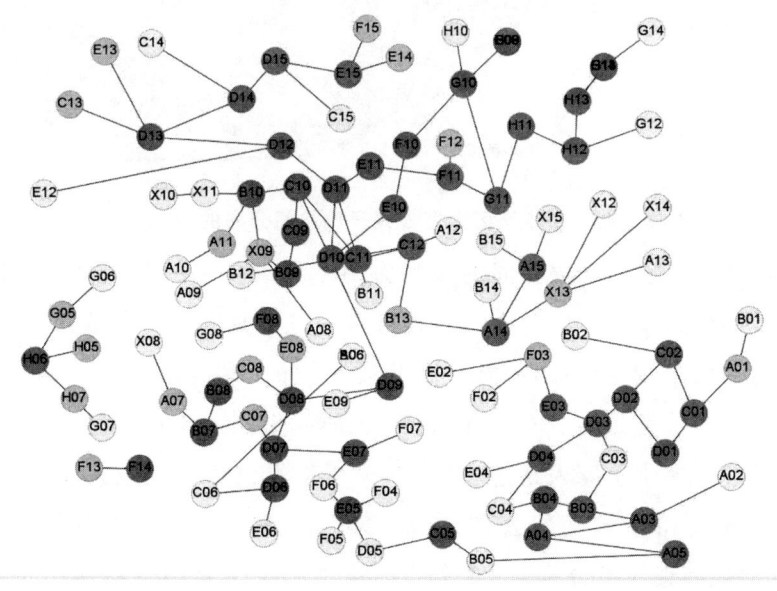

图 8-11 基于 VORONOI 分区的社会功能网络空间单元层级

8.2.2 大型公共开放空间的分布

从新乡市主城区内大型公共开放空间的分布(图 8-12)可以看出,大型公共开放空间仍然呈现出中心多、边缘少的分布格局,且沿平原路、金穗大道一线分布明显。近年来,新乡市主城区向东和向南发展迅速,城市空间主轴日益明确,交通等基础设施在空间拓展上的引导作用显著。主要道路拓展的同时,也建设了新的开放空间,而非主要轴线附近的开放空间建设则相对缓慢。在城市发展尤其是拓展的过程中,沿重要道路轴线快速发展是有一定合理性的。但在城市边界固定、需要由量转质的阶段就需要围绕主城区内部小尺度区域,发挥优势,补足短板,打造均衡完整的网络化结构系统。

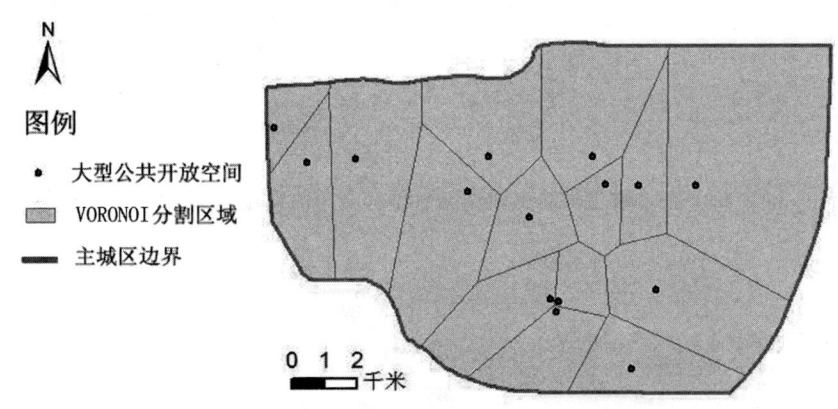

图 8-12　新乡市主城区大型公共开放空间分布的 VORONOI 图

城市尺度上的开放空间的吸引力的主要载体一般为大型的、有一定知名度的公共开放空间。本次问卷对新乡市主城区内的大型公共开放空间吸引力做了调查统计,能够体现开放空间的辐射影响范围。本次问卷中有一个多选题目为"如果时间和各种条件都允许,下面哪些市区的开放空间是您或您带上家人最想去的"。选项基本包含了主城区内及其附近有一定规模和知名度的公园、广场、步行道路、滨水区域和高校校园。2739 位被调查人员分别对 25 个明确选项和 1 个其他选项做出选择,其结果如图 8-13。

8 开放空间系统的多重功能网络叠加评价与优化

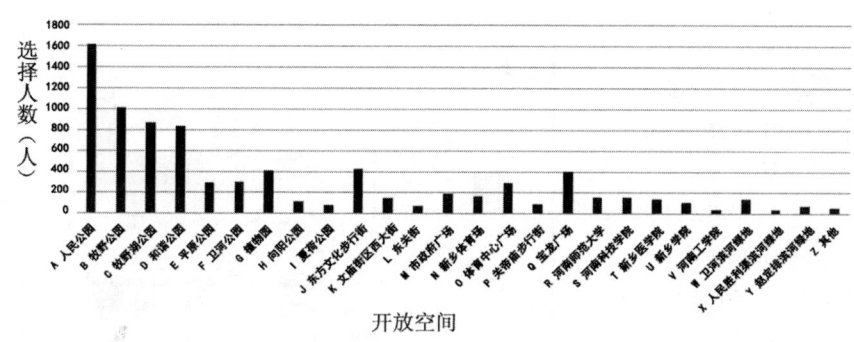

图 8-13 新乡市主城区大型开放空间择优选择柱状图

根据选择人数,将新乡市的主要城市开放空间进行划分,可得到 4 类分类结果。从总数上看有近 60% 的受访人群选择了人民公园,可见人民公园仍然是影响范围最大的城市开放空间。牧野公园、牧野湖公园、和谐公园紧随其后,位于第一集团(一类)。其中牧野公园与牧野湖公园空间紧密相连,如果将其总量相加,其区域吸引的人群数已经超过了人民公园。二类主要包括东方文化步行街、植物园、宝龙广场、体育中心广场、卫河公园、平原公园。其中东方文化步行街、宝龙广场和体育中心广场同属灰色开放空间,在这一类别中占多数。三类、四类的选择人群趋于小众,选择滨水空间的人数较少,一方面说明了滨水景观质量有待提高,另一方面也说明了带状蓝色空间的吸引力在于打造分段的节点。

根据每个格网单元人群选择最多的项进行统计,得到新乡市主城区首选开放空间格网图(图 8-14)。从中也可以看出人民公园是影响范围最大的大型开放空间单体,其次是牧野公园,牧野湖公园与和谐公园的首选影响范围则缩至东区以内。

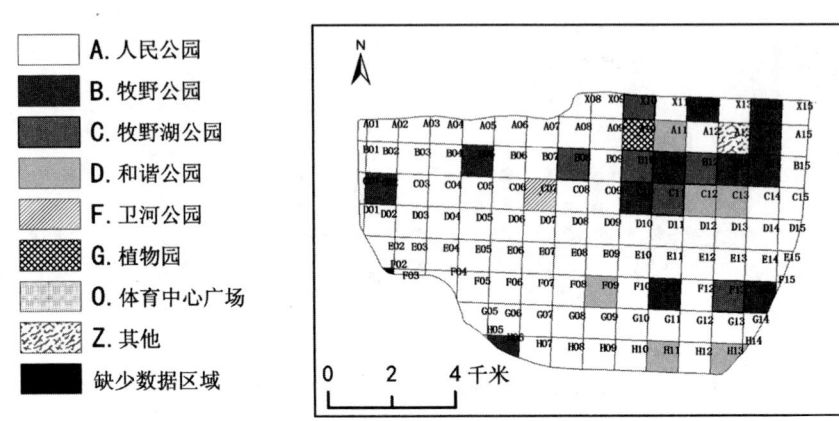

图例：
A. 人民公园
B. 牧野公园
C. 牧野湖公园
D. 和谐公园
F. 卫河公园
G. 植物园
O. 体育中心广场
Z. 其他
缺少数据区域

图 8-14　新乡市主城区首选开放空间格网

运用 Gephi 等网络分析软件，根据格网单元人群的选项还可以生成新乡市主城区大型开放空间人群联系示意图（图 8-15）。从图上可以看出人民公园、牧野公园等在此次调查中的核心位置。

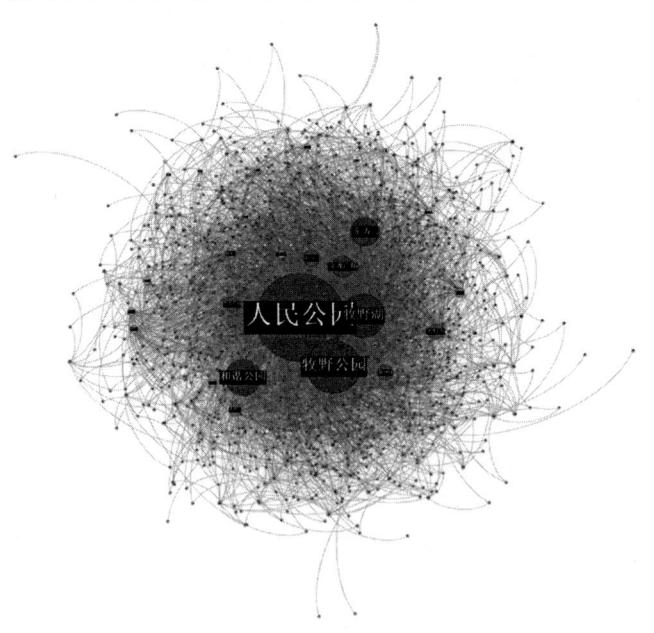

图 8-15　新乡市主城区大型开放空间人群联系网络

大型公共开放空间应被看作公共基础设施的一部分来建设。研究发现，功能网络评价结果的低值单元容易出现在城中村、棚户区或拆迁区域，这些区域也是公共类开放空间缺失的区域。可以通过有规划地修建优质的大型公共开放空间引导主城区空间均衡发展；以优化生态环境、提升市民生活品质为基本目标；从系统的角度找到着眼点，根据各片区城中村改造实际情况有层次地引进项目。在充分调研交通、生态、社会等信息的基础上统筹规划，要重点考虑优先发展区，补足城市空间发展的短板，本着合理利用资源和可持续发展等原则分层次、分步骤地进行规划设计。强化改造片区内功能性规划，充分利用城中村改造范围内的有利条件，合理布局公园、学校、医院、停车场、商场等配套项目，减少过程调整。借力基础设施建设连点成片。借助主次干道、支小路、城市公园及防护绿地等基础设施或公建配套的规划建设，带动零星地块的改造，打通断头路，实现连点成片、互通成网。

开放空间系统的建设还要立足于解决问题，以当地群众的需求为重要参考。从调查问卷的结果（图8-16）来看，各个格网单元对本地主要问题的反馈也有一定的空间规律。总体上，对增加绿化空间需求的单元最多，这可以反映出市民对环境优化的一般理解。对广场类空间的需求以主城区东部为主。虽然目前主城区东部的浅灰空间不少于中西部，但要考虑到东部区域的建筑主要以新建高层为主，建筑密度降低导致容积率提升，人口密度其实是有所提高的，所以就造成了对广场等浅灰空间的需求增加。服务设施的需求主要集中在主城区西部和北部，这是现实状况的真实反映。对水景的需求主要集中在主城区环路沿线边缘区域，这反映出这一区域的人群对环境多样性的渴望。

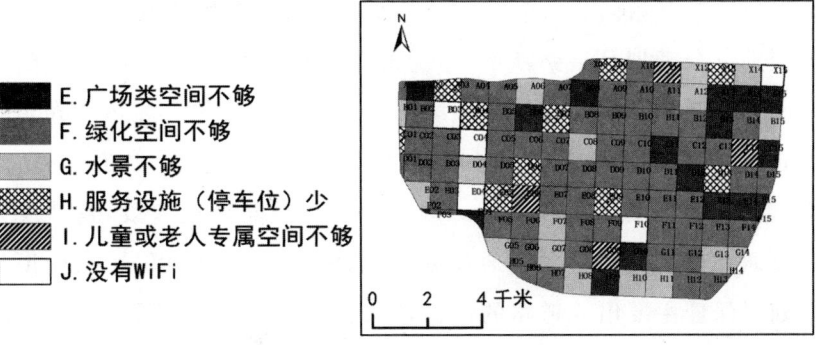

图8-16　新乡市主城区开放空间本地主要问题反馈格网

主城区铁路以西区域及东北部吕村区域是当前城市建设最应关注的区域。应打通路网，通过地下涵洞或地上架桥等方式使金穗大道等主要干道穿越铁路线，沟通铁路东西向城区的联系。提前做好规划，早日完成飞机场的搬迁工作，在原有一部分土地上建设生态绿地，为生态空间提前布局留有余量，打造城市西部绿色环保宜居环境。

8.3 优化建议

8.3.1 主城区交通功能网络的拓展式优化

道路系统的规划要适度超前考虑城市远景的发展方向，预留发展通道。新乡市未来的重点虽然是向东发展，但应在道路网络系统规划上做好未来东部发展区域与城市中心乃至铁西区域之间的衔接，以创建便捷的城市交通联系（图8-17）。应着力拓展城市主次干道的空间贯通性，加强城市道路网络与城市土地利用的协调，在提高重点区域的道路网密度的同时也要统筹兼顾落后片区的道路及基础设施改造。主城区内要完善路网系统，合理进行道路网级配，保证环路的高效性，合理利用低等级分流道路。还要关注浅灰开放空间的建设，重点完善人流与车流的集散辅助系统。明确道路功能，落实优先服务原则。根据道路承担交通流的功能确定道路等级，确保不同类别的交通在不同的等级道路上具有不同的优先级别。合理划分道路断面，避免机动车和非机动车之间的相互干扰。道路网规划要结合公共交通布线统一进行。公交优先首先体现在道路权的优先，在城市核心区的路网中要规划完整的公交线路，以便在进行公交专用道建设和站点布置方面统一规划。加强道路环境建设，营造友好的步行交通环境。提高重要交通设施的可达性，主要交通积聚点的衔接道路规划要保证主要出入道路的通畅，并减少对城市其他区域交通的影响。

8 开放空间系统的多重功能网络叠加评价与优化

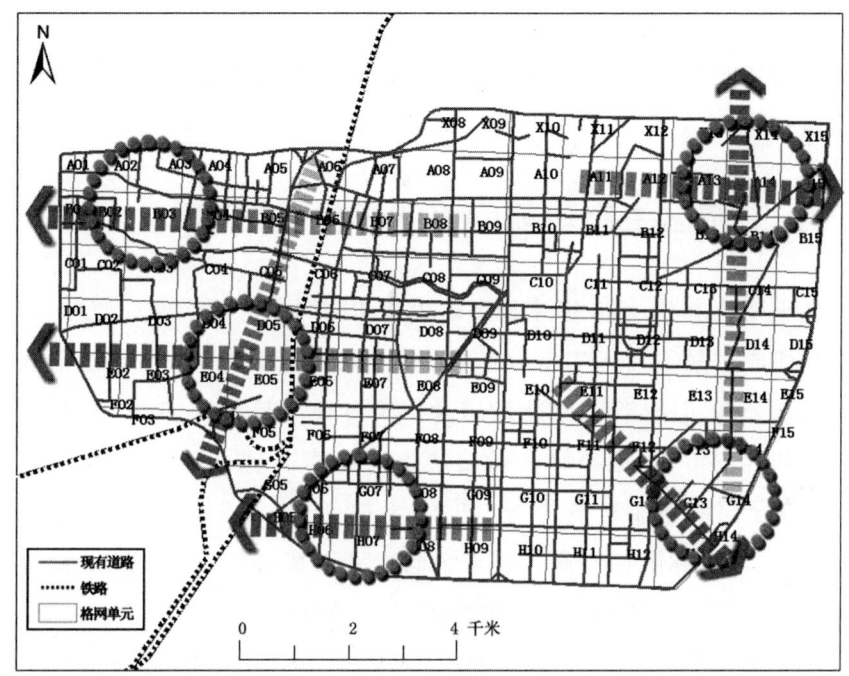

图 8-17　新乡市主要交通功能网络道路拓展式优化

要全面建设新乡市主城区内主干路网,以交通引导城市空间均衡、公平地发展,努力实现新乡市主城区内部交通运输的信息化、市场化、现代化。未来随着新乡城市规模的扩大和居民生活水平的提高,非机动出行方式的比例必然会有所下降,但在其合理出行距离内非机动出行仍具有不可替代的作用。步行和自行车出行作为绿色交通方式,具有资源节约、环境友好等特点,尤其适合我国能源紧张和土地资源匮乏的特点,因此在未来的新乡城市交通体系中应保证步行和自行车出行在其适用范围内的主体地位。

要加强交通功能网络的服务设施建设。随着机动化出行比例的提高,对停车场地、公交站场等服务设施的需求大增。因此应尽量提高公共交通在机动化出行中的比例,努力构建以公共交通为主导、步行和自行车交通为辅助的绿色交通系统,坚持以人为本的原则,在城市交通设施建设过程中构筑良好的步行交通环境。

要尽快打通金穗大道等东部主干道与铁西片区、华兰大道与洪门片区、新五街与吕村等处的断头路,打通纺织路、友谊路等重要的城市支路,拓宽老城区的街道与停车场地,增加城市交通的承载能力,拓展优质交通功能网络。

8.3.2 主城区生态功能网络的修复式优化

从研究结果看,新乡市主城区的生态功能网络呈现破碎化趋势,绿地斑块在建成区呈不均匀零散分布,公园绿地分布不均。缺少接近居住社区的基层公园绿地体系,绿化廊道及街头绿地建设有待加强。城区绿地斑块与郊区农田、林地等绿化基质缺乏沟通廊道,城市绿地系统尚未形成。现有公园绿地面积小,厂矿、机关、学校、医院及居民区的绿化水平不高,公园绿地指标亟待提高。公园绿地质量不高,植物配置单调,绿地管理工作需要进一步加强。园林设施不能满足城市居民游览休憩的需求。道路绿化面积不足,沿铁路和公路的防护绿带尚未完全形成。

依据新乡市主城区绿地及城市水体的特点,规划中心城区绿色开放空间网络和蓝色开放空间网络,形成由河、渠、湖、塘、水景共同组成的水系景观网。打造由卫河、人民胜利渠、赵定排渠构成的体现新乡历史文化和现代自然景观的生态廊道(图 8-18)。建议营造自人民公园至牧野湖公园沿河渠区域的绿化带,修复其在主城区的生态核心地位,打造辐射半径更大、连接度更高、生态功能更完善的连接核心区。铁路西直升机场处有较大规模的浅绿空间,应做好搬迁后的生态应对预案,在地块生态作用不受较大影响的情况下,保护性地进行改造(可考虑生态公园、主题公园等),以优良的生态环境吸引城市人群,引领区域发展。对于东南部高校聚集地块,应稳定其生态现状,适当进行开放式校园的规划,将校园的附属绿地和水体纳入城市绿地系统和水系综合考虑,发挥其对周边地块的稳定辐射功能。对于东北部吕村附近地块,应在拓展道路的同时进行生态空间的营造,使其成为主城区未来东部发展的公园绿地,以发挥其生态功能及满足市民的需求。

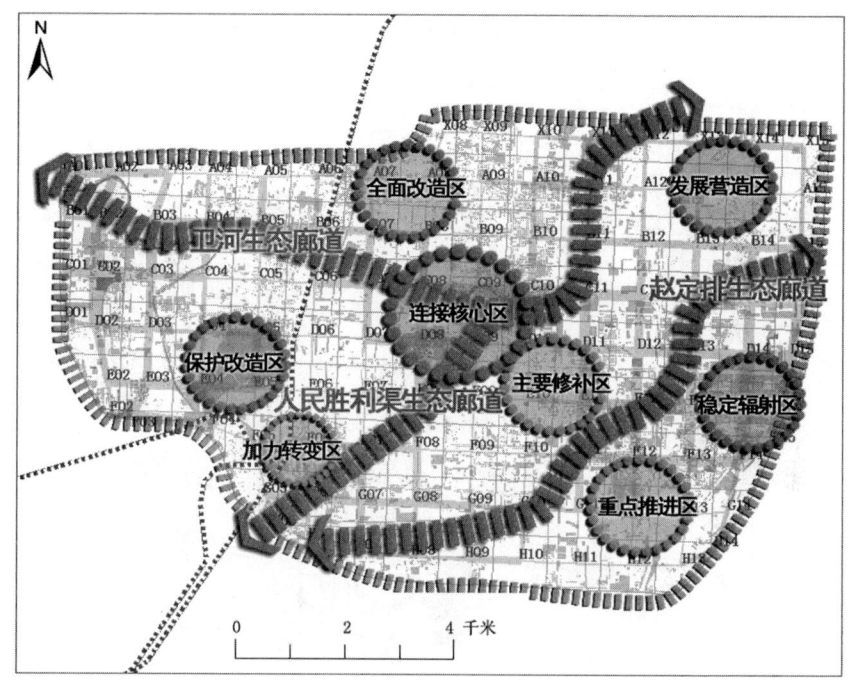

图 8-18 新乡市主城区生态功能网络生态修复式优化

相关优化应本着调整主城区绿地、水体等生态要素的合理分布,使各个片区的绿化水平均衡发展、稳步提高,提升城市整体环境质量。加强城市生态廊道的建设,维护城市组团间分隔绿地的完整性,提高城市绿地的生态效益,构建形态合理、结构完整的城市绿地生态系统。在城市建设、拆迁区域要重视对棕色开放空间的控制,减少对城市生态的消极影响。

8.3.3 主城区社会功能网络的引导式优化

新乡市主城区开放空间的社会功能网络有着很好的基础,应坚持旧城区调整优化与新区发展建设联动的原则,以城市公园等优质的、大型的、公共的开放空间布局为引导(图 8-19),促进区域社会交往的增多与和谐。主城区公园绿地建设应与城市社区建设紧密结合,集中绿地的服务半径应充分考虑方便居民的使用。结合新区建设,疏解部分旧城区的开放空间的社会交往职能,提高旧城区交往空间的质量,降低建筑密度,控制开发强度,增加绿地面积,改善居住环境。

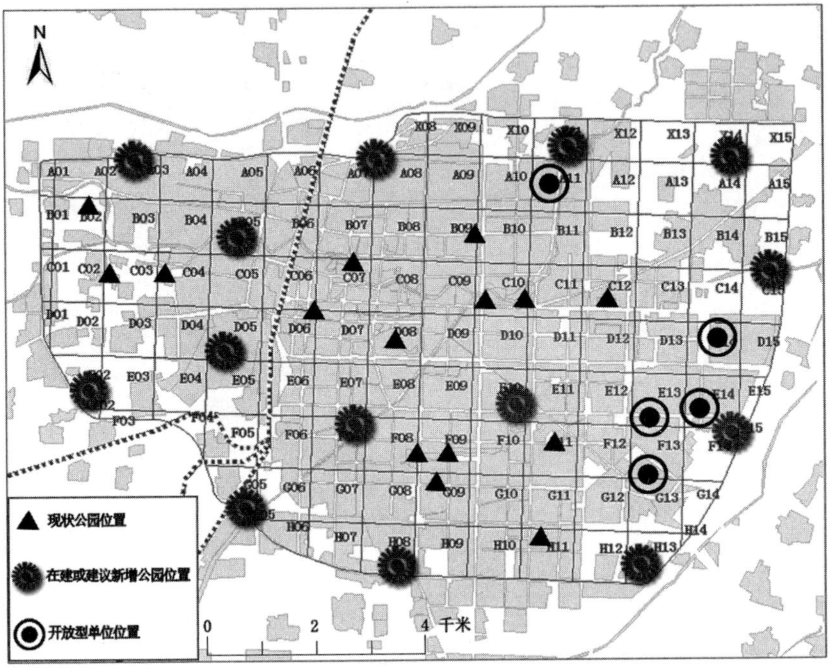

图 8-19　新乡市主城区社会功能网络公园引导式优化

要以需求为基础进行公共开放空间的布点工作。要做到提前规划、提前布点,在总体规划层面完善城市公共开放空间的功能分布和空间均衡。在主城区边界环线地带建立环城公园绿地网络,修补城市交往的"死角",引导城市社会功能网络的健康发展。

要加强社区绿地、居住区公共场地的营造与监管,对部分条件允许的大型社区进行有规划、有步骤的开放试点工作,科学探讨街区邻里共享新模式。

要坚持旧区改造与旧区格局保护相结合的原则。改造项目要与重要历史地段、传统街巷道路格局、各文物保护单位、生态需求的环境品质改善相结合,与城市文化产业的发展相结合,增加城市空间的吸引力。

8.3.4 主城区开放空间系统多重功能网络的综合修补式优化

新乡市主城区城市开放空间系统的整体优化应以城市问题为出发点，以完善功能网络的空间需求为抓手，以修补多重网络的薄弱环节为着力点，拓展交通，修复生态，促进社会的和谐发展。

要重点加快节约型、生态型园林绿化建设，通过规划引领、项目带动和网格化管理，强力推进生态绿地量的增加、质的提升。谋划建设游园绿地和道路绿化带，基本完成环路升级改造的绿化带和绿道建设。建立健全城市绿化管养长效机制，保证城市绿地景观的功能。重点抓好已经规划的城市建设项目，着力将新乡市主城区建设成为生活宜居、功能完善、生态良好、社会文化丰富的现代新型城市，促进居民、城市与自然的和谐发展。在大外环沿线建设防护林带；在主城区内部不断调整优化绿地结构，打造生态绿化廊道，贯通河流廊道，提高绿化覆盖率，减少施工拆迁等场地的土地裸露持续时间，通过相对均布的绿色开放空间与蓝色开放空间营造生态功能网络。沿新中大道、新飞大道和金穗大道等主要干道建设绿色景观线，打造新乡市的城市品质与特色。建设京广铁路绿化带、新菏铁路绿化带、京港澳高速公路绿化带和长济高速公路绿化带。打造牧野湖、卫源湖、贾太湖、南湖、凤泉湖、平原新区凤湖等蓝色景观片区和卫河、人民胜利渠、共产主义渠、赵定排渠、东孟姜女河、西孟姜女河等蓝色景观带，以及沿河绿带和节点休闲景区。营造定国湖公园、牛村公园、乐水公园、机场公园等新型大型公共开放空间。

要坚持旧区功能调整优化与促进旧区活力相结合的原则。合理调整旧区用地结构，将特殊用地、工业用地置换为绿地、居住用地、商业用地、文卫用地、配套基础设施用地等，完善和强化旧区商业、休闲服务业的功能，完善城市道路系统和市政基础设施体系，改善旧区的生活居住环境，增设公共停车场，保持并增强旧区发展的社会活力。

打造环城风貌区，加快节约型、生态型开放空间系统的建设，通过规划引领、项目带动和网格化管理，强力推进优质的城市开放空间量的增加与质的提升。优先在未开发或待开发地块预留空间，建立健全城市开放空间网络，保证城市绿地景观的功能，将新乡市建设成为功能完善、环境优美并具有浓郁中原文化特色的生态宜居城市，促进城市与自然的和谐发展。

8.4 本章小结

综合第5至第7章的实证分析，结合新乡市主城区的历史演变以及多重功能网络的空间特征，尝试性地提出多重功能网络评价模式并提出优化策略。主要结论如下：

（1）辨析了基于多重功能网络的平原城市开放空间研究的科学性和合理性，对新乡市主城区基础格网进行全覆盖的评价，并因地制宜地找出优化改造对策。

（2）对于主城区开放空间系统的交通功能网络的优化，要适度超前考虑城市远景的发展方向，打通发展大轴线。合理进行道路网级配，中心城区要完善高等级道路网络系统，加强环路建设，合理利用低等级分流道路。新开发地区的道路网规划，重点是完善主要干道的集散道路系统，科学地尝试"窄马路、密路网、开放街区"建设管理新模式。要加强道路环境建设，营造友好的步行交通环境。提高重要交通设施的可达性，主要交通积聚点的衔接道路规划要保证主要出入道路的通畅，增加广场、停车场等浅灰空间的面积，提高城市交通的综合承载力。

（3）对于主城区开放空间系统的生态功能网络的优化，应本着修复基础较好的生态廊道和斑块的生态功能，使各个片区的绿化水平均衡发展、稳步提高，提升城市整体环境质量。要加强城市生态廊道建设，维护城市组团间分隔绿地的完整性，提高城市绿地的生态效益，构建形态合理、结构完整的城市绿地生态系统。对城市建设、拆迁区域要重视对棕色开放空间的控制，减少对城市生态的消极影响。

（4）对于主城区开放空间系统的社会功能网络优化，应以建设优质的公共开放空间为引导，坚持空间格局的均衡与城市公平，坚持旧城区调整优化与新区发展建设联动的原则。结合新区建设，疏解部分旧城区的开放空间社会交往职能，提高旧城区的交往空间的质量，降低建筑密度，控制开发强度，增加绿地面积，改善居住环境。同时，开放空间建设应与城市地域文化、生态环境等发展相结合，增加城市空间的吸引力。

9 结论与展望

人生而自由，却无时不在网络之中。随着科学技术的发展、生活质量的提高、人际交往的密切，交织在城市开放空间系统中的各种功能网络将日益复杂。以划分标准格网单元为基础，进行城市开放空间系统的多重功能网络分析是一次大胆的尝试，研究最终带来的结果确有一些新的发现和值得思考之处。

9.1 研究结论

本文在梳理了城市开放空间研究进展的基础上，对城市开放空间系统理论进行了深入思考和网络特征的再认识。众多的城市问题是由多种功能网络不畅造成的，解决当前城市问题应以分析优化功能网络为基础。在分析了新乡市主城区空间演化的基础上，找出了平原城市空间发展的主要特征。最后在实证部分对新乡市主城区开放空间系统的生态功能网络、交通功能网络、社会功能网络进行了分析和评价，并进行了多重功能网络的叠加分析，提出了优化建议。主要结论如下：

（1）通过历史地图及规划图，再现了新乡市主城区的空间格局及其演变过程，并在此基础上形成了对平原类城市空间发展格局的新认识。新乡市作为一个平原城市，由新中国成立初期的 3.4 平方千米的小县城，经过 60 多年的发展演变，成了一个上百平方千米、市区人口过百万人的大城市，其建设历程很好地展现了我国城市建设的阶段性特征，其城市空间发展的典型性值得思考和借鉴。平原类城市受其他地理因素制约较少，铁路、公路、河渠是影响平原类城市发展边界的重要因素。在规划伊始就要考虑到这些因素，并长远地规划好增长边界，节约高效地利用土地。

研究发现,政治经济的发展能对平原类城市产生重要影响,同时平原类城市有非常强的建设执行力,要在城市建设的快速时期重视质量的维护和提高。

(2) 新乡市作为平原类城市的代表,其历史阶段的开放空间的发展也具有典型性。城市开放空间是城市发展中战略性的资源和基础设施,不能因为经济利益而暂时搁置开放空间的发展,更不能为了优先发展建设用地而缩减原有的良好的开放空间资源,特别是自然类开放空间资源。在建设之前必须做好开放空间系统布局的统筹协调,才能达到良性增长的效果。平原类城市的大型开放空间资源一般在早期存在于城市周边。而随着城市的发展,自然类开放空间(绿色开放空间和蓝色开放空间)最容易被挤压和消减。建设用地建成以后,自然类开放空间(绿色开放空间和蓝色开放空间)已经难以大面积扩展。无论是新城扩建还是旧城改造,都要事先规划开放空间资源的分布与利用。

(3) 通过交通功能网络的分析研究,评价了新乡市主城区基础格网内的交通可达性、整合度与需求情况。灰色开放空间中等级道路的密度是城市交通中重要的影响要素。由空间句法的指标发现,新乡市主城区铁路以西区域的交通问题主要是由连接度不够、集中度较低造成的。同时,干道路网密度过低也是其交通功能网络的缺陷。老城区与城中村的内部路过多影响了交通的整合度。新城区的地块划分过大也影响了交通的可达性。要尽量减少断头路、尽端路,规划建设城市主干路网,提升道路的质量。同时根据网络爬虫数据评价了新乡市主城区基础格网内的交通拥挤及需求情况。根据需求在基础格网中找出了交通热点地区,并提出了相应的优化方案。

(4) 通过生态功能网络的分析研究,基于方位和基础格网分析了新乡市主城区开放空间的绿化覆盖效果、景观生态格局和影响要素。发现新乡市主城区生态格局具有严重的脆弱性。一方面,绿色开放空间与蓝色开放空间分布不均衡,老城区、棚户区、城中村的绿化覆盖率极低,这是生态发展的重点改造地区。城市边缘区是生态格局变化最快的地区,应该格外引起重视。另一方面,棕色开放空间是影响城市生态环境的重要因素,而且体量很大。研究表明,棕色开放空间的产生更多发生在城市更新改造的过程中,新增建设用地更容易产生棕色开放空间,同时棕色开放空间也有着迅速转变成绿色开放空间的特征。对棕色开放空间加以重视,它就可以迅速转变为优良的开放空间资源;如果放任,就会对周边环境造成不良影响。城市建设与规划要能及时监控和治理低质量空间,为"城市修补"和"生态修复"的"城市双修"服务,提升整体生态的品质。

(5)通过按格网发放调查问卷进行的社会功能网络分析研究,发现新乡市主城区内对开放空间的满意度存在明显的空间分异,社会交往的需求也不尽相同。通过通勤习惯和活动习惯的调查,得出了城市开放空间系统中的社会功能网络分布格局。通过需求的调查,找到了新乡市主城区的需求和问题所在。研究发现,老城区及城市边缘区的居民有着较为强烈的交往愿望和改善环境的愿望。大型开放空间的分布不均衡、邻里街区开放性不够等空间形态阻隔了社会交往,应加以优化。

(6)根据不同分项的分析结果分别对生态、交通、社会三种功能网络建立指标体系进行基于格网的量化评价,并根据结果进行分类。基于多重功能网络的叠加分析方法,提出了优先级别阵列,用以设计总体的优化方案,并据此对新乡市主城区今后的空间规划和不同区域的开放空间建设提出了发展策略。建议对主城区交通功能网络进行拓展式优化,提高主要道路的通达性与带动能力;对主城区生态功能网络进行修复式优化,增强相关地块形成优质生态斑块、廊道的潜力;对主城区社会功能网络进行引导式优化,以大型的、优质的、公共的开放空间布点引导城市社会交往平台均衡布局。最终达到多重功能网络的综合修补式优化,完善城市功能空间格局。

9.2 研究的创新与不足

9.2.1 研究特色与创新之处

本文对城市开放空间系统的要素进行了重新分类,以1km基础格网

9 结论与展望

为基础,构建了新乡市主城区的基本空间单元,在此基础上分析了新乡市主城区的交通、生态、社会功能网络特征,并有以下新的发现:

(1) 本文在划分基础网格的基础上,对比了新乡市城市开放空间的生态、交通与社会活动联系,在城市中观层面,使得交通要素、生态要素、社会要素有机地结合起来。三种网络要素各异,各种数据处理工作十分复杂。通过不同类别大数据的计算,对交通、生态、社会三种发生在城市开放空间的网络关系分别进行了评价。然后,按照三种网络各自的等级进行排列组合,设计了一种基于格网单元的多重功能网络的评价方法,并对此类空间的优化提出了步骤和着眼点。

(2) 本文在城市开放空间系统类型的划分方面,进一步拓展了城市开放空间系统理论,提出了"灰—绿—蓝—棕"四分法,以及广义的"绿—蓝—浅灰—深灰—棕—黄绿"六分法。其中,城市棕色开放空间是首次提出,具有一定的现实意义。由于城市建设的不均衡性,建筑工地、拆迁地、裸露土地在城市中仍然是广泛存在的,其存在的时间以及在空间上的分布势必会影响整个开放空间系统的服务功能。研究表明,棕色开放空间与绿色开放空间、灰色开放空间是不断转换的,其转换和存留的状况也是城市开放空间自我优化效果的表现,这应成为城市开放空间系统研究的重要观测要素。

9.2.2 不足之处

本文论证了新乡市主城区城市开放空间系统格局演化的过程,分析了城市开放空间系统的功能网络特征,并将不同类型的功能网络进行了分析和对比。但是研究中仍存在一定的局限性,主要体现在:

一是,本文在分析过程中,由于部分数据获取困难而使所选取的研究期间、主要指标和要素数据等受到影响。比如 2008 年以前的高分辨率卫星图片很难获取,这影响了更长时间尺度的精细化分析。

二是,针对现有数据还可以继续深挖,丰富分析方法和技术。另外,在分析社会功能网络时是基于 2016 年的调研数据,尽管进行了精心设计,能够很好地反映人群的相关属性,但缺少时间层面的长时间纵向对比。

基于以上研究的不足,相关研究还有待进一步深化。城市开放空间系统的功能网络特征还可以从更多视角展开研究,并进行周期尽可能长的定时收集观测单元大数据的活动。以上将在今后的持续研究中进一步完善。

9.3 研究展望

今后将在以下方面进一步开展研究:

一是挖掘城市开放空间系统更多的功能网络特征及其研究方法;二是以此为契机,开展长期的、深入的、持续的案例区调查研究工作,将该样本研究做得更精更细;三是立足于城市开放空间系统理论进行更多的分析、优化和实践研究。

随着中国城镇化的发展,城市开放空间将承担更加多样和繁重的任务,其功能网络特征也必将更加多样和复杂。基于多重功能网络的新乡市主城区城市开放空间系统研究是在复杂的城市空间巨型网络中"抽丝剥茧",提取和获得相对有价值的观测要素进行分析和优化,具有较强的科学性和现实基础。城市开放空间乃至城市空间的网络性研究必将走向深入,新乡市这一较为典型的平原类城市开放空间系统的研究结果可以为我国相似条件的大中型城市的建设和发展提供借鉴。

插图清单

图 1-1　新乡市主城区及市域范围（20）

图 1-2　新乡市规划区"一中心多组团"格局及主城区位置（22）

图 1-3　新乡市规划区及主城区城市居民小区分布（23）

图 1-4　新乡市在中原城市群中的区位（26）

图 1-5　技术路线（33）

图 2-1　开放空间及相关概念关系辨析（38）

图 2-2　题目含 open space 的 SCI 期刊论文关键词网络（2000—2016 年）（41）

图 2-3　题目含 open space 的 SCI 期刊论文关键词时间线网络（2000—2016 年）（42）

图 2-4　题目含 open space 的 SCI 期刊论文作者国籍网络（2000—2016 年）（42）

图 2-5　题目含 open space 的 SCI 期刊论文作者单位网络（2000—2016 年）（43）

图 2-6　开放空间在中国知网的学术关注度（53）

图 2-7　开放空间的学科联系网络（54）

图 2-8　开放空间的关联研究趋势（54）

图 2-9　CNKI 中"开放空间"与"开敞空间"的期刊论文关键词网络（60）

图 2-10　CNKI 中"开放空间"与"开敞空间"的期刊论文关键词时间线网络（60）

图 3-1　城市空间树状图及城市开放空间细分（79）

图 3-2　城市开放空间广义六分法及其相关承载（84）

图 3-3　城市开放空间不同圈层示意（88）

图 3-4　城市开放空间多重功能网络空间叠加示意（90）

图 3-5　基础空间网络示意（93）

图 3-6　空间网络格局示意（94）

图 3-7　空间网络联系示意（94）

图 3-8　基于 UTM 投影坐标系的新乡市主城区 1 千米基础格网划分（98）

图 4-1　清朝新乡县城城池（108）

图 4-2　清朝新乡县城基础格网定位（109）

图 4-3　1950 年新乡市主城区街道及水网（110）

图 4-4　1950 年新乡市区基础格网定位（112）

图 4-5　1968 年新乡市街道（113）

图 4-6　1968 年新乡市区基础格网定位（114）

图 4-7　1981 年新乡市现状（115）

图 4-8　1981 年新乡市区基础格网定位（116）

图 4-9　1993 年新乡市用地现状（117）

图 4-10　1993 年新乡市区基础格网定位（118）

图 4-11　2008 年前后的新乡市用地现状（119）

图 4-12　2008 年新乡市区基础格网定位（120）

图 4-13　不同时期新乡市城区用地演进（122）

图 4-14　新乡市域植被覆盖指数分布（124）

图 5-1　不同时期的新乡市主城区路网密度分布（2008—2016 年）（131）

图 5-2　不同时期的新乡市主城区连接度（2008—2016 年）（134）

图 5-3　不同时期的新乡市主城区控制度（2008—2016 年）（136）

图 5-4　不同时期的新乡市主城区整体集成度（2008—2016 年）（137）

图 5-5　1690 年新乡县城交通成本差值分布（138）

图 5-6　1950 年新乡主城区交通成本差值分布（139）

插图清单

图 5-7　1968 年新乡主城区交通成本差值分布（139）

图 5-8　1981 年新乡主城区交通成本差值分布（140）

图 5-9　1993 年新乡主城区交通成本差值分布（140）

图 5-10　新乡主城区距离成本与时间成本差值分布
（2008—2016 年）（142）

图 5-11　新乡市主城区交通流动承载网络格局
（2008—2016 年）（144）

图 5-12　新乡市主城区交通驻停承载网络格局
（2008—2016 年）（145）

图 5-13　基于宜出行数据的新乡市人口拥挤度（2016 年）（147）

图 5-14　基于宜出行数据的新乡市主城区某工作日人口峰值
分布（2016 年）（153）

图 5-15　基于宜出行数据的新乡市主城区某工作日人口均值
分布（2016 年）（153）

图 5-16　基于宜出行数据的新乡市主城区某工作日人口差值
分布（2016 年）（154）

图 5-17　新乡市主城区开放空间交通功能网络评价
格网（2016 年）（156）

图 5-18　新乡市主城区开放空间交通功能网络节点
联系（2016 年）（157）

图 6-1　基于 30 米遥感影像的新乡市规划区内的用地
演进（1980—2008 年）（161）

图 6-2　新乡市主城区开放空间与建筑空间对比（2016 年）（162）

图 6-3　新乡市主城区空间类型分布（2008—2016 年）（162）

图 6-4　新乡市主城区格网单元斑块密度分布
（2008—2016 年）（166）

图 6-5　新乡市主城区格网单元景观形状指数分布
（2008—2016 年）（167）

图 6-6　新乡市主城区格网单元蔓延度分布（2008—2016 年）（168）

图 6-7　新乡市主城区格网单元斑块丰富度分布
　　　　（2008—2016 年）(169)

图 6-8　新乡市主城区格网单元香农多样性指数分布
　　　　（2008—2016 年）(170)

图 6-9　新乡市主城区绿色开放空间分布(2008—2016 年)(171)

图 6-10　基于格网的新乡市主城区绿化覆盖网络
　　　　 分布(2008—2016 年)(172)

图 6-11　新乡市主城区绿色斑块最大斑块指数分布
　　　　 （2008—2016 年）(174)

图 6-12　新乡市主城区绿色斑块聚集度分布(2008—2016 年)(174)

图 6-13　新乡市主城区蓝色开放空间分布(2008—2016 年)(176)

图 6-14　基于格网的新乡市主城区蓝色支撑网络分类
　　　　 分布(2008—2016 年)(176)

图 6-15　新乡市主城区蓝色斑块最大斑块指数分布
　　　　 （2008—2016 年）(177)

图 6-16　新乡市主城区蓝色斑块聚集度分布(2008—2016 年)(178)

图 6-17　新乡市主城区棕色开放空间分布(2008—2016 年)(180)

图 6-18　新乡市主城区棕色干扰网络分类分布(2008—2016 年)(180)

图 6-19　棕色斑块与其他斑块转换示意(2008—2016 年)(181)

图 6-20　新乡市主城区开放空间生态加权面积格网(2008—2016 年)(187)

图 6-21　新乡市主城区开放空间生态功能网络评价格网
　　　　 （2016 年）(189)

图 6-22　新乡市主城区开放空间生态功能网络空间节点
　　　　 联系(2016 年)(190)

图 7-1　被调查者的男女比例结构 (194)

图 7-2　被调查者的年龄结构 (194)

图 7-3　被调查者的居住来源结构 (194)

图 7-4　被调查者的居住方式结构 (194)

图 7-5　被调查者的学历结构 (194)

插图清单

图 7-6　被调查者的收入结构（194）

图 7-7　被调查者的活动频率分布（195）

图 7-8　被调查者的活动时长分布（195）

图 7-9　被调查者距居住地的距离分布（195）

图 7-10　被调查者的出行时间分布（195）

图 7-11　被调查者的出行方式分布（195）

图 7-12　被调查者的活动目的分布（195）

图 7-13　被调查者固定活动人群类型分布（196）

图 7-14　新乡市主城区开放空间本地满意度分布格局（198）

图 7-15　新乡市主城区开放空间满意度分布格局（199）

图 7-16　新乡市主城区开放空间本地—主城区满意度差异格局（201）

图 7-17　新乡市主城区开放空间出行距离格网（202）

图 7-18　新乡市主城区开放空间出行距离众数格网（202）

图 7-19　新乡市主城区开放空间平均活动时间格网（204）

图 7-20　新乡市主城区开放空间活动时长众数格网（204）

图 7-21　新乡市主城区开放空间平均人群关系格网（205）

图 7-22　新乡市主城区开放空间人群关系众数格网（206）

图 7-23　新乡市主城区开放空间年龄丰富度格网（207）

图 7-24　新乡市主城区开放空间活动目的丰富度格网（208）

图 7-25　新乡市主城区开放空间经济状况丰富度格网（209）

图 7-26　新乡市主城区开放空间交通方式丰富度格网（210）

图 7-27　新乡市主城区开放空间社会功能网络评价格局（212）

图 7-28　新乡市主城区开放空间社会功能网络空间节点联系（213）

图 8-1　新乡市主城区开放空间系统网络综合效果单元格网
　　　　分布（216）

图 8-2　新乡市主城区开放空间系统多重网络综合节点联系（217）

图 8-3　新乡市主城区开放空间系统交通功能网络空间单元
　　　　分类（218）

图 8-4　新乡市主城区开放空间系统生态功能网络空间单元

分类（218）

图 8-5　新乡市主城区开放空间系统社会功能网络空间单元分类（219）

图 8-6　新乡市主城区开放空间系统交通功能网络 VORONOI 分区（223）

图 8-7　基于 VORONOI 分区的交通功能网络空间单元层级（223）

图 8-8　新乡市主城区开放空间系统生态功能网络 VORONOI 分区（224）

图 8-9　基于 VORONOI 分区的生态功能网络空间单元层级（224）

图 8-10　新乡市主城区开放空间系统社会功能网络 VORONOI 分区（225）

图 8-11　基于 VORONOI 分区的社会功能网络空间单元层级（225）

图 8-12　新乡市主城区大型公共开放空间分布的 VORONOI 图（226）

图 8-13　新乡市主城区大型开放空间择优选择柱状图（227）

图 8-14　新乡市主城区首选开放空间格网（228）

图 8-15　新乡市主城区大型开放空间人群联系网络（228）

图 8-16　新乡市主城区开放空间本地主要问题反馈格网（229）

图 8-17　新乡市主要交通功能网络道路拓展式优化（231）

图 8-18　新乡市主城区生态功能网络生态修复式优化（233）

图 8-19　新乡市主城区社会功能网络公园引导式优化（234）

附表清单

表 1-1　研究所需的主要数据来源（29）

表 2-1　国外关于开放空间的主要英文图书（2000－2016 年）（44）

表 2-2　开放空间的研究机构统计（55）

表 2-3　开放空间的研究者统计（56）

表 2-4　开放空间期刊文献分类统计（1996－2016 年）（59）

表 2-5　开放空间相关中文书籍（1993－2016 年）（62）

表 2-6　题目含"开放（开敞）空间"硕博学位论文主要培养单位
（2000－2016 年）（64）

表 2-7　题目含"开放（开敞）空间"的博士学位论文
（2000－2016 年）（65）

表 2-8　我国关于"开放空间"的国家自然科学基金项目
（2010－2016 年）（66）

表 3-1　格网单元基本情况（99）

表 4-1　新乡市主城区不同历史阶段发展数据（121）

表 5-1　新乡市主城区道路数据统计（128）

表 5-2　新乡市主城区格网单元人口占主城区总人口的百分比
（2016 年）（148）

表 5-3　新乡市主城区格网单元人口拥挤峰值分布汇总
（2016 年）（152）

表 5-4　新乡市主城区交通功能网络评价指标体系（155）

表 5-5　基于熵权法的新乡市主城区交通功能网络评价指标体系
权重（155）

表 6-1　不同类型的空间的规模（2008－2016 年）（163）

表 6-2 新乡市主城区景观水平变化对照(2008—2016 年)（165）

表 6-3 新乡市主城区空间类型斑块数量(2008—2016 年)（166）

表 6-4 棕色斑块与其他斑块转换面积统计(2008—2016 年)（182）

表 6-5 新乡市主城区生态功能网络评价指标体系（188）

表 6-6 基于熵权法的新乡市主城区生态功能网络评价指标体系权重（189）

表 7-1 基于单元格网的开放空间本地满意度（197）

表 7-2 基于单元格网的新乡市开放空间满意度（199）

表 7-3 基于单元格网的新乡市开放空间满意度差值（200）

表 7-4 新乡市主城区社会功能网络评价指标体系（211）

表 7-5 基于熵权法的新乡市主城区社会功能网络评价指标体系权重（211）

表 8-1 新乡市主城区开放空间系统多重功能网络评价指标体系权重（215）

表 8-2 新乡市主城区开放空间系统多重功能网络综合效果单元格网分值（216）

表 8-3 基于多重功能网络的综合评价及优化途径（220）

附录 A 新乡市开放空间建设及使用情况调查问卷

调查位置:新乡市格网号_____ 编号_____

调查日期:20____年____月____日 调查员_____

您好!我是一名高校学生,现在进行新乡市开放空间与绿地系统的调查。请您根据您的实际情况回答相关问题,回答不记名,没有对错之分;调查结果仅供我们学习研究,我们会严格保密,请放心填写。

您的回答十分宝贵,这些意见可能会使得我们的环境在将来更加美丽和谐。对您的配合我们表示衷心感谢!

请在您选择的答案上打钩或画圈。

1. 您的性别:
   A. 男   B. 女
2. 您的年龄:
   A. 18岁以下   B. 18—30岁   C. 31—45岁   D. 46—60岁
   E. 60岁以上
3. 您的来源:
   A. 本地户口居民   B. 常住居民   C. 外地游客
4. 您的受教育程度:
   A. 没有上学   B. 小学   C. 初中   D. 高中   E. 大学   F. 研究生
5. 您现在居住处的家庭成员情况:
   A. 一个人   B. 夫妻   C. 两代人   D. 三代人或以上   E. 合租
6. 您一周内有几天会选择去户外开放空间活动:
   A. 从不   B. 1—2天   C. 3—4天   D. 5—6天   E. 7天
7. 您的个人月收入情况大致在什么范围:
   A. 1000元以下   B. 1000—3000元   C. 3000—5000元

D. 5000 元以上

8. 您的居住楼层在哪个范围：

   A. 1—3 层   B. 4—6 层   C. 7—9 层   D. 9 层以上

9. 您一般会选择哪类开放空间进行活动：

   A. 小区内   B. 小区附近   C. 较远固定地点   D. 较远不固定地点

10. 您到开放空间活动的目的:(可多选)

    A. 锻炼身体   B. 交友会友   C. 赏景   D. 带家人活动

    E. 散心娱乐（包括带宠物）   F. 购物

    H. 其他_____

11. 您的住所离这里有多远：

    A. 1 千米以内   B. 1—3 千米   C. 3—5 千米

    D. 5—10 千米   E. 10 千米以上

12. 您来这里活动的交通方式是什么：

    A. 步行   B. 自行车   C. 电动车

    D. 公交车   E. 出租车或专车   F. 私家车

13. 您从家到这里活动大约要多长时间：

    A. 5 分钟以内   B. 5—10 分钟   C. 10—30 分钟

    D. 30—60 分钟   E. 1 个小时以上

14. 您一般在本区块活动多长时间：

    A. 10 分钟以内   B. 10—30 分钟   C. 30—60 分钟

    D. 1—2 小时   E. 2 小时以上

15. 您在本区域活动是否有固定的活动人群：

    A. 自己一个人   B. 和家人   C. 同小区的熟人

    D. 其他地方的熟人   E. 不固定

16. 您对附近的开放空间满意度：

    A. 非常满意   B. 比较满意   C. 一般

    D. 比较不满意   E. 非常不满意

17. 如果不满意,原因是什么:(可多选)

    A. 交通不便利   B. 场地太小   C. 景观质量不好

D. 收费或不够开放　　E. 广场类空间不够　　F. 绿化空间不够

G. 水景不够　　H. 服务设施(停车位)少

I. 儿童或老人专属空间不够　　J. 没有 WiFi

K. 不安全　　L. 其他＿＿＿＿＿＿

18. 如果附近增加开放空间建设,您期望是:

    A. 绿地　　B. 广场　　C. 步行街区　　D. 滨水空间

19. 您对新乡市的开放空间满意度:

    A. 非常满意　　B. 比较满意　　C. 一般

    D. 比较不满意　　E. 非常不满意

20. 如果不满意,原因是什么:(可多选)

    A. 分布不均匀　　B. 数量不能满足需要　　C. 没有特色或质量不高

    D. 收费或不够开放　　E. 广场类空间不够　　F. 绿化空间不够

    G. 水景不够　　H. 儿童或老人专属空间不够

    I. 服务设施(停车位)少　　J. 网络化、智能化不够

    K. 不安全　　L. 其他＿＿＿＿＿＿

21. 如果现在新乡大型单位或小区拆除院墙并对外开放,您是否会选择去活动:

    A. 会　　B. 不会　　C. 不清楚

22. 如果您自己的单位或小区拆除院墙并对外开放,您是否会支持:

    A. 会　　B. 不会　　C. 不清楚

23. 如果时间和各种条件都允许,下面哪些市区的开放空间是您或您带上家人最想去的:(可多选)

    A. 人民公园　　B. 牧野公园　　C. 牧野湖公园　　D. 和谐公园

    E. 平原公园　　F. 卫河公园　　G. 植物园　　H. 向阳公园

    I. 夏荷公园　　J. 东方文化步行街　　K. 文庙街区西大街

    L. 东关街　　M. 市政府广场　　N. 新乡市体育场

    O. 体育中心广场　　P. 关帝庙步行街　　Q. 宝龙广场

    R. 河南师范大学　　S. 河南科技学院　　T. 新乡医学院

    U. 新乡学院　　V. 河南工学院(原机电高专)　　W. 卫河滨河绿地

X. 人民胜利渠滨河绿地　Y. 赵定排渠滨河绿地　Z. 其他_____

调查访问结束。再次感谢您的支持与合作,新乡因您而美丽,祝您生活幸福!

附录 B 新乡市主城区开放空间系统交通功能网络评价表

单元	T1 路网密度	T2 道路拓扑度	T3 交通成本	T4 承载能力	T5 人群拥挤度	T 交通功能评价
X08	0.101	0.388	0.090	0.114	0.041	0.734
X09	0.067	0.388	0.087	0.051	0.040	0.633
X10	0.113	0.332	0.090	0.092	0.040	0.667
X11	0.069	0.186	0.083	0.062	0.036	0.436
X12	0.090	0.279	0.079	0.051	0.041	0.539
X13	0.057	0.186	0.055	0.024	0.042	0.363
X14	0.065	0.186	0.053	0.036	0.042	0.381
X15	0.075	0.186	0.047	0.047	0.041	0.397
A01	0.059	0.108	0.028	0.106	0.041	0.342
A02	0.093	0.079	0.034	0.049	0.041	0.297
A03	0.092	0.103	0.044	0.058	0.041	0.338
A04	0.078	0.102	0.056	0.056	0.040	0.332
A05	0.078	0.125	0.072	0.099	0.039	0.413
A06	0.142	0.152	0.086	0.075	0.039	0.494
A07	0.127	0.157	0.094	0.059	0.039	0.476
A08	0.058	0.176	0.103	0.067	0.039	0.443
A09	0.098	0.388	0.107	0.039	0.036	0.669
A10	0.127	0.332	0.108	0.085	0.037	0.689
A11	0.071	0.172	0.099	0.069	0.008	0.418
A12	0.073	0.279	0.089	0.047	0.039	0.527
A13	0.062	0.099	0.071	0.044	0.042	0.316
A14	0.049	0.098	0.057	0.043	0.041	0.288
A15	0.091	0.114	0.053	0.062	0.041	0.361
B01	0.057	0.106	0.028	0.060	0.042	0.293
B02	0.049	0.081	0.023	0.029	0.041	0.224

续表

单元	T1 路网密度	T2 道路拓扑度	T3 交通成本	T4 承载能力	T5 人群拥挤度	T交通功能评价
B03	0.038	0.105	0.038	0.040	0.040	0.261
B04	0.076	0.144	0.054	0.060	0.040	0.374
B05	0.111	0.162	0.080	0.075	0.038	0.466
B06	0.063	0.155	0.100	0.063	0.038	0.418
B07	0.159	0.226	0.112	0.064	0.036	0.596
B08	0.127	0.226	0.117	0.064	0.033	0.567
B09	0.131	0.388	0.120	0.062	0.036	0.737
B10	0.170	0.334	0.120	0.075	0.034	0.733
B11	0.118	0.226	0.116	0.065	0.036	0.561
B12	0.119	0.283	0.104	0.072	0.041	0.619
B13	0.046	0.107	0.092	0.036	0.040	0.321
B14	0.066	0.109	0.069	0.058	0.041	0.343
B15	0.054	0.115	0.061	0.034	0.041	0.305
C01	0.055	0.106	0.021	0.081	0.042	0.304
C02	0.041	0.089	0.018	0.032	0.042	0.221
C03	0.032	0.067	0.037	0.034	0.042	0.212
C04	0.045	0.097	0.057	0.050	0.039	0.288
C05	0.088	0.146	0.087	0.063	0.036	0.420
C06	0.114	0.404	0.108	0.072	0.025	0.723
C07	0.127	0.404	0.118	0.064	0.025	0.739
C08	0.110	0.404	0.121	0.057	0.034	0.726
C09	0.155	0.411	0.122	0.068	0.036	0.791
C10	0.135	0.407	0.129	0.062	0.038	0.771
C11	0.133	0.404	0.120	0.088	0.037	0.782
C12	0.170	0.404	0.111	0.131	0.038	0.854
C13	0.133	0.404	0.097	0.102	0.038	0.774
C14	0.108	0.404	0.080	0.072	0.040	0.703
C15	0.115	0.404	0.062	0.045	0.039	0.665
D01	0.055	0.110	0.033	0.077	0.042	0.316
D02	0.068	0.111	0.042	0.034	0.041	0.295
D03	0.063	0.111	0.053	0.047	0.041	0.314

附录 B 新乡市主城区开放空间系统交通功能网络评价表

续表

单元	T1 路网密度	T2 道路拓扑度	T3 交通成本	T4 承载能力	T5 人群拥挤度	T 交通功能评价
D04	0.063	0.128	0.065	0.051	0.039	0.346
D05	0.038	0.107	0.093	0.064	0.040	0.343
D06	0.117	0.408	0.106	0.086	0.031	0.749
D07	0.155	0.408	0.120	0.056	0.027	0.766
D08	0.133	0.408	0.126	0.051	0.032	0.749
D09	0.170	0.412	0.131	0.088	0.036	0.836
D10	0.135	0.409	0.127	0.074	0.036	0.781
D11	0.159	0.408	0.123	0.076	0.035	0.802
D12	0.190	0.408	0.110	0.170	0.033	0.911
D13	0.119	0.408	0.099	0.141	0.029	0.795
D14	0.067	0.408	0.084	0.062	0.029	0.650
D15	0.080	0.408	0.070	0.066	0.033	0.656
E02	0.069	0.075	0.035	0.046	0.042	0.266
E03	0.040	0.093	0.035	0.039	0.041	0.248
E04	0.035	0.108	0.044	0.038	0.041	0.267
E05	0.024	0.042	0.038	0.041	0.041	0.186
E06	0.064	0.192	0.099	0.085	0.036	0.476
E07	0.099	0.138	0.114	0.055	0.034	0.441
E08	0.120	0.218	0.123	0.062	0.034	0.557
E09	0.111	0.388	0.123	0.063	0.035	0.720
E10	0.106	0.332	0.118	0.086	0.038	0.681
E11	0.137	0.218	0.117	0.082	0.037	0.591
E12	0.130	0.279	0.108	0.077	0.033	0.627
E13	0.057	0.218	0.092	0.092	0.024	0.484
E14	0.088	0.218	0.081	0.076	0.028	0.491
E15	0.062	0.218	0.069	0.026	0.042	0.417
F02	0.032	0.072	0.038	0.024	0.042	0.207
F03	0.055	0.064	0.043	0.037	0.042	0.242
F04	0.069	0.066	0.055	0.044	0.041	0.277
F05	0.023	0.057	0.060	0.046	0.041	0.228
F06	0.059	0.192	0.099	0.047	0.039	0.435

续表

单元	T1 路网密度	T2 道路拓扑度	T3 交通成本	T4 承载能力	T5 人群拥挤度	T交通 功能评价
F07	0.140	0.205	0.111	0.057	0.036	0.549
F08	0.105	0.205	0.113	0.064	0.035	0.522
F09	0.134	0.388	0.113	0.054	0.036	0.725
F10	0.136	0.332	0.114	0.054	0.039	0.675
F11	0.131	0.205	0.107	0.071	0.039	0.554
F12	0.136	0.279	0.096	0.107	0.030	0.647
F13	0.036	0.205	0.083	0.108	0.008	0.439
F14	0.083	0.124	0.068	0.056	0.038	0.369
F15	0.026	0.124	0.068	0.030	0.042	0.290
G05	0.082	0.110	0.075	0.065	0.040	0.372
G06	0.114	0.226	0.094	0.055	0.040	0.528
G07	0.092	0.213	0.101	0.057	0.035	0.499
G08	0.072	0.213	0.098	0.059	0.038	0.481
G09	0.162	0.388	0.101	0.083	0.037	0.772
G10	0.157	0.332	0.101	0.091	0.038	0.719
G11	0.160	0.213	0.094	0.082	0.039	0.588
G12	0.132	0.279	0.077	0.062	0.041	0.590
G13	0.094	0.132	0.073	0.096	0.039	0.435
G14	0.068	0.124	0.057	0.037	0.042	0.327
H05	0.024	0.110	0.081	0.086	0.042	0.343
H06	0.082	0.192	0.082	0.085	0.040	0.480
H07	0.083	0.184	0.082	0.107	0.039	0.495
H08	0.067	0.184	0.082	0.078	0.032	0.442
H09	0.119	0.388	0.087	0.060	0.039	0.692
H10	0.140	0.332	0.082	0.168	0.039	0.761
H11	0.154	0.190	0.082	0.074	0.040	0.540
H12	0.157	0.279	0.072	0.079	0.040	0.628
H13	0.068	0.185	0.064	0.065	0.041	0.423
H14	0.033	0.125	0.063	0.051	0.042	0.313

附录 C 新乡市主城区开放空间系统生态功能网络评价表

单元	E1 景观格局	E2 绿色开放空间	E3 蓝色开放空间	E4 棕色开放空间	E5 加权面积	E 生态功能评价
X08	0.092	0.027	0.045	0.025	0.008	0.197
X09	0.074	0.056	0.045	0.033	0.030	0.239
X10	0.089	0.049	0.045	0.028	0.028	0.238
X11	0.107	0.065	0.263	0.029	0.036	0.501
X12	0.092	0.044	0.263	0.026	0.032	0.457
X13	0.114	0.028	0.045	0.025	0.037	0.250
X14	0.119	0.027	0.184	0.029	0.032	0.392
X15	0.114	0.036	0.209	0.034	0.028	0.420
A01	0.083	0.034	0.343	0.025	0.010	0.495
A02	0.101	0.035	0.327	0.024	0.025	0.511
A03	0.095	0.032	0.190	0.029	0.020	0.366
A04	0.061	0.044	0.045	0.036	0.021	0.208
A05	0.068	0.039	0.195	0.030	0.016	0.348
A06	0.057	0.057	0.045	0.032	0.033	0.224
A07	0.065	0.056	0.045	0.045	0.030	0.241
A08	0.083	0.046	0.045	0.036	0.021	0.232
A09	0.041	0.066	0.045	0.079	0.035	0.266
A10	0.101	0.068	0.195	0.025	0.043	0.433
A11	0.111	0.063	0.223	0.028	0.041	0.467
A12	0.093	0.035	0.047	0.026	0.035	0.235
A13	0.099	0.043	0.045	0.051	0.041	0.278
A14	0.076	0.030	0.045	0.030	0.033	0.215
A15	0.087	0.032	0.045	0.041	0.028	0.234
B01	0.082	0.029	0.045	0.025	0.011	0.192
B02	0.105	0.038	0.261	0.022	0.041	0.466

续表

单元	E1 景观格局	E2 绿色开放空间	E3 蓝色开放空间	E4 棕色开放空间	E5 加权面积	E 生态功能评价
B03	0.094	0.035	0.325	0.027	0.039	0.521
B04	0.088	0.041	0.279	0.037	0.030	0.475
B05	0.085	0.050	0.258	0.037	0.033	0.464
B06	0.070	0.055	0.239	0.055	0.037	0.456
B07	0.081	0.045	0.217	0.039	0.023	0.404
B08	0.086	0.034	0.166	0.027	0.016	0.329
B09	0.051	0.045	0.045	0.029	0.025	0.194
B10	0.062	0.058	0.045	0.047	0.036	0.248
B11	0.093	0.038	0.246	0.025	0.027	0.429
B12	0.112	0.035	0.187	0.039	0.026	0.399
B13	0.113	0.026	0.194	0.026	0.032	0.391
B14	0.090	0.038	0.187	0.049	0.027	0.392
B15	0.105	0.043	0.220	0.031	0.034	0.433
C01	0.120	0.049	0.178	0.025	0.010	0.382
C02	0.106	0.049	0.446	0.022	0.059	0.682
C03	0.102	0.057	0.223	0.030	0.049	0.461
C04	0.088	0.038	0.204	0.028	0.025	0.384
C05	0.058	0.037	0.045	0.026	0.018	0.184
C06	0.086	0.040	0.189	0.032	0.018	0.366
C07	0.091	0.035	0.239	0.032	0.022	0.419
C08	0.086	0.034	0.260	0.026	0.019	0.425
C09	0.078	0.048	0.273	0.028	0.035	0.462
C10	0.084	0.074	0.362	0.050	0.055	0.626
C11	0.104	0.049	0.289	0.027	0.036	0.505
C12	0.097	0.067	0.189	0.042	0.028	0.423
C13	0.107	0.042	0.234	0.041	0.026	0.451
C14	0.113	0.053	0.221	0.038	0.041	0.466
C15	0.122	0.059	0.180	0.033	0.032	0.426
D01	0.087	0.072	0.045	0.025	0.009	0.238
D02	0.106	0.057	0.196	0.032	0.044	0.435
D03	0.104	0.049	0.180	0.026	0.035	0.394

附录 C 新乡市主城区开放空间系统生态功能网络评价表

续表

单元	E1 景观格局	E2 绿色开放空间	E3 蓝色开放空间	E4 棕色开放空间	E5 加权面积	E 生态功能评价
D04	0.089	0.059	0.045	0.026	0.026	0.245
D05	0.085	0.189	0.045	0.029	0.063	0.411
D06	0.070	0.038	0.045	0.032	0.019	0.204
D07	0.092	0.037	0.196	0.030	0.017	0.371
D08	0.098	0.108	0.240	0.034	0.050	0.529
D09	0.085	0.039	0.214	0.025	0.023	0.387
D10	0.073	0.038	0.045	0.036	0.019	0.211
D11	0.089	0.048	0.198	0.024	0.028	0.386
D12	0.092	0.045	0.207	0.031	0.029	0.405
D13	0.105	0.078	0.225	0.037	0.046	0.491
D14	0.098	0.055	0.216	0.045	0.040	0.454
D15	0.120	0.069	0.216	0.036	0.033	0.474
E02	0.113	0.053	0.190	0.026	0.031	0.412
E03	0.109	0.044	0.187	0.031	0.039	0.410
E04	0.117	0.150	0.189	0.026	0.055	0.537
E05	0.098	0.124	0.045	0.031	0.054	0.352
E06	0.075	0.033	0.045	0.026	0.013	0.191
E07	0.069	0.036	0.045	0.027	0.017	0.193
E08	0.086	0.038	0.206	0.024	0.020	0.374
E09	0.081	0.029	0.153	0.026	0.011	0.299
E10	0.066	0.033	0.045	0.046	0.016	0.205
E11	0.091	0.043	0.204	0.071	0.026	0.435
E12	0.089	0.063	0.265	0.095	0.043	0.556
E13	0.101	0.071	0.200	0.071	0.048	0.491
E14	0.114	0.138	0.192	0.141	0.058	0.644
E15	0.109	0.145	0.228	0.028	0.027	0.536
F02	0.081	0.136	0.045	0.025	0.008	0.296
F03	0.099	0.079	0.318	0.025	0.014	0.534
F04	0.089	0.059	0.194	0.024	0.016	0.381
F05	0.064	0.035	0.045	0.042	0.028	0.214
F06	0.103	0.057	0.195	0.026	0.036	0.416

续表

单元	E1 景观格局	E2 绿色开放空间	E3 蓝色开放空间	E4 棕色开放空间	E5 加权面积	E 生态功能评价
F07	0.071	0.039	0.217	0.025	0.022	0.375
F08	0.093	0.038	0.201	0.028	0.015	0.375
F09	0.053	0.040	0.045	0.036	0.021	0.195
F10	0.076	0.053	0.045	0.025	0.028	0.227
F11	0.097	0.062	0.233	0.034	0.040	0.467
F12	0.082	0.073	0.201	0.059	0.041	0.456
F13	0.092	0.074	0.217	0.031	0.041	0.455
F14	0.111	0.062	0.172	0.075	0.048	0.468
F15	0.074	0.101	0.177	0.025	0.008	0.384
G05	0.101	0.035	0.181	0.026	0.014	0.356
G06	0.103	0.046	0.243	0.022	0.038	0.452
G07	0.099	0.045	0.195	0.031	0.028	0.398
G08	0.104	0.058	0.179	0.032	0.032	0.406
G09	0.087	0.044	0.191	0.025	0.023	0.371
G10	0.074	0.040	0.191	0.025	0.021	0.352
G11	0.083	0.037	0.201	0.023	0.017	0.360
G12	0.097	0.051	0.045	0.069	0.024	0.286
G13	0.087	0.033	0.045	0.044	0.019	0.228
G14	0.103	0.054	0.045	0.026	0.027	0.256
H05	0.090	0.020	0.196	0.025	0.006	0.337
H06	0.067	0.055	0.045	0.031	0.015	0.212
H07	0.086	0.043	0.205	0.038	0.020	0.392
H08	0.084	0.051	0.045	0.035	0.024	0.240
H09	0.105	0.045	0.194	0.025	0.024	0.393
H10	0.104	0.033	0.186	0.025	0.012	0.360
H11	0.079	0.048	0.045	0.023	0.023	0.218
H12	0.096	0.060	0.045	0.062	0.026	0.288
H13	0.094	0.036	0.045	0.040	0.028	0.243
H14	0.082	0.199	0.045	0.025	0.008	0.359

附录 D 新乡市主城区开放空间系统社会功能网络评价表

单元	S1 满意度	S2 行为习惯值	S3 关系半径	S4 丰富度	S 社会功能评价
X08	0.006	0.119	0.049	0.300	0.474
X09	0.046	0.093	0.074	0.428	0.640
X10	0.045	0.081	0.022	0.273	0.421
X11	0.056	0.227	0.067	0.223	0.573
X12	0.046	0.107	0.008	0.326	0.487
X13	0.045	0.119	0.075	0.361	0.601
X14	0.041	0.086	0.037	0.315	0.479
X15	0.040	0.103	0.049	0.361	0.553
A01	0.043	0.117	0.078	0.297	0.536
A02	0.030	0.134	0.042	0.401	0.606
A03	0.038	0.163	0.073	0.467	0.742
A04	0.045	0.151	0.053	0.414	0.664
A05	0.049	0.154	0.051	0.411	0.665
A06	0.038	0.146	0.043	0.273	0.500
A07	0.039	0.163	0.078	0.457	0.737
A08	0.045	0.147	0.046	0.273	0.511
A09	0.023	0.115	0.036	0.389	0.562
A10	0.044	0.073	0.046	0.431	0.595
A11	0.046	0.134	0.055	0.315	0.551
A12	0.046	0.133	0.063	0.435	0.677
A13	0.020	0.150	0.044	0.226	0.441
A14	0.041	0.137	0.069	0.341	0.587
A15	0.042	0.176	0.033	0.404	0.656
B01	0.039	0.084	0.044	0.269	0.436

续表

单元	S1 满意度	S2 行为习惯值	S3 关系半径	S4 丰富度	S 社会功能评价
B02	0.038	0.129	0.020	0.411	0.597
B03	0.044	0.118	0.056	0.404	0.622
B04	0.045	0.165	0.043	0.404	0.657
B05	0.040	0.113	0.026	0.411	0.589
B06	0.044	0.129	0.061	0.358	0.593
B07	0.050	0.141	0.056	0.457	0.704
B08	0.040	0.146	0.041	0.368	0.595
B09	0.042	0.108	0.031	0.467	0.649
B10	0.047	0.109	0.065	0.368	0.589
B11	0.048	0.115	0.057	0.283	0.502
B12	0.045	0.103	0.041	0.283	0.472
B13	0.052	0.113	0.043	0.262	0.471
B14	0.050	0.108	0.038	0.308	0.504
B15	0.050	0.107	0.037	0.255	0.449
C01	0.051	0.135	0.045	0.421	0.653
C02	0.049	0.117	0.048	0.351	0.565
C03	0.034	0.123	0.040	0.368	0.565
C04	0.027	0.108	0.042	0.520	0.697
C05	0.045	0.159	0.044	0.351	0.599
C06	0.042	0.115	0.011	0.326	0.493
C07	0.047	0.143	0.027	0.411	0.628
C08	0.042	0.127	0.033	0.319	0.521
C09	0.044	0.143	0.042	0.404	0.632
C10	0.050	0.141	0.030	0.351	0.572
C11	0.035	0.152	0.052	0.276	0.515
C12	0.055	0.116	0.051	0.404	0.626
C13	0.047	0.128	0.031	0.329	0.535
C14	0.051	0.109	0.048	0.233	0.441
C15	0.041	0.072	0.033	0.404	0.551
D01	0.042	0.145	0.057	0.341	0.585

附录 D 新乡市主城区开放空间系统社会功能网络评价表

续表

单元	S1 满意度	S2 行为习惯值	S3 关系半径	S4 丰富度	S 社会功能评价
D02	0.044	0.143	0.057	0.276	0.521
D03	0.032	0.172	0.047	0.348	0.599
D04	0.045	0.127	0.072	0.361	0.605
D05	0.026	0.093	0.026	0.457	0.602
D06	0.047	0.219	0.037	0.266	0.569
D07	0.053	0.209	0.065	0.372	0.698
D08	0.051	0.144	0.083	0.414	0.693
D09	0.048	0.167	0.063	0.351	0.629
D10	0.044	0.122	0.036	0.351	0.553
D11	0.053	0.151	0.080	0.276	0.560
D12	0.051	0.179	0.056	0.319	0.605
D13	0.048	0.133	0.061	0.414	0.656
D14	0.052	0.143	0.070	0.276	0.541
D15	0.052	0.167	0.071	0.361	0.651
E02	0.039	0.111	0.062	0.297	0.509
E03	0.049	0.120	0.065	0.421	0.655
E04	0.041	0.148	0.039	0.283	0.510
E05	0.042	0.147	0.040	0.414	0.643
E06	0.039	0.162	0.048	0.319	0.568
E07	0.046	0.103	0.060	0.414	0.623
E08	0.041	0.138	0.026	0.382	0.586
E09	0.055	0.124	0.058	0.194	0.431
E10	0.046	0.165	0.043	0.404	0.658
E11	0.043	0.129	0.051	0.414	0.637
E12	0.048	0.154	0.055	0.180	0.437
E13	0.044	0.109	0.075	0.372	0.599
E14	0.045	0.110	0.065	0.308	0.528
E15	0.050	0.133	0.030	0.404	0.617
F02	0.039	0.111	0.062	0.297	0.509
F03	0.043	0.073	0.067	0.464	0.646
F04	0.041	0.081	0.040	0.425	0.587

续表

单元	S1 满意度	S2 行为习惯值	S3 关系半径	S4 丰富度	S 社会功能评价
F05	0.050	0.098	0.022	0.368	0.538
F06	0.046	0.147	0.044	0.329	0.567
F07	0.046	0.162	0.059	0.315	0.583
F08	0.056	0.174	0.044	0.266	0.540
F09	0.042	0.092	0.031	0.447	0.612
F10	0.047	0.122	0.035	0.394	0.598
F11	0.047	0.108	0.046	0.467	0.669
F12	0.046	0.077	0.034	0.244	0.401
F13	0.047	0.160	0.039	0.244	0.490
F14	0.054	0.174	0.081	0.276	0.584
F15	0.061	0.128	0.039	0.266	0.494
G05	0.039	0.120	0.057	0.411	0.628
G06	0.052	0.099	0.061	0.290	0.502
G07	0.056	0.104	0.044	0.233	0.438
G08	0.038	0.141	0.039	0.273	0.492
G09	0.049	0.147	0.053	0.351	0.601
G10	0.047	0.131	0.039	0.351	0.569
G11	0.048	0.129	0.056	0.457	0.691
G12	0.047	0.116	0.039	0.358	0.560
G13	0.047	0.141	0.051	0.283	0.522
G14	0.035	0.153	0.058	0.319	0.564
H05	0.043	0.183	0.080	0.134	0.440
H06	0.043	0.149	0.076	0.319	0.587
H07	0.039	0.126	0.056	0.326	0.548
H08	0.044	0.088	0.028	0.411	0.571
H09	0.045	0.095	0.045	0.457	0.643
H10	0.052	0.085	0.044	0.372	0.553
H11	0.049	0.156	0.063	0.414	0.683
H12	0.048	0.144	0.059	0.414	0.666
H13	0.048	0.090	0.049	0.404	0.592
H14	0.048	0.090	0.049	0.404	0.592

附录 E 新乡市主城区开放空间系统多重功能网络评价表

单元	X1 交通功能网络评价	X2 生态功能网络评价	X3 社会功能网络评价	X 多重网络综合评价
X08	0.251	0.094	0.052	0.397
X09	0.217	0.115	0.101	0.433
X10	0.228	0.114	0.056	0.398
X11	0.149	0.240	0.118	0.507
X12	0.184	0.220	0.085	0.489
X13	0.124	0.120	0.108	0.352
X14	0.131	0.188	0.083	0.402
X15	0.136	0.202	0.098	0.436
A01	0.117	0.238	0.095	0.449
A02	0.102	0.245	0.109	0.456
A03	0.116	0.176	0.138	0.429
A04	0.114	0.100	0.137	0.350
A05	0.141	0.167	0.122	0.430
A06	0.169	0.108	0.102	0.379
A07	0.163	0.115	0.137	0.415
A08	0.152	0.111	0.074	0.337
A09	0.229	0.128	0.085	0.442
A10	0.236	0.208	0.077	0.520
A11	0.143	0.224	0.098	0.465
A12	0.180	0.113	0.109	0.402
A13	0.108	0.134	0.060	0.302
A14	0.099	0.103	0.136	0.337
A15	0.124	0.112	0.135	0.371
B01	0.100	0.092	0.044	0.236

续表

单元	X1 交通功能网络评价	X2 生态功能网络评价	X3 社会功能网络评价	X 多重网络综合评价
B02	0.077	0.224	0.108	0.408
B03	0.089	0.250	0.128	0.467
B04	0.128	0.228	0.135	0.491
B05	0.160	0.223	0.106	0.488
B06	0.143	0.219	0.122	0.484
B07	0.204	0.194	0.130	0.528
B08	0.194	0.158	0.122	0.475
B09	0.252	0.093	0.118	0.464
B10	0.251	0.119	0.121	0.491
B11	0.192	0.206	0.103	0.501
B12	0.212	0.191	0.097	0.500
B13	0.110	0.187	0.096	0.394
B14	0.118	0.188	0.103	0.409
B15	0.104	0.208	0.107	0.419
C01	0.104	0.183	0.119	0.407
C02	0.076	0.327	0.131	0.534
C03	0.073	0.221	0.116	0.410
C04	0.099	0.184	0.113	0.396
C05	0.144	0.088	0.138	0.370
C06	0.248	0.175	0.086	0.509
C07	0.253	0.201	0.114	0.568
C08	0.249	0.204	0.107	0.559
C09	0.271	0.222	0.130	0.623
C10	0.264	0.300	0.133	0.697
C11	0.268	0.242	0.121	0.631
C12	0.292	0.203	0.129	0.624
C13	0.265	0.216	0.110	0.591
C14	0.241	0.223	0.090	0.554
C15	0.228	0.205	0.113	0.545
D01	0.108	0.114	0.135	0.358

附录 E　新乡市主城区开放空间系统多重功能网络评价表

续表

单元	X1 交通功能网络评价	X2 生态功能网络评价	X3 社会功能网络评价	X 多重网络综合评价
D02	0.101	0.209	0.122	0.432
D03	0.108	0.189	0.123	0.420
D04	0.118	0.117	0.140	0.375
D05	0.117	0.197	0.109	0.423
D06	0.256	0.098	0.132	0.486
D07	0.262	0.178	0.129	0.569
D08	0.256	0.254	0.143	0.653
D09	0.286	0.186	0.145	0.616
D10	0.267	0.101	0.129	0.497
D11	0.274	0.185	0.130	0.590
D12	0.312	0.194	0.124	0.631
D13	0.272	0.236	0.135	0.643
D14	0.223	0.218	0.126	0.567
D15	0.225	0.228	0.149	0.601
E02	0.091	0.198	0.089	0.378
E03	0.085	0.197	0.120	0.401
E04	0.091	0.258	0.105	0.453
E05	0.064	0.169	0.132	0.365
E06	0.163	0.092	0.117	0.371
E07	0.151	0.093	0.128	0.372
E08	0.191	0.179	0.105	0.475
E09	0.247	0.143	0.073	0.463
E10	0.233	0.099	0.135	0.467
E11	0.202	0.209	0.131	0.542
E12	0.215	0.267	0.104	0.586
E13	0.166	0.236	0.108	0.509
E14	0.168	0.309	0.108	0.585
E15	0.143	0.257	0.127	0.527
F02	0.071	0.142	0.089	0.302
F03	0.083	0.256	0.103	0.442
F04	0.095	0.183	0.090	0.368

续表

单元	X1 交通功能网络评价	X2 生态功能网络评价	X3 社会功能网络评价	X 多重网络综合评价
F05	0.078	0.103	0.080	0.261
F06	0.149	0.200	0.116	0.465
F07	0.188	0.180	0.105	0.472
F08	0.179	0.180	0.126	0.485
F09	0.248	0.094	0.111	0.453
F10	0.231	0.109	0.123	0.463
F11	0.190	0.224	0.123	0.536
F12	0.222	0.219	0.082	0.522
F13	0.150	0.218	0.100	0.469
F14	0.126	0.225	0.135	0.486
F15	0.099	0.184	0.116	0.400
G05	0.127	0.171	0.114	0.412
G06	0.181	0.217	0.088	0.485
G07	0.171	0.191	0.089	0.451
G08	0.165	0.195	0.101	0.460
G09	0.264	0.178	0.139	0.581
G10	0.246	0.169	0.132	0.547
G11	0.201	0.173	0.127	0.501
G12	0.202	0.137	0.115	0.454
G13	0.149	0.109	0.107	0.365
G14	0.112	0.123	0.116	0.351
H05	0.118	0.162	0.105	0.384
H06	0.165	0.102	0.121	0.387
H07	0.170	0.188	0.097	0.455
H08	0.151	0.115	0.102	0.368
H09	0.237	0.189	0.117	0.543
H10	0.261	0.173	0.098	0.532
H11	0.185	0.105	0.141	0.430
H12	0.215	0.138	0.137	0.490
H13	0.145	0.117	0.122	0.383
H14	0.107	0.172	0.122	0.401

参考文献

[1] Ahern J. Planning and design for and extensive open space system: linking landscape structure to function[J]. landscape and urban planning, 1991 (21):131—145.

[2] Ahern J. Greenways as a ecological networks in rural areas[J]. Land Planning and Ecological Networks, 1994 (1):159—177.

[3] Ahern J. Greenways as a planning strategy[J]. Landscape and Urban Planning,1995 (33):131—155.

[4] Aikoh. T, Abe. R, Kohsaka. R, Iwata. M, Shoji. Y. Factors Influencing Visitors to Suburban Open Space Areas near a Northern Japanese City[J]. Forests, 2012 (3): 155—165.

[5] Alexander LE. Roads and their major ecological effects[J]. Annual Review of Ecology and Systematics,1998 (29):207—231.

[6] Allaway W,Black C,Richard D,Mason B. Evolution of a Retail Market Area: An Event — History Model of Spatial Diffusion[J]. Economic Geography,1992 (4):23—40.

[7] Alycen W, Lee G R, Caleb R et al. Open Space Acquisitions and Management Opportunities in the City of Atlanta and Adjacent Jurisdictions[D]. Atalanta:Georgia State University, 2003.

[8] Amnon F. The Potential Effect of National Growth-management policy on urban sprawl and the depletion of open spaces and farmland[J]. Land Use Policy,2004 (21):357—369.

[9] Anthony, Chow M H. An integrated GIS and location-allocation approach to public facilities planning: an example of open space

planning[J]. Computer Environment and Urban Systems,1996（20）：339—350.

[10] Austin M. Resident perspectives of the open space conservation subdivision in Hamburg Township, Michigan[J]. Landscape and Urban Planning,2004（69）：245—253.

[11] Bafna S. A Brief Introduction to Its Logic and Analytical Techniques[J]. Environment and Behavior, 2003（1）：17—29.

[12] Benjamin W. Stanley, Barbara L. Stark, Katrina L. Johnston, et al. Urban Open Spaces in Historical Perspective: A Transdisciplinary Typology and Analysis[J]. Urban Geography, 2012（8）：1089—1117.

[13] Banerjee T. The Future of Public Space[J]. APA Journal, 2001（1）：9—23.

[14] Ben B, Netusil R. The Impact of Open Spaces on Property Values in Portland,Oregon[J]. Journal of Environmental Management, 2000（59）：185—193.

[15] Bengston D,Fletcher J,Nelson K. Public policies for managing urban growth and protecting open space: policy instruments and lessons learned in the United States[J]. Landscape and Urban Planning,2004（69）：271—286.

[16] Benson D, et al. Pricing Residential Amenities: The Value of a View[J]. Journal of Real Estate Finance and Economics,1998（1）：55—73.

[17] Bille C, Melissa B, Matthew K, et al. Increasing Walking: How Important Is Distance To, Attracitveness, and Size of Public Open Space? [J]. American Hournal of Preventive Medicine, 2005（2S2）：169—172.

[18] Brander. Luke. M, Koetse. Mark. J. The value of urban open space: Meta-analyses of contingent valuation and hedonic pricing results [J].

Journal of Environmental Management,2011 (92):2763—2773.

[19] Chakrabarty K. Optimal Design of Multifamily Dwelling [J]. Development Systems. Building and Environment, 1996 (1):67—74.

[20] Chiras D, Wann D. Superbia: 31 ways to create sustainable neighborhoods[M]. Gabriola Island:New Society Publisher,2007.

[21] Choy D, Prineas T. Parks for People: Meeting the outdoor recreation demands of growing regional population [J]. Annals of Leisure Research, 2007 (4):86—109.

[22] Church R L. Geographical information systems and location science[J]. Computers and Operations Research, 2002 (29):541—562.

[23] Clark M J. GIS: Democracy or delustion [J]. Environment and planning, 1996 (2):303—316.

[24] Costanza R, d'ArgeR, de GrootR, et al. The value of the world's ecosystem services and nature [J]. Nature,1997(38):253—2601.

[25] Dai, D. , Taquechel, E. , Steward, J. and Strasser. The impact of built environment on pedestrian crashes and the identification of crash clusters on an urban university campus [J]. Western Journal of Emergency Medicine,2010 (3): 294—301.

[26] David N, Jennifer O, Kristen C. Public Policies for Managing Urban Growth and Protecting Open Space: Policy Instruments and Lessons Learned in the US[J]. Landscape and Urban Planning,2004 (69): 271—286.

[27] Ekrip F. The distribution of of urban public services: the case of parks and recreational services in Ankara[J]. Cities, 1997 (6):353—361.

[28] Elena G, Nancy E, 2004. Land Use Externalities, open space preservation and urban sprawl [J]. Regional Science and Urban economics,2004(34):705—725

[29] Eppli M. How Critical Is a Good Location to a Regional Shopping

Center?[J]. The Journal of Real Estate Research,1996(3):334—349.

[30] Erickson D. The relationship of historic city form and contemporary greenway implementation: a comparison of Milwaukee, Wisconsin (USA) and Ottawa, Ontario (Canada) [J]. Landscape and Urban Planning,2004(68):199—221.

[31] Frank L, Kaplowitz M, Hoehn J. The Economic Equivalency of Drained and Restored Wetlands in Michigan [J]. American Journal of Agricultural Economics,2002(84):5—1355.

[32] Friggens. Megan, Raish. Carol, Finch. Deborah, McSweeney. Alice. The influence of personal belief, agency mission and city size on open space decision making processes in three southwestern cities[J]. Urban Ecosystems, 2015(18): 577—598.

[33] Freeman C. Development of a simple method for site survey and assessment in urban areas[J]. Landscape and Urban Planning,1999(44):1—11.

[34] Freeman C, Buck O. Development of an ecological mapping methodology for urban areas in New Zealand[J]. Landscape and Urban Planning,2003(63):161—173.

[35] Freestone R, Nichols D. Realising new leisure opportunities for old urban parks: the internal reserve in Australia[J]. Landscape and Urban Planning,2004(68):109—120.

[36] Frenkel A. The potential effect of national growth-management policy on urban sprawl and the depletion of open spaces and farmland[J]. Land Use Policy,2004(21):357—369.

[37] Fung T, LeDraw E. The dertermination of optimal threshold levels for change detection using various accuracy indices [J]. Photogrammetric Engineering and Remote Sensing,1988(10):1449—1454.

[38] Geoffery S, Mark D, Coakes S. Lot size, garden satifaction and local

park and wetland visitation[J]. Landscape and Urban Planning, 2001 (56): 161—170.

[39] Geoghegan J. The value of open spaces in residential land use[J]. Land Use Policy, 2002 (19): 91—98.

[40] Gobster P. Visions of nature: conflict and compatibility in urban park restoration[J]. Landscape and Urban Planning, 2001 (56): 35—51.

[41] Gobster P. The social aspects of landscape change: protecting open space under the pressure of development[J]. Landscape and Urban Planning, 2004 (69): 149—151.

[42] Gomez A Jr, Edgardo J. Waterfront design without policy? [J]. The actual uses of Manila's Baywalk. Cities, 2008 (3): 34—39.

[43] Gumprecht B. The campus as a public space in the American college town[J]. Journal of Historical Geography, 2007 (33): 72—103.

[44] Haaren C, Reich M. The German way to greenways and habitat networks[J]. Landscape and Urban Planning, 2006 (76): 7—22.

[45] Herzele V, Wiedemann T. A monitoring tool for the provision of accessible and attractive urban green spaces[J]. Landscape and Urban Planning, 2003 (63): 109—126.

[46] Hildebrand F. Designing the City: Towards a More Sustainable Urban Form [M]. London: Routledge, 1999.

[47] Hillier B. Space is the Machine(3rd ed.) [M]. Cambridge: Cambridge University Press, 1996.

[48] Hillier B, Hanson J. The social logic of space [M]. Cambridge: Cambridge University Press, 1984.

[49] Hobden D, Laughton J, Morgan K. Green space borders-a tangible benefit? Evidence from four neighbourhoods in Surrey, British Columbia, 1980—2001[J]. Land Use Policy, 2004 (21): 129—138.

[50] Huang S J. Estimating drug locations in Cincinnati using the Huff Model[M]. Cincinnati: University of Cincinnati, 2004.

[51] Jim Y, Chen S. Comprehensive greenspace planning based on landscape ecology principles in compact Nanjing city, China[J]. Landscape and Urban Planning, 2003 (65): 95−116.

[52] Jiao. LM, Liu. YL. Geographic Field Model based hedonic valuation of urban open spaces in Wuhan, China[J]. Landscape and Urban Planning, 2010 (10): 47−55.

[53] Jiao. LM, Liu. YL. Vegetation Communities of Urban Open Spaces: Green Belts and Parks in Islamabad City[J]. Pakistan Journal of Botank, 2010 (3): 1031−1039.

[54] Kaplowitza M, Machemer P, Pruetz R. Planners' experiences in managing growth using transferable development rights (TDR) in the United States[J]. Land Use Policy, 2008 (25): 378−387.

[55] Karen S, Jared H, Hodgson J. Spatial accessibility and equity of playgrounds in Edmonton, Canada[J]. The Canadian Geographer, 2004 (48): 3−287.

[56] Kaul S. A Conceptual Note on Influencing Store Loyalty: Implications for Indian Retailers[M]. IIMA: Research and Publications, 2006.

[57] Koomen E, Dekkers J, Dijk T. Open-space preservation in the Netherlands: Planning, practice and prospects[J]. Land Use Policy, 2008 (25): 361−377.

[58] Kim. Gyeong. Su. A Study on the Distributional Characteristics and the Actual Use Condition of Public Open Spaces[J]. Journal of the Korean Association of Geographic Information Studies, 2012 (15): 12−22.

[59] Kim. Do. Kyong. A Study on the Improvement of Legal Policies for Activating Public Open Space in Urban Environment Improving Project of Seoul City[J]. Journal of the Korean Institute of Landscape Architecture, 2011 (39): 21−32.

[60] Lathrop R, Bognar J. Applying GIS and landscape ecological principles to[J]. Landscape and Urban Planning, 1998 (41): 27−41

[61] Lee. BK, Sohn. SY, Yang. S. Design guidelines for the Dashilar, Beijing Open Green Space Redevelopment Project[J]. Urban Forestry & Urban Greening, 2014 (13): 385—396.

[62] Lou W, Wang F H. Measures of spatial accessibility to health care in a GIS environment: synthesis and case study in tile Chicago region[J]. Environment and Planning, 2003 (30):865—884.

[63] Macdonald K A. Ecology's last frontier: studying urban areas to monitor the impact of human activity[M]. Chron: Higher Educ, 1998.

[64] Mahan L, Polasky S, Adams R M. Valuing urban wetlands: a property price approach[J]. Land Econ, 2000 (76):1—100

[65] Manfred K. Greenbelt and Green Heart: separating and integrating landscapes in European city regions [M]. Landscape and Urban Planning, 2003 (64):19—27

[66] Mao Da, Liu Yanpu, Wang Fazeng, Liu Jingyu, Ding Zhiwei. Growth Trend Analysis of Carbon Dioxide (CO_2) Emissions and Urban Green Open Spaces: a Case Study of Henan, China [J]. Oxidation Communications, 2016 (4):3305—3312.

[67] Mao Da, Zhao Menglei, Liu Jingyu, Ding Zhiwei, Wang Fazeng. Quality Evaluation of Provincial Urban Open Space System-A Case Study from Henan Province, China [J]. RISTI-Iberian Journal of Information Systems and Technologies, 2016 (E8):131—141.

[68] Ozcan. K. An open-green space effective planning model for sustainable urban conservation: A case study for Konya urban conservation area, Turkey[J]. Ekoloji ,2008 (17): 43—53.

[69] Poudyal. N. C, Hodges. D. G, Tonn. B, Cho. S. H, Valuing diversity and spatial pattern of open space plots in urban neighborhoods[J]. Forest Policy and Economics, 2009 (5): 194—201.

[70] Santhiya G, Lakshumanan C, Muthukumar S. Mapping of Landuse/

Landcover Changes of Chennai Coast and Issues related to Coastal Environment Using Remote Sensing and GIS[J]. International Journal of Geomatics & Geosciences,2010 (3):563—576.

[71] Sevtsuk, A., Mekonnen, M. Urban Network Analysis Toolbox[J], International Journal of Geomatics and Spatial Analysis,2012 (2):287—305.

[72] Taylor. B. T, Fernando. P, Bauman. A. E, Williamson. A,Craig. J. C, Redman. S. Measuring the Quality of Public Open Space Using Google Earth[J]. American Journal of Preventive Medicine,2011 (2):105—112.

[73] Van den Berg L, Drewett R, Klaassen L H. etal. Urban Europe: A Study of Growth and Decline[M]. Oxford: Pergamon press edition, 1982.

[74] Vogt C, Marans W. Natural resources and open space in the residential decision process: a study of recent movers to fringe counties in southeast Michigan[J]. Landscape and Urban Planning, 2004 (69): 255—269.

[75] Walmsley A. Greenways: multiplying and diversifying in the 21st century[J]. Landscape and Urban Planning,2006 (76):252—290

[76] Welchb. Urban parks: green spaces or green walls? [J]. Landscape and Urban Planning,1995 (32):93—106

[77] William D. Soleckiav D, Joan M. Urban parks: green spaces or green walls? [J]. Landscape and Urban Planning,1995 (32):93—106

[78] Wu J. Environmental amenities and the spatial pattern of urban sprawl [J]. Agricultural Economics,2001 (83):691—697

[79] Wu J, Andrew P. The influence of public open space on urban spatial structure[J]. Journal of Environmental Economics and Management, 2003 (46):288—309

[80] Wu Jun-jie, Adams R, Plantinga A. Amenities in an Urban

Equilibrium Model: Residential Development in Portland, Oregon[J]. Land Economics, 2004 (1):19－32

[81] Zerbe S, Maurer U, Schmitz S, Sukopp H. Biodiversity in Berlin and its potential for nature conservation[J]. Landscape and Urban Planning, 2003 (62):139－148

[82] Zhang Yangjian, Tarrantb M, Green G. The importance of differentiating urban and rural phenomena in examining the unequal distribution of locally desirable land[J]. Journal of Environmental Management, 2007 (10):35－60.

[83] Zube E. Greenways and the US National Park System[J]. Landscape and Urban Planning, 1995 (33):17－25.

[84] 盖尔,何人可. 交往空间[M]. 北京:中国建筑工业出版社,2002.

[85] 加文,贝伦斯. 城市公园与开放空间规划设计[M]. 李明,胡迅,译. 北京:中国建筑工业出版社,2007.

[86] 克莱尔·库珀·马库斯. 人性场所——城市开放空间设计导则[M]. 俞孔坚,译. 北京:中国建筑工业出版社,2001.

[87] 诺克,杨松. 社会网络分析(第二版)[M]. 上海:格致出版社,2012.

[88] 威廉·H. 怀特. 小城市空间的社会生活[M]. 叶齐茂,倪晓晖,译. 上海:上海译文出版社,2016.

[89] 高原容重. 城市绿地规划[M]. 杨增志,译. 北京:中国建筑工业出版,1983.

[90] 芦原义信. 外部空间设计[M]. 尹培桐,译. 北京:中国建筑工业出版,1985.

[91] 汤普森,特拉夫罗. 开放空间——人性化空间[M]. 章建明,黄丽玲,译. 北京:中国建筑工业出版社,2011.

[92] 加莫里,坦南特. 城市开放空间设计[M]. 张倩,译. 北京:中国建筑工业出版社,2007.

[93] Behnaz Aminzadeh,胡林. 作为遗产的城市开放空间:伊斯兰城市的实例[J]. 国外城市规划,2002(4):13－16.

[94] 巴赫.城市的留白——公园与开放空间的价值[J].经济,2011(4):78—79.

[95] 白丹,闫煜涛.宜居城市开放空间系统规划策略[J].规划师,2013(S2):41—44.

[96] 毕明树.开敞空间可燃气云爆炸的压力场研究[D].大连理工大学博士学位论文,2001.

[97] 卜雪旸,运迎霞.可持续发展指针导向的住区公共开放空间规划——以天津市卫安南里旧居住街区公共开放空间更新规划为例[J].城市规划,2011(4):85—89.

[98] 蔡泓.城市绿色开放空间发展策略借鉴思考——以美国的城市绿色开放空间策略为例[J].北京园林,2011(3):8—16.

[99] 曹新向,王东峰,王岩松.城市旅游开放空间的构建——以开封市为例[J].国土与自然资源研究,2006(1):61—62.

[100] 柴彦威.空间行为与行为空间[M].南京:东南大学出版社,2014.

[101] 陈文波,肖笃宁,李秀珍.景观指数分类、应用及构建研究[J].应用生态学报,2002(1):121—125.

[102] 陈菲.德国的住区开放空间规划[J].建筑知识,2011(11):130.

[103] 陈光.空间复杂网络分析、优化及其在城市公交网络中的应用研究[D].浙江工业大学博士学位论文,2014.

[104] 陈建华.城市开放空间及其环境使用后评价[J].建筑科学,2007(9):102—105.

[105] 陈晓.城市空间网络分析技术(UNA)及其在城市规划设计中的应用展望[J].江苏城市规划,2013(2):25—29.

[106] 戴技才,宗会明.基于复杂网络聚类的最优选址模型[J].地理科学,2013(2):4—6.

[107] 戴继锋,赵杰,周乐,等."网络、空间、环境、衔接"一体化的步行和自行车交通——《城市步行和自行车交通系统规划设计导则》规划方法解读[J].城市交通,2014(4):4—10+36.

[108] 戴宇.基于城市格局与肌理的城市风貌改造——以都江堰市等为例

[D]. 西南交通大学硕士学位论文,2005.

[109] 董楠楠. 联邦德国城市复兴中的开放空间临时使用策略[J]. 国际城市规划,2011(5):105-108.

[110] 邓敏,刘文宝,冯学智. GIS 面目标间拓扑关系的形式化模型[J]. 测绘学报,2005(1):85-90.

[111] 邓敏,刘文宝,黄杏元,等. 空间目标的拓扑关系及其 GIS 应用分析[J]. 中国图象图形学报,2006(12):1743-1749.

[112] 邓敏,李志林,李永礼,等. GIS 线目标间拓扑关系描述的 4 交差模型[J]. 武汉大学学报(信息科学版),2006(11):945-948+974.

[113] 邓敏,李志林,李永礼. GIS 线目标间拓扑关系描述的层次方法[J]. 遥感学报,2007(3):311-317.

[114] 邓敏,李鲁群,刘文宝. 利用场模型拓扑表达 GIS 中的地理目标[J]. 地理学与国土研究,2002(1):15-18.

[115] 杜磊. 大规模开放空间应急疏散计算模型研究[D]. 天津大学博士学位论文,2012.

[116] 段进. 城市空间发展论[M]. 南京:江苏科学技术出版社,2006.

[117] 段进,比尔希列尔. 空间句法在中国[M]. 南京:东南大学出版社,2015.

[118] 多莉斯·赫斯,王琳. 过渡性开放空间:城市开放空间开发中兴起的临时使用现象[J]. 城市环境设计,2007(3):87-92.

[119] 尔惟,贾梦圆,陈天. 城市中心区开放空间网络体系建构研究[J]. 城市,2015(1):63-67.

[120] 方家,吴承照. 美国城市开放空间规划方法的研究进展探析[J]. 中国园林,2012(11):62-67.

[121] 方家,吴承照. 美国城市开放空间规划的内容和案例解析[J]. 城市规划,2015(5):76-82.

[122] 傅佩霞. 关于城市开放空间保护与再生的思考[J]. 引进与咨询,2004(1):13-15.

[123] 傅强. 基于生态网络的非建设用地评价方法研究[D]. 清华大学博士

学位论文,2013.

[124] 高健.城市滨水开放空间总体控制设计研究——以上海唐镇核心区滨水开放空间设计导则为例[J].中外建筑,2011(8):87—89.

[125] 顾朝林,于涛方,李王鸣,等.中国城镇化格局·过程·机理[M].北京:科学出版社,2008.

[126] 郭济朝.城市绿色开放空间规划的生态策略研究[D].中南大学硕士学位论文,2014.

[127] 韩贵锋.基于GIS的城市生态廊道构建——以四川省万源市为例[J].西部人居环境学刊,2013(3):50—55.

[128] 韩凌云,徐振,王良桂.多维视角下城市开放空间研究框架的建构[J].南京林业大学学报(自然科学版),2014(1):83—89.

[129] 韩西丽,俞孔坚.伦敦城市开放空间规划中的绿色通道网络思想[J].新建筑,2004(05):7—9.

[130] 何大韧,刘宗华,汪秉宏.复杂系统与复杂网络[M].北京:高等教育出版社,2009.

[131] 何建华,刘耀林.GIS中拓扑和方向关系推理模型[J].测绘学报,2004(2):156—162.

[132] 河南省新乡县史志编委会.新乡县续志清康熙(第2版)[M].河南省新乡县史志编委会办公室,1994.

[133] 何正强.社会网络视角下改造型社区公共空间有效性评价研究[D].华南理工大学博士学位论文,2014.

[134] 洪亮平,刘奇志.武汉市城市开放空间系统初步研究[J].华中建筑,2001(2):78—81.

[135] 侯妙乐,赵学胜,陈军.数字拓扑研究现状及其在GIS中的应用[J].地理与地理信息科学,2005(1):5—8.

[136] 胡巍巍,苏伟忠,王发曾.城市开放空间的空间组织研究[J].地域研究与开发,2004(4):48—51.

[137] 黄建云,李杰,王燕霞.基于休闲活动视角的上海市公共开放空间布局探索[J].上海城市规划,2015(1):15—19.

[138] 黄凯熙.基于网络分析和数字高程模型的城市雨洪调蓄开放空间系统建构[D].南京大学硕士学位论文,2015.

[139] 黄琦.城市区域规划与开放空间[J].城市建筑,2013(12):13+17.

[140] 黄赛,戴胤.美国城市开放空间中公共参与方式的实现[J].城市建筑,2014(2):16.

[141] 季如漪.城市开放空间理论与实践的再认识[D].南京工业大学博士学位论文,2005.

[142] 贾培义,李春娇.城市公共开放空间的防卫性景观设计研究[J].中国园林,2015(1):110−113.

[143] 贾琦,运迎霞,郭力君.游憩型绿色开放空间可达性与服务便捷性测度——以天津市内六区为例[J].城市问题,2012(12):54−57.

[144] 贾智勇.大手笔成就新乡新貌[N].新乡日报,2014-06-03.

[145] 蒋国平,鲁延玲.多重网络中信息和病毒交互传播研究[J].南京邮电大学学报(自然科学版),2015(2):1−7.

[146] 江晓薇.基于生态恢复的城市滨水开放空间规划设计研究[D].浙江农林大学硕士学位论文,2012.

[147] 来嘉隆.结合山水环境的城市格局设计理论与方法研究[D].西安建筑科技大学硕士学位论文,2010.

[148] 雷鸣.迈向整体性都市设计——重庆都市开放空间设计探索[J].中外建筑,1998(6):30−32.

[149] 李春颖.沈阳市城市开放空间系统生态环境质量状况[J].辽宁城乡环境科技,2005(6):51−54.

[150] 李雱,费友克.城市开放空间网络构建——苏黎世从"灰色城市"到"宜居城市"的规划实践启示[J].中国园林,2014(12):67−70.

[151] 李浩.城镇化率首次超过50%的国际现象观察——兼论中国城镇化发展现状及思考[J].城市规划学刊,2013(1):43−50.

[152] 李红光.基于使用表现和使用者评价调查的郑州城市开放空间研究[D].西安建筑科技大学博士学位论文,2012.

[153] 李林艳.社会空间的另一种想象——社会网络分析的结构视野[J].

社会学研究,2004(3):64—75.

[154] 李明,汪秉宏.多重网络的结构与鲁棒性[J].复杂系统与复杂性科学,2015(2):32—37+59.

[155] 李农,张琳,慎仁重.平原生态型城市照明规划的研究[J].照明工程学报,2007(4):55—59.

[156] 李萍,陆路.城市公共开放空间总体增置的综合评价[J].长安大学学报(社会科学版),2014(3):122—125.

[157] 李青元.三维矢量结构GIS拓扑关系及其动态建立[J].测绘学报,1997(3):49—54.

[158] 李鑫.景观都市主义视角下的西方国家城市开放空间形态与布局研究[D].北京林业大学硕士学位论文,2010.

[159] 李咏华,王竹.绿色轨迹——北美都市区开放空间保护评述与启示[J].经济地理,2010(12):2073—2079.

[160] 李咏华,王纪武,王竹.北美线性开放空间规划与管理经验探讨[J].国际城市规划,2011(4):85—90.

[161] 李云,杨晓春.对公共开放空间量化评价体系的实证探索——基于深圳特区公共开放空间系统的建立[J].现代城市研究,2007(2):15—22.

[162] 连华.生态视角下的兰州城市开放空间系统建设问题研究[J].天津城建大学学报,2014(3):153—158+176.

[163] 廖伟华.GIS面目标间拓扑关系的粗糙表达模型[J].陕西师范大学学报(自然科学版),2008(S2):4—6.

[164] 林荟.美国区划发展及对我国城市公共开放空间保护的借鉴[J].绿色科技,2011(4):137—139.

[165] 林瑛,周栋.儿童友好型城市开放空间规划与设计——国外儿童友好型城市开放空间的启示[J].现代城市研究,2014(11):36—41.

[166] 刘滨谊,吴敏."网络效能"与城市绿地生态网络空间格局形态的关联分析[J].中国园林,2012(10):66—70.

[167] 刘滨谊,吴敏.基于空间效能的城市绿地生态网络空间系统及其评价

指标[J].中国园林,2014(8):46-50.

[168] 刘辰晨.城市绿地开放空间形态设计研究[D].合肥工业大学硕士学位论文,2013.

[169] 刘存东.基于景观格局的城市流域景观生态风险评价[D].重庆师范大学硕士学位论文,2010.

[170] 刘家琳,李雄.东伦敦绿网引导下的开放空间的保护与再生[J].风景园林,2013(3):90-96.

[171] 刘静玉,王发曾.基于空间信息技术的城市开放空间信息系统设计[J].地域研究与开发,2005(5):114-119.

[172] 刘军.整体网分析:UCINET软件实用指南(第二版)[M].上海:格致出版社,2014.

[173] 刘小妹.城镇密集地区绿色开放空间演变方式及机制研究——以广东省东莞市为例[J].小城镇建设,2015(3):53-60+73.

[174] 刘智能.公园开放空间与大众行为研究[D].天津大学硕士学位论文,2007.

[175] 柳乾坤,李艳,陈惠芳.浙江省城市格局和城市化水平的空间分异特征研究[J].国土资源情报,2012(6):42-47+35.

[176] 路林.北京旧城城市公共开放空间的保护与发展[J].北京规划建设,2002(4):19-24.

[177] 陆敏玉.实现"建筑、城市、园林绿地的再统一"——厦门市自然开放空间系统的研究[J].建筑学报,2000(4):57-60.

[178] 卢一沙.总体规划阶段城市公共开放空间系统规划探究[D].苏州科技学院硕士学位论文,2008.

[179] 罗艳林.关于城市开放空间人性化的思考[J].中外建筑,2001(2):10-11.

[180] 马学广.大都市边缘区制度性生态空间的多元治理——政策网络的视角[J].地理研究,2011(7):1215-1226.

[181] 满红,孙王琦.城市开放空间人性化设计——看沈阳城市建设[J].建筑设计管理,2004(3):46-48.

[182] 毛达.基于地域性的城市滨河公共空间规划[D].长安大学硕士学位论文,2010.

[183] 梅礼雄.新乡市水利志[M].郑州:黄河水利出版社,2005.

[184] 穆桂春,谭术魁.城市地貌学与平原城市地貌研究[J].西南师范大学学报(自然科学版),1990(4):470−477

[185] 宁越敏.中国城市化特点、问题及治理[J].南京社会科学,2012(10):19−27.

[186] 欧军珺.蚌埠市开放空间与城市空间结构关系的研究[D].合肥工业大学硕士学位论文,2010.

[187] 裴沛.武汉城市圈绿色开放空间景观格局研究[D].华中农业大学硕士学位论文,2009.

[188] 秦尚林.开放空间模型理论研究[J].武汉工业大学学报,2000(3):42−44.

[189] 秦卫峰,张志军.基于北方平原城市特点的雨水系统优化设计[J].中国给水排水,2008(22):38−41.

[190] 仇保兴.我国城镇化高速发展期面临的若干挑战[J].城市发展研究,2003(6):1−15.

[191] 邱磊.连云港市区绿色开放空间系统功能优化研究[D].河南大学硕士学位论文,2012.

[192] 渠爱雪,仇方道.徐州城市建设用地扩展过程与格局研究.地理科学,2013(1):61−68.

[193] 任晋锋.美国城市公园与开放空间的发展[J].国外城市规划,2003(3):43−46.

[194] 任晋锋.美国城市公园和开放空间发展策略及其对我国的借鉴[J].中国园林,2003(11):47−50.

[195] 上海城市规划管理局.关于执行《上海市城市规划管理技术规定》中有关为社会公众提供开放空间规定的意见[J].上海城市规划,1998(5):22+13.

[196] 邵波,洪明.对平原地区城市形态特征与结构及其规划对策的探讨

[J].经济地理,2005(4):499-501+505.

[197] 邵大伟.城市开放空间格局的演变、机制及优化研究[D].南京师范大学博士学位论文,2011.

[198] 邵大伟,张小林,吴殿鸣.国外开放空间研究的近今进展及启示[J].中国园林,2011(1):83-87.

[199] 邵琳,黄嘉玮.城市开放空间的保护与再生——以新一轮大伦敦空间发展战略的开放空间规划为例[J].技术与市场:园林工程,2005(5):33-37.

[200] 沈德熙,熊国平.关于城市绿色开敞空间[J].城市规划汇刊,1996(6):7-11.

[201] 史春云,姚晓蔚,朱传耿,等.徐州城市绿地开放空间休闲者空间利用特征研究[J].北京第二外国语学院学报,2015(5):49-55.

[202] 史雅娟.中原城市群空间格局的多中心网络化研究[D].河南大学博士学位论文,2013.

[203] 司马宁.基于生态观的鄂尔多斯市城市开放空间系统研究[D].西安建筑科技大学硕士学位论文,2007.

[204] 苏伟忠,王发曾,杨英宝.城市开放空间的空间结构与功能分析[J].地域研究与开发,2004(5):24-27.

[205] 苏伟忠,杨英宝,王发曾.开封城市开放空间的空间组织[J].现代城市研究,2003(4):77-79.

[206] 孙敏,唐小明,赵仁亮.面向对象的三维矢量GIS数据模型及拓扑关系的建立[J].测绘通报,1998(7):11-14+29.

[207] 孙晓春.转型期城市开放空间与社会生活互动发展研究[D].北京林业大学博士学位论文.,2006.

[208] 谭开伟,江刚.城市开放空间的有机塑造——佛山市百花广场设计[J].南方建筑,1997(2):43-44.

[209] 涂梦如.基于网络分析的城市雨洪调蓄开放空间系统调蓄容量分析[D].南京大学硕士学位论文,2013.

[210] 王发曾.开封市生态城市建设中的开放空间系统优化[J].地理研究,

2004(3):281—291.

[211] 王发曾.论我国城市开放空间系统的优化[J].人文地理,2005(2):1—8+113.

[212] 王发曾.开封市开放空间系统的设计与营建[J].地域研究与开发,2005(1):17—21+35.

[213] 王发曾,邱磊.城市绿色开放空间系统功能认知研究——以连云港市区为例[J].地理科学,2015(5):583—592.

[214] 王发曾,王胜男,李猛.洛阳市区绿色开放空间系统的动态演变与功能优化[J].地理研究,2012(7):1209—1223.

[215] 王芳,张颖.国外滨海开放城市空间发展规划的经验与启示[J].中国名城,2015(1):77—82.

[216] 王洪涛.德国城市开放空间规划的规划思想和规划程序[J].城市规划,2003(1):64—71.

[217] 王洪涛.德国的土地与开放空间政策——资源保护策略[J].国外城市规划,2003(3):40—42.

[218] 王洪艳,王树栋.营城建都滨水绿道开放空间景观构成调查与分析[J].北京农学院学报,2014(2):40—43.

[219] 王慧猛.郑州市区绿色开放空间分析与优化[D].河南大学硕士学位论文,2013.

[220] 王金波.基于需求的就业集中区公共开放空间密度指标的研究[D].深圳大学硕士学位论文,2013.

[221] 王宁宁,赵宇,陈锐.基于辐射模型的城市信息空间关联复杂网络研究[J].经济地理,2015(4):292—295.

[222] 王胜男,王发曾.我国城市开放空间的生态设计[J].生态经济,2006(9):120—123.

[223] 王胜男.城镇化进程中洛阳市区开放空间系统的分析与优化[D].河南大学博士学位论文,2010.

[224] 王晓俊,王建国.兰斯塔德与"绿心"——荷兰西部城市群开放空间的保护与利用[J].规划师,2006(3):90—93.

[225] 王晓俊,王建国.关于城市开放空间优先的思考[J].中国园林,2007(3):53-56.

[226] 王晓琪.开放空间的著作权归属研究[J].编辑学报,2002(6):397-399.

[227] 王旭.基于SPSS的城市滨水开放空间"使用效度"研究——以合肥环城公园为例[J].安徽农业科学,2012(36):17666-17669+17693.

[228] 王云才,刘悦来.城市景观生态网络规划的空间模式应用探讨[J].长江流域资源与环境,2009(9):819-824.

[229] 王祖纬.城市开放空间使用后评价方法研究[D].太原理工大学硕士学位论文,2008.

[230] 王佐.欧洲城市开放空间的地域性研究[J].城市建筑,2007(6):28-30.

[231] 王佐.荷兰开放空间系统性规划思想及启示[J].规划师,2008(11):90-93.

[232] 蔚芳.美国开放空间规划控制研究与启示[J].国际城市规划,2016(4):84-89.

[233] 蔚芳,李王鸣,皇甫佳群.城市开放空间规划标准研究[J].城市规划,2016(7):74-80.

[234] 吴卉,董雅.城市公共开放空间设计与环境行为研究——以北京地坛园外园公园为例[J].建筑学报,2012(S2):130-133.

[235] 邬建国.景观生态学——格局、过程、尺度与等级(第2版)[M].北京:高等教育出版社,2007.

[236] 吴康,方创琳,赵渺希.中国城市网络的空间组织及其复杂性结构特征[J].地理研究,2015(4):711-728.

[237] 吴伟,杨继梅.1980年代以来国外开放空间价值评估综述[J].城市规划,2007(6):45-51.

[238] 吴向葵.需求层次论下宜居型城市的开放空间构建[J].城市学刊,2015(4):81-83.

[239] 肖华斌,袁奇峰.国外开放空间规划模式综述[J].规划师,2008(9):

104—107.

[240] 肖林.呼唤公共绿地与开放空间[J].四川建筑,1997(1):14—16.

[241] 解伏菊,胡远满,李秀珍.基于景观生态学的城市开放空间的格局优化[J].重庆建筑大学学报,2006(6):5—9.

[242] 谢晓玲,李晓伟.基于"点、线"体系的城市绿色开放空间景观设计[J].生态经济,2014(3):62—66+174.

[243] 新乡市地方史志编纂委员会.新乡市志(上、中、下)[M].北京:生活·读书·新知三联出版社,1994.

[244] 新乡县史志编纂委员会.新乡县志[M].北京:生活·读书·新知三联出版社,1991.

[245] 熊岭.基于CVM的武汉市公共开放空间非使用价值评估研究[D].华中科技大学硕士学位论文,2013.

[246] 徐希.法国老城开放空间布局分析——以里昂、尼姆、蒙彼利埃、阿维尼翁为例[J].安徽建筑,2011(4):27—28+18.

[247] 徐向阳.平原城市雨洪过程模拟[J].水利学报,1998(8):35—38.

[248] 徐小东.开放空间应优先成为城市设计的重要准则[J].新建筑,2008(2):95—99.

[249] 徐昕.上海滨海地区景观格局与生态风险评价研究[D].上海师范大学硕士学位论文,2008.

[250] 许学强,周一星,宁越敏.城市地理学[M].北京:高等教育出版社,1997.

[251] 闫卫阳,王发曾,秦耀辰.城市空间相互作用理论模型的演进与机理[J].地理科学进展,2009(4):511—518.

[252] 杨保军.新时期城市工作的价值取向[N].北京日报,2016-05-23.

[253] 杨芙蓉.城市滨水开放空间系统可持续发展研究[D].中南大学硕士学位论文,2008.

[254] 杨贵庆.大都市多元开放空间对宜居生活的保障——德国法兰克福"莱茵—美茵"国际设计工作营选题与启示[J].城市规划学刊,2014(2):105—111.

[255] 杨雯.城市开放空间女性使用者情绪行为体验的研究[D].河北农业大学硕士学位论文,2008.

[256] 杨晓春,司马晓,洪涛.城市公共开放空间系统规划方法初探——以深圳为例[J].规划师,2008(6):24-27.

[257] 杨晓春,洪涛.城市公共开放空间系统规划的再思考——从深圳到杭州[J].世界建筑导报,2009(4):100-103.

[258] 杨晓春,李云,周舸.公共开放空间系统规划的平灾结合视点——以唐山为例[J].城市建筑,2009(8):104-106.

[259] 杨晓春,王金波.就业密集区公共开放空间人均指标配置方法[J].规划师,2015(1):123-127.

[260] 姚朋.纽约滨水工业地带更新中的开放空间实践与启示——以哈德逊河公园为例[J].中国园林,2014(2):95-99.

[261] 叶伟华,王扬.建筑底层架空式开放空间设计初探[J].新建筑,2001(6):55-58.

[262] 于畅,郝曼秋,高成,等.平原城市自排区排涝模数计算方法研究[J].水资源与水工程学报,2014(6):184-186+192.

[263] 俞孔坚,李迪华,刘海龙."反规划"途径[M].北京:中国建筑工业出版社,2005.

[264] 郁建兴,罗曼,沈佳琪,等.杭州市交通拥堵问题分析与方案研究[J].环球市场信息导报,2016(40):4-12.

[265] 余琪.现代城市开放空间系统的建构[J].城市规划汇刊,1998(6):49-56+65.

[266] 喻琼.城市开放空间研究[D].华中师范大学硕士学位论文,2013.

[267] 余劭晖.武汉城市开放空间时空演变与驱动因素分析研究[D].华中科技大学硕士学位论文,2013.

[268] 郁亚娟,郭怀成,刘永,等.城市病诊断与城市生态系统健康评价[J].生态学报,2008(4):1736-1747.

[269] 张帆,邱冰.国内开放空间研究进展分析——以1996-2012年CNKI"篇名"含"开放(敞)空间"的文献为分析对象[J].现代城市研究,

2014(3):114-120.

[270] 张帆,邱冰,万长江.基于主成分分析的城市开放空间满意度宏观因子研究——以南京主城区为分析对象[J].地域研究与开发,2015(6):52-57.

[271] 张帆,邱冰,万长江.城市开放空间满意度的影响因子研究——以南京主城区为分析对象[J].现代城市研究,2014(8):49-55.

[272] 张虹鸥,岑倩华.国外城市开放空间的研究进展[J].城市规划学刊,2007(5):78-84.

[273] 张晋石.费城开放空间系统的形成与发展[J].风景园林,2014(3):116-119.

[274] 张坤.欧洲城市河流与开放空间耦合关系研究——以英国伦敦、德国埃姆舍地区公园为例[J].城市规划,2013(6):76-80.

[275] 张树清,张俊岩,张柏.GIS拓扑关系中广义Euler公式的理论导出及应用[J].中国科学(D辑:地球科学),2004(1):61-68.

[276] 张水舰,李永树.GIS空间线目标间拓扑关系形式化描述模型[J].测绘科学技术学报,2009(4):292-295.

[277] 章文姣,张红艳,王飞,等.城市开放式公园社会向心空间使用状况评价——以保定市竞秀公园为例[J].安徽农业科学,2008(36):15848-15850+15935.

[278] 张小飞,李正国,王如松,等.基于功能网络评价的城市生态安全格局研究——以常州市为例[J].北京大学学报(自然科学版),2009(4):728-736.

[279] 张雪飞,刘晓惠.城市边缘区开放空间保护模式与策略研究[J].城市发展研究,2010(12):72-76.

[280] 张耀辉.山水城市格局的营造[D].西安建筑科技大学博士学位论文,2011.

[281] 张圆.城市公共开放空间声景的恢复性效应研究[D].哈尔滨工业大学博士学位论文,2016.

[282] 张祚,谭术魁,周敏.武汉市中心城区湖泊空间类型、开放程度及空间

分布特征[J].中国科学:技术科学,2014(6):631-642.

[283] 赵秀敏.从建成环境评价分析城市开放空间的规划与设计——基于城市社区公园建成环境评价及游客行为模式的案例分析[J].装饰,2009(10):80-81.

[284] 郑晨.太原市老城区邻里开放空间设计方法研究[D].太原理工大学硕士学位论文,2015.

[285] 郑华,陶亮.城市滨江开放空间中的步行空间设计初探[J].山西建筑,2007(22):57-58.

[286] 郑剑侠,刘慧军,蒋卫鸣.基于公共开放空间构建的居住区控制性详细规划编制探索[J].规划师,2013(S2):89-93.

[287] 郑曦,李雄.城市开放空间的解析与建构[J].北京林业大学学报(社会科学版),2004(2):13-18.

[288] 周恒,杨猛.作为一种规划工具的城市事件——斯图加特园艺展与城市开放空间优化[J].城市规划,2010(11):63-67.

[289] 周辉.重庆主城核心区滨江开放空间可达性研究[D].重庆大学硕士学位论文,2009.

[290] 周佩佩.基于HPM方法的武汉市公共开放空间价值评估[D].华中科技大学硕士学位论文,2013.

[291] 周宇,张晓莉,邢琰.城市线性开放空间的"生长"研究——以南京明城墙地带为例[J].北京规划建设,2006(4):95-98.

[292] 周晓娟.西方国家城市更新与开放空间设计[J].现代城市研究,2001(1):62-64.

[293] 朱承,江小平,肖开明,等.基于动态多重网络的目标体系建模与分析[J].指挥与控制学报,2016(4):296-301.

[294] 祝侃,马航,龙江.西方城市绿色开放空间的演变[J].华中建筑,2009(9):96-98.

[295] 邹泉,胡艳芳,田国行.河流与开放空间耦合的城市绿地生态网络构建[J].西南林业大学学报,2014(2):84-88.

致　　谢

　　三年苦读，一朝成文。论文即将完稿之际，感慨颇多。三年来的学习和实验历历在目，忘不了求索时的迷茫，忘不了开题后的喜悦，忘不了搜集素材和整理数据中的艰辛，忘不了写作过程中一次次的难眠。在此即将完成之际，我衷心地向帮助过我的所有老师、同学和朋友，致以最诚挚的谢意！

　　首先，感谢我的导师王发曾教授。先生学识渊博，德高望重，治学严谨，知行合一，率先垂范，提携后辈。正是在先生的引导下，我由一个懵懵懂懂的求知者转变成一名在人文地理学中找到了自己科研方向的喜乐学生。在学业上，先生诲人不倦，教导有方；在生活上，春风化雨，时时关怀。先生治学务实之精神和知行合一之作风，使学生受益匪浅。导师第一次见面就结合我之前的专业基础和特长为我所确定了城市开放空间系统的研究方向，让我在之后的科研中时常感叹先生的慧眼和大局观。从开题报告的修改，论文框架的拟定，论文的撰写、修改、完善到最终的定稿，每一个环节、每一处细节，导师都倾注了心血，学生感激不尽。先生对学术发展趋势的深刻见解，对不同学术理念争鸣的宽容大度，对遣词造句的严谨周全，经常让我醍醐灌顶，茅塞顿开；先生为人处世之亲力亲为、精益求精、言传身教，让我受益终生。

　　感谢导师组的秦耀辰教授。秦老师待人诚恳而又奋力进取的风格、治学严谨的态度和开拓创新的学术理念指引着我在论文写作中勇往直前。感谢导师组的李二玲教授。李老师在计量统计上造诣颇深，对我的指导点评，让我激励思索，领悟颇多。感谢在论文开题时提出意见和建议的专家——中国科学院南京地理与湖泊研究所的杨桂山研究员、华中师范大学城市与环境科学学院的曾菊新教授、河南财经政法大学的李小建教授和河南大学的乔家君教授。杨老师在开题报告时对城市开放空间之于网络分析的机理、要点，为论文框架设计的完善和研究内容的进一步深入提供了宝贵的建议，让我受益颇多。曾老师、李老师、乔老师在开题报告中对论文的建议和独到的见解，让我敬佩不已。感谢中国地理学会城市地理专业委员会宁越敏、姚士谋、柴彦威、周春山等多位老师在学术年会等不同场合对论文提出的建议，你们的肯定与建议是对我写作论文的莫大支持和帮助。

感谢博士学位论文写作过程中给予我指导与建议的河南大学环境与规划学院的马建华、朱连奇、高建华、孔云峰、秦奋、丁圣彦等老师，诸位老师的关怀与鼓励是论文不断深入的动力。感谢陈太政、李斌、陈郁、陈蜀园、蒋引娣等老师，诸位老师提供的设备和资料是论文写作的重要保证。

特别感谢城市与区域研究室的每一位成员，感谢徐晓霞、刘静玉、闫卫阳、赵威、鲁丰先等老师平时对我的学习的指导；感谢李晓莉、王胜男、陈玉英、程金龙、郭志富、史雅娟、马少春、丁志伟、张改素、卜书朋等师姐师兄对论文的建议与帮助，这些不断砥砺着我提高写作水平；感谢刘正兵、何孝沛、康江江、赵爽、王阳、高岭、何伟纯、宋琼、王丽坤、王甜等师弟师妹的支持和帮助，这些推进了论文创作的进展。城市与区域研究室的各位学友，你们是我科研道路上最强有力的支撑。

感谢攻读博士期间的公共课老师——赵连文老师、许明老师、白玉杰老师、张璟慧老师。感谢河南大学经济学院同级博士张永波、邵阳子、高博、牛永青，历史学院同级博士马海杰、孔伟、王瑞芬，文学院同级博士张锦华、祁发慧以及哲管院的丁玮等同学，在日常学习上对我的帮助。

感谢同寝室的范玉龙、王冠孝、刘欣，一起生活的日子使人难忘，你们的包容与照顾点滴在心，让我铭记；不同学科的沟通与碰撞也激起了很多灵感的火花。感谢人文地理学的同级同学荣培君、胥亚男，我们三人一同参加考试，一同面试，一同上专业课，互相激励学习，缘分匪浅。感谢宁晓菊、范钦东、张晓东等高年级同学在校时给予的帮助，感谢环规院同级同学黎世民、李伟、黄亚博、谢毅、任艳敏、李茂娟、胡志强、陈轶楠、段小薇、刘慧敏等，博一之后我们16人欢聚的日子虽然不多，但每次再见都相聚如亲。不忘初心，继续奋斗，你们的成长与进步是我不断学习的榜样。

感谢一起参加暑期美丽乡村社会实践的刘德新、马兰、陈星、白丹丹、陈彦芳、位书华、刘亚亭、曹大正、张静静、王大林、翟伟萍、宁立新、张进瑜、徐珊珊、周鹏超、邓强等同学，一起走访及发放调查问卷的经历让我印象深刻，从中受益良多。

感谢新乡市城乡规划局、新乡市园林局、新乡市规划设计研究院等单位的领导和各位同人的热心帮助。感谢国匠城及数据团学社的网络教程，感谢脉策数据和余宝谦提供的实用爬虫工具。感谢在网络上对我的科研和学习提供过帮助和支持的众多网友和专业QQ群，在此不一一列出，很多不知名的网友的热心帮助让人感动。

感谢我的同事宋利利、赵梦蕾、马珂，正是他们的帮助才使得我的分区调查设想能够在河南科技学院的"城市总体规划"和"城市绿地系统"课程实习中得以安排。感谢参加调研问卷发放并进行统计的园林131—134班、城规131—132班的全体同学，你们辛苦付出获得的100多个调查单元的2739份有效问卷是本文的重要依托。

感谢河南大学出版社的董庆超老师。董老师认真敬业的态度让人难忘，随和谦虚的品格让人敬佩。在他的审核下订正了不少错误，也正是由于他的辛勤付出，本书能得以顺利高效地出版。

最后感谢我的家人，感谢父母的养育之恩，直到现在仍然为家务操劳，他们质朴的情怀和与人为善的态度是我成长中永远的养分；感谢我的妻子申琳，在生活上和精神上对我的关心、支持与鼓励，使我可以安心科研；感谢我的儿子毛厚朴，你开心的笑容是我永远向前的动力。

谨以此献给关心过、支持过、帮助过我的所有人，我将继续努力以回报你们的关爱和鼓励！

毛 达
2018年8月